Foundations of International Economics

国際経済学の基礎

鈴木克彦 [著]

関西学院大学出版会

国際経済学の基礎

はしがき

　筆者はこの30年間、関西学院大学経済学部で「国際経済学」と「国際経済政策」を講義し、さらにこの15年間は、社会人大学院「エコノミスト・コース」でも「国際経済学」を講義してきた。そして2005年度には、一年生の入門コース、「経済と経済学の基礎　国際経済」、も講義した。本書はこのような科目の講義ノートを集大成したものである。

　本書を執筆した目的は、国際経済学及び国際経済政策に関する大学学部並びに社会人大学院向けの中級の教科書あるいは参考書を作ることである。しかもそれだけではなく、入門的クラスの教科書あるいは参考書としても役立つものを作ることである。そのために、現実経済の実例を多く挙げて説明がわかりやすく平易になるように心がけると共に、言葉と図による説明を多用して数式による展開を極力避けるようにした。

　取り上げているトピックスに応じて、本書は4部に分けられている。そしてそれぞれの内容の中には、国際経済を学びたいと考える人々が一般的に関心を持つトピックスが網羅されている。**第Ⅰ部国際経済の基礎**では、国際収支、外国為替相場、国際通貨制度の基礎的な専門事項が取り上げられている。**第Ⅱ部国際貿易の基礎**では、技術や資源と貿易の関係や大規模生産にもとづく産業内貿易についての基礎的理論が取り上げられると同時に、貿易摩擦の原因となる貿易の所得分配効果も取り上げられている。さらにここでは、自由貿易の効率性と題して、第Ⅲ部で解説される世界貿易機関（WTO）の基盤となる理念も紹介されている。**第Ⅲ部貿易政策の基礎**では、日米貿易摩擦の解決策にも採用された貿易政策の諸手段とその効果が取り上げられている。グローバリゼーションの進展が著しい現代世界経済の制度的基盤は、FTAを含む地域経済統合と国際貿易機関（WTO）であるから、これらの国際協定や国際機関もここで取り上げられている。これらの協定や機関は、1929年の大恐慌後に起こった関税戦争とその悲惨な結果に対する反省に基

づいて設立されているので、第Ⅲ部では関税戦争についても理論的な説明が行われている。**第Ⅳ部国際要素移動の基礎**では、直接投資、多国籍企業、そして国際労働移動の原因と結果、さらにその規制策が取り上げられている。

　本書の使い方については、上で紹介した内容の配列から考えて、次のような提案をすることができるであろう。①本書を「国際経済学」の教科書として用いる場合は、第Ⅰ部の8章、第Ⅱ部の8章、第Ⅲ部における最初の5章と第26・27章の2章、そして第Ⅳ部の3章が役立つと思われる。②本書を「国際経済政策」あるいは「貿易政策」の教科書として用いる場合は、第Ⅰ部と第Ⅱ部の諸章を適当に組み合わせて基礎編とし、第Ⅲ部を構成する11章と第Ⅳ部を構成する3章を主体にするのが有用であろう。③本書を入門クラスの教科書として用いる場合は、第Ⅰ部の8章、第Ⅱ部における最初の4章、第Ⅲ部における最初の4章、そして第Ⅳ部の3章が役立つであろう。

　本書の特色をまとめると次の三点になる。

　①　国際経済学は、他の分野の経済学と同じように、体系的な学問である。したがって、国際経済学で取り上げられるそれぞれの理論は相互に関連しあっており、もし前に出てきた理論や専門用語を忘れてしまったり、あるいは、それを十分に理解しないで先へ進むと、そこで取り扱う理論がわからなくなるおそれがある。したがって、読者が国際経済学をわかりやすく学ぶためには、教科書がそれぞれの理論や専門用語の相互関連をはっきりと示すことが重要であろう。そこで本書では、このために次の二つのことに注意を払っている。第一に、前後の関連を明確に示すために、（　）に入れた参照指示を多く設けている。本書の前半部分ではそこで取り上げた理論や専門用語が後のどの章で用いられるかを示すために付け、本書の後半部分ではそこで取り上げた理論や専門用語が前のどの章で既に出てきたかを示すために付けている。そして第二に、各章の末尾に可能な限り練習問題を設定したが、その練習問題は該当の章に関連するものばかりでなく、それ以前に学んだ諸章の内容に関連するものも設問している。これらの問題を解くことによって、読者は総合的かつ体系的に本書の内容を理解することができるであろう。

　②　世界経済に対する読者の興味を深めるために、国際経済の実際や制度についても多くのページを割いている。それらを列挙すると、次のとおりである。第Ⅰ部第4章の中心テーマは外国為替が用いられるメリットを明らかにすることであるが、その実際の使い方を理解してもらうために、外国為替

を用いた国際経済取引決済の方法についても詳しく述べている。第II部第9章では、貿易構造の実際の例として、最近の日本における商品貿易とサービス貿易を紹介している。第III部第17章では、貿易政策の手段として、関税の他に、輸入数量制限、輸出への直接的規制、個別消費税・生産補助金、政府調達、通関手続き、基準・認証などの非関税障壁についても、実例を挙げながら紹介している。第III部第26章では、世界貿易機関について、その発足の経緯、性格、原則とその例外、貿易交渉の成果について説明しており、それに続く第27章では、地域経済統合について、その種類、具体例、メリットとデメリットについて説明している。第IV部第28章では、世界における国際労働移動と直接投資の実態について説明している。また、第30章では、日本の外国人労働者問題を考える上で参考になることを願って、旧西ドイツの外国人労働者政策について触れている。

③　国際経済学は、ミクロ経済学とマクロ経済学の応用部門としての性格を持つので、その分析手法を借用することが多い。そこで、そのような分析用具に読者がまごつかないようにするため、必要に応じて理論経済学の基礎を復習している。すなわち、第II部第13章の補論で需要理論を、第III部第20章第1節で独占企業の理論を、第22章第2節で生産理論を、それぞれ復習している。

　本書を執筆するに当たっては、関西学院大学経済学部の同僚であった多くの先生方にお世話になった。第I部第5章国際通貨制度を執筆する際には、国際金本位制度について春井久志教授に教えていただくことが多かった。第6章外国為替相場の決定では、平山健二郎教授が原稿を読んで下さり、多くの有益なコメントと示唆を与えて下さった。第III部第20章独占企業と貿易政策では、利光強教授から戦略的貿易政策について有益な示唆をいただいた。また、第III部第17章貿易政策の手段を執筆する際には、岡山大学経済学部の神事直人教授からガットのSPS協定について多くの参考文献をご教示いただいた。ここに記してこれらの先生方に謝意を表したい。

2006年11月

著者

目次

はしがき　iii

第Ⅰ部　国際経済の基礎　1

第1章　国際経済学とは何か ──────────── 3
第1節　国際経済学の定義
第2節　国際経済学の存在意義

第2章　国際収支 ──────────────── 9
第1節　国際収支の基本的性格
第2節　国際収支の項目
第3節　日本の国際収支の現状

第3章　国際収支と国民所得 ──────────── 23
第1節　国民所得
第2節　経常収支と貯蓄・投資との関係
第3節　経常収支と国内景気との関係

第4章　外国為替 ──────────────── 31
第1節　外国為替
第2節　外国為替の意義
第3節　外国為替相場と外国為替市場

第5章　国際通貨制度 ─────────────── 41
第1節　国際金本位制度
第2節　金ドル本位制度
第3節　変動為替相場制度

第6章　外国為替相場の決定 ──────────── 53
第1節　外国為替の需要
第2節　外国為替の供給
第3節　長期的な均衡為替相場の決定──購買力平価説

第7章　外国為替相場変動の原因 —— 69
第1節　短期的変動の原因
第2節　外国為替市場への介入
第3節　長期的変動の原因

第8章　外国為替相場変動の効果 —— 83
第1節　外国為替相場変動の短期効果
第2節　外国為替相場下落（円高）の長期効果
第3節　外国為替相場上昇（円安）の長期効果

第Ⅱ部　国際貿易の基礎　　99

第9章　日本の商品・サービス貿易 —— 101
第1節　輸出の商品構成と地域構成
第2節　輸入の商品構成と地域構成
第3節　サービスの輸出構成と輸入構成

第10章　貿易構造の決定（1）——リカードーの比較生産費説 —— 113
第1節　リカード・モデル
第2節　比較生産費説

第11章　外国為替相場と貿易構造 —— 127
第1節　比較優位の構造
第2節　外国為替相場と貿易構造
第3節　外国為替相場の決定

第12章　貿易の効果（1）——貿易利益 —— 139
第1節　生産の完全特化
第2節　貿易利益

第13章　貿易構造の決定（2）
　　　　——ヘクシャー・オリーンの生産要素賦存説 —— 153
第1節　ヘクシャー・オリーン・モデル
第2節　要素賦存と生産量
第3節　生産要素賦存説
第4節　レオンチェフ逆説

第13章　補論 —— 169

第14章　貿易の効果 (2) ――所得分配の変化 ―――――― 175
　　第1節　貿易利益
　　第2節　閉鎖経済下の所得分配
　　第3節　貿易の所得分配効果

第15章　貿易構造の決定 (3) ――クルグマンの産業内貿易論 ――― 189
　　第1節　産業間貿易と産業内貿易
　　第2節　差別化された消費財に関する産業内貿易の原因
　　第3節　差別化された消費財に関する産業内貿易の利益

第16章　自由貿易の効率性 ――――――――――――――― 201
　　第1節　オファー曲線
　　第2節　国際市場の均衡
　　第3節　国際市場均衡の性質

第Ⅲ部　貿易政策の基礎　213

第17章　貿易政策の手段 ――――――――――――――― 215
　　第1節　貿易政策
　　第2節　関税
　　第3節　非関税障壁

第18章　輸入関税の効果 (1) ――部分均衡分析 ―――――― 227
　　第1節　ある商品の国内市場
　　第2節　消費者余剰と生産者余剰
　　第3節　輸入関税の効果
　　第4節　輸入関税と生産補助金の比較
　　第5節　輸入関税と生産補助金・個別消費税の比較

第19章　輸入関税と数量制限 ―――――――――――――― 239
　　第1節　輸入関税と輸入数量制限の同等
　　第2節　輸出規制と輸入数量制限

第20章　独占企業と貿易政策 ―――――――――――――― 247
　　第1節　外国の独占企業と輸入関税
　　第2節　戦略的貿易政策

第21章　内生的保護政策――保護の政治経済学 ――――――― 257
　　第1節　保護の政治経済学

　　　　第2節　保護に対する需要
　　　　第3節　産業保護の供給
　　　　第4節　政治均衡

　　第22章　輸入関税の資源配分効果──一般均衡分析 ──────── 267
　　　　第1節　一般均衡分析の意義
　　　　第2節　輸入関税の一般均衡モデル
　　　　第3節　輸入関税の生産効果
　　　　第4節　輸入関税の消費効果と貿易効果

　　第23章　輸入関税の所得分配効果 ─────────────── 281
　　　　第1節　輸入関税の所得分配効果
　　　　第2節　貿易の所得分配効果と関税の所得分配効果の関連
　　　　第3節　所得分配効果の経済的意義

　　第24章　輸入関税の厚生効果──最適関税論 ─────────── 291
　　　　第1節　小国における輸入関税の厚生効果
　　　　第2節　大国における輸入関税の厚生効果

　　第24章　補論 ──────────────────────── 301

　　第25章　輸入関税と世界協調 ────────────────── 303
　　　　第1節　関税戦争
　　　　第2節　輸入関税率の協調的引き下げ

　　第26章　世界貿易機関（WTO）──────────────── 311
　　　　第1節　ガット発足の経緯
　　　　第2節　世界貿易機関の性格
　　　　第3節　世界貿易機関の原則
　　　　第4節　原則に対する例外
　　　　第5節　ガットの下における貿易交渉の成果

　　第27章　地域経済統合 ─────────────────── 323
　　　　第1節　地域経済統合の分類
　　　　第2節　世界の主要な地域経済統合
　　　　第3節　関税同盟の効果
　　　　第4節　貿易創造効果と貿易転換効果

第Ⅳ部　国際要素移動の基礎　333

第28章　貿易と国際要素移動 ——————————— 335
第1節　国際要素移動とは何か
第2節　貿易と国際要素移動の関係

第29章　国際要素移動の利益と所得分配効果 ——————— 349
第1節　労働の限界生産力線図
第2節　国際労働移動の利益
第3節　国内分配の変化
第4節　国際資本移動の利益と所得分配効果

第30章　国際要素移動規制策 ——————————— 359
第1節　国際資本移動に対する規制策
第2節　国際労働移動に対する規制策
第3節　旧西ドイツの外国人労働者政策

索　引　371

第 I 部

国際経済の基礎

第1章

国際経済学とは何か

　第Ⅰ部では、国際経済の基礎という標題の下に、このテキストの中心テーマである国際貿易、貿易政策、国際要素移動（直接投資及び移民）の基礎となる経済概念について、入門的な説明を行う。具体的にいうと、それらは国際経済学の概説、国際収支とこれに関係する基本的事柄、外国為替とこれに関連する基本的事柄である。
　この第1章では、国際経済学の概説として、まず国際経済学の定義を紹介し、次いで国際経済学の存在意義について述べる。

第1節　国際経済学の定義

　国際経済学とは、国際経済社会の諸問題を体系的に把握する経済学である。ここでいう国際経済社会とは、国際経済取引を通じて相互依存関係にある国々を指している。
　国際経済社会で行われる取引、すなわち国際経済取引には二種類ある。
　その一つは、国際貿易である。これは商品及びサービスの国際間の売買を意味する。商品貿易については説明する必要はないであろうが、サービスの貿易についてはその具体的な例を挙げておいたほうがわかり易いかもしれない。サービス貿易は「運輸」「旅行」「その他」という三項目に分けられる。例えば、日本人が海外に出かける場合にアメリカの航空会社の飛行機を利用すれば、これは日本の運輸サービスの輸入になる。また、中国人が日本へ観光旅行に来て日本のホテルに泊まったり土産物を買ったりすれば、それは日

本の旅行サービスの輸出になる。サービス貿易についてのより詳しい説明は第2章で行うことにする。

　もう一つの国際経済取引は国際資本移動である。これは資本の国際間の貸し借りを意味している。例えば、日本の自動車会社がヨーロッパに工場を建てて現地で自動車を生産し販売する場合、この自動車会社の現地子会社に対する出資金は日本の直接投資の貸付になる。逆に、アメリカの投資ファンドが株式の配当や値上がり益を目的に日本の会社の株式を購入する場合、これは日本の証券投資の借り入れになる。直接投資や証券投資のより詳しい説明も第2章で行うことにする。

第2節　国際経済学の存在意義

　国際経済学が経済学の一部門として研究され、経済学部の主要な科目の一つとして講義されているのは、国際経済学を知ることが必要であり、国際経済学でなければ取り扱えない独自の分野を持っているからである。国際経済学のこの必要性と独自性は、それが対象とする国際経済取引が他の部門の経済学が取り扱う国内経済取引と異なっていることに由来する。

　国際経済取引が国内経済取引と比べて異なる点は次の三点である。
1. 生産要素、特に労働、の国際間移動が相対的に困難であること
2. 複数の通貨制度が存在すること
3. 多元的な政策決定機関が存在すること

以下でこれらの相違点を順番に説明していこう。

1　生産要素、特に労働の国際間移動の相対的困難さ

　労働者の国際間の移動は国内での移動に比べて困難である。その原因は、言語・習慣の国際間の相違や多くの国々が採用している移民制限政策による。

　国内であれば、地域間に賃金格差や所得格差があると、労働者は賃金や所得の低い地域から高い地域に比較的容易に移動できる。その結果、国内では商品取引や資本移動が無くても地域間で賃金や所得は均等化するであろう。一例として、2003年度の一人当たり県民所得で日本国内の地域間所得格差

を調べてみる。高い方から見ると、一位が東京都の 427 万円、以下、愛知県、静岡県、滋賀県、千葉県の順に低くなっている。逆に低い方から見ると、47 位が沖縄県の 209 万円、次いで、青森県、長崎県、高知県、鹿児島県の順に高くなっている（日本経済新聞 2006 年 3 月 15 日朝刊）。東京都の一人当たり都民所得は沖縄県の 2.09 倍であるから、この年度の日本国内の地域間所得格差は最大で約 2 倍と考えてよいであろう。人々が自由に移動でき、言葉も同じである国内においてもこれだけの地域間所得格差が存在しているとも考えられるが、次の国際間の所得格差と比較するならば、この格差は小さいとみなすことができるであろう。

日本と日本への出稼ぎ労働者が多い国々との間の所得格差を、2004 年の一人当たり国民総所得で調べてみると以下のようになる。日本：37,050 ドル、韓国：14,000 ドル、中国：1,500 ドル、フィリピン：1,170 ドル、ブラジル：3,000 ドル（世界国勢図会 2006/07）。日本の数字がこれらの国の数字の何倍かを見てみると、韓国 2.6 倍、中国 24.7 倍、フィリピン 31.7 倍、ブラジル 12.4 倍である。中国の一人当たり国民所得が日本の約 25 倍ということは、中国人労働者が日本で 1 年間働けば、中国で 25 年間働いて得られる所得と同じ額が稼げることを意味している。

このように日本と中国の間には大きな所得格差があっても、日本政府の非熟練労働受け入れ制限政策のために労働移動は殆ど無い。この結果、労働移動に代わって商品貿易や国際資本移動が重要になる。なぜなら、繊維品のような労働集約財に限らず、最近では電気機械や工作機械のような知識集約財であっても、日本の国産品より中国製品のほうが価格が著しく安くなり、中国製品の輸入が増えているからであり、またそれに応じて、日本の企業が日本の工場を撤退して中国に工場を建て（直接投資）、そこで生産し輸出するようになるからである。

このように国際経済社会では、国内経済に比べて商品貿易やサービス貿易あるいは国際資本移動がより重要になる。商品・サービス貿易の原因、貿易構造、その結果、それに対する規制政策を研究するのが国際貿易論であり、国際要素移動の原因、結果、規制政策を研究するのが国際要素移動論である。これらはいずれも、国際経済学の一部門である。

2 複数の通貨制度の存在

経済取引は貨幣によって媒介され効率化されている。そこで各国には一つの通貨制度が存在し、一つの中央銀行が一種類の通貨を発行している。例えば、日本では中央銀行として日本銀行が存在し「円」という通貨を発行している。したがって、国内の経済取引においては異種通貨の交換という問題は生じない。

これに対して国際経済社会では、国の数だけ中央銀行が存在しそれぞれ独自の通貨を発行している。例えば、ドルという通貨はアメリカ・ドルが有力であるが、実際には他に七種類のドル（カナダ・ドル、ジャマイカ・ドル、香港・ドル、台湾・ドル、シンガポール・ドル、オーストラリア・ドル、ニュージーランド・ドル）が存在する。したがって、国際経済取引では売り手と買い手、貸し手と借り手の間で使用している通貨が異なるから、異種通貨の交換が必要になってくる。例えば、日本の自動車メーカーがその製品をアメリカに輸出して代金をアメリカ・ドルで受け取った場合、このメーカーは日本国内の労働者や部品メーカーに賃金や部品代金を円で支払わなければならないから、アメリカ・ドルを円に交換する必要がある。

このような異なる種類の通貨の交換には外国為替が介在し、異なる種類の通貨の交換比率は為替相場あるいは為替レートと呼ばれる。為替レートがどのような水準に決まるかは一国の経済にとって非常に重要であるが、その決定要因、決定メカニズム（すなわち、国際通貨制度）、一定期間の国際取引き量を記録する国際収支などを研究するのが国際金融論であり、これも国際経済学の一部門である。

3 多元的な政策決定機関の存在

一国内には一つの中央政府が存在して、一元的な経済政策を施行している。これに対して、国際経済社会では国際社会全体を統治する中央政府は存在せず、あるのはただ各国の中央政府のみである。それらの政府がそれぞれ独自の経済政策を施行しているから、国際経済社会では経済政策は多元的であるといえる。民主主義政治体制の下では、各国政府の政策目標は選挙民である

自国民の利益を最大化することであるから、その経済政策によって他国民の利益が損なわれる可能性がある。その損害が大きかったりたびたび不利益を被ったりすると、国際間に貿易摩擦や経済摩擦が生じる。例えば、日本政府が国内の農業を保護するために農産物の輸入制限をすると、国内の農家の雇用や所得は維持されるが、農産物輸出国では日本向けの農産物輸出が減るからその国の雇用は減り所得も減少するであろう。そこで輸出国の農民達がその政府に働きかけて、輸入制限を撤廃するように日本政府と交渉することを要求するならば、ここに貿易摩擦が発生する。

そこで、国際経済社会では諸国間の利害調整の問題が重要になる。これまでそのために取られてきた調整手段は次の三つである。

(1) 国際調整機関の設立

国際間の貿易自由化に関するルール作りや貿易紛争の調停を行う国際貿易機関（WTO）がこれに該当する。

(2) 地域機関の設立・地域協定の締結

経済関係が特に密接で経済発展段階がほぼ同じである諸国が集まって、貿易の自由化や投資の促進を図るために機関を設立したり協定を結ぶのがこれである。地域協定の具体例としては、EU（欧州連合）、NAFTA（北米自由貿易協定）などを挙げることができる。また、地域機関の具体例としてユーロを発行している欧州中央銀行（ECB）を挙げることができる。

(3) 国際協定の締結

小麦、砂糖、オリーブ油、コーヒー、ココア、天然ゴム、ジュート、熱帯木材などの一次産品の価格安定を図るために、生産国と消費国の間で締結されている国際商品協定がこれに該当する。

各国の貿易政策や国際要素移動規制策、国際間に一元的な政策決定機関が存在しないために発生する貿易摩擦や国際紛争の原因、結果、調停策を研究するのが国際経済政策論である。これも国際経済学の一部門を形成している。

問題

【1】 仮に、東京都が沖縄県やその他の低所得県より10倍高い一人あたり都民所得を持っていたとすると、この所得格差はどのようにして両地域間の労働移動によって縮められるか、説明せよ。ただし、東京都と沖縄県及びその他の低所得県の人口や経済規模は同じものと仮定する。

【2】 日本円とアメリカ・ドルの間の為替レートがある時点で$1＝¥100であったとする。これが$1＝¥120のようにドル高円安になった場合、日本の商品・サービスの輸出と輸入はどのような影響を受けるだろうか、第8章を参考にしながら考えよ。

【3】 自国民の利益を最大にするという一国政府の方針が、摩擦なしに国際社会で受け入れられるのはどういう場合か、第16章を参考にしながら考えよ。

第2章

国際収支

　第1章で述べたように、国際経済社会では複数の通貨制度が存在しているので、国際経済取引には殆ど必ずといってよいほど異なる種類の通貨の交換が必要になる。さらに現実には、信用力があり流動性の高い通貨（現在はU.S.ドル）によって国際経済取引が媒介されることが多い。このような媒介通貨あるいは自国通貨で表示した一国の一定期間の対外支払及び対外受取の体系的記録を国際収支と呼ぶ。これは全ての国際経済取引の受け取りと支払いを網羅しているので、一国の国際収支の把握はその国の国際経済取引がどのようになっているのかを知るのに必要不可欠である。また、国際経済取引は国内経済取引と密接に関連しているので、国際収支の把握は一国の経済状況を知り経済運営を的確に行っていくためにも重要である。そこでこの章では、国際収支の基本的性格を述べ、国際収支を構成する諸項目を説明する。そして最後に、日本の国際収支の現状を簡単に紹介する。

第1節　国際収支の基本的性格

1　定義

　国際収支（Balance of Payments）は、一国の居住者が一定期間中に外国の居住者との間で行った全取引の体系的記録を表した統計表である。したがって、これは国際収支表と呼ぶこともできる。
　この定義の中に出てくる居住者は、①国内に居住している個人と②国内に

主たる事務所を持つ法人、を意味している。①は国籍に関係がなく、例えば、日本に一年以上駐在している外国国籍のビジネス・パーソンは日本の居住者である。ただし、日本での長期滞在者であっても外国人留学生、外国外交団、外国駐留軍は日本の居住者に含まれない。一定期間というのは、1カ月、3カ月、あるいは1カ年を指す。したがって、国際収支はフロー概念である。

一国の居住者が外国の居住者と行った全取引には、①経常取引と②資本取引が含まれる。①は、商品及びサービスの売買（すなわち、国際貿易）、対外投資の収益の受け取りや支払い、個人間の贈与や国際間の援助のような対価を伴わない取引、を指す。②は第1章で紹介した直接投資や証券投資のように、対外資産や対外負債の増減を引き起こす取引を指す。

国際収支が体系的記録であるというのは、日本を含め世界各国の国際収支が国際通貨基金（IMF）が定めたIMF方式に基づいて作成されているからである。IMFは上に述べた国際収支の定義を規定すると共に、国際経済取引を国際収支表に計上する作成基準として、次の三原則を定めている。①取引の計上時期は、取引において所有権が移転した時点でおこなう。②取引の価値評価は市場価格による。③記載方法は複式計上で行う。すなわち、一つの取引は金額が等しい二つの項目によって貸方（国際収支統計表の左側）と借方（表の右側）に表記される。この結果、国際収支の合計額は恒等的に0に等しい。各国の国際収支がこのように世界的統一基準に基づいて作成されているので、それらを互いに比較することが可能である。なお、このIMF方式は1993年に改訂され、日本も1996年よりこれに基づいて改訂している。

2 国際収支統計の作成者及び作成原理

国際収支統計は法律により財務省が作成することになっているが、その作成事務は日本銀行に委託されている。したがって、国際収支の作成者は財務省と日本銀行と考えてよい。

国際収支に含まれる全ての取引のうちで、**所得とか貨幣の流入を生む取引は貸方に記載される**。すなわち、**経常取引であれば受取勘定に記載され、資本取引であれば正の数字で記載される**。例えば、商品やサービスの輸出とか本邦資本の対外投資収益の本国送金は所得を生む経常取引であるから、その受取勘定に記載される。資金の対外借入の増加（言い換えれば、対外負債の

増加)や外国居住者に貸していた資金の返済(言い換えれば、対外資産の減少)は、いずれも貨幣の流入を生む（すなわち、資本輸入）から、前者は資本取引の負債の欄に後者は資本取引の資産の欄に、それぞれプラスの金額として表記される。逆に、国際収支に含まれる全ての取引のうちで、所得とか貨幣の流出を生む取引は借方に記載される。すなわち、経常取引であれば支払勘定に記載され、資本取引であれば負の数字で記載される。例えば、商品やサービスの輸入とか外国資本の対日投資収益の本国送金は所得の流出を生む経常取引であるから、その支払勘定に記載される。資金の対外借入の返済（換言すれば、対外負債の減少）や資金の対外貸付の増加（換言すれば、対外資産の増加）は、いずれも貨幣の流出を生む（すなわち、資本輸出）から、前者は資本取引の負債の欄に後者は資本取引の資産の欄に、それぞれマイナスの金額として記載される。さらに、これらの取引は全て複式簿記の原理に従って、貸方に記載された項目はそれと同一の金額が借方にも記載され、借方に記載された項目はそれと同一の金額が貸し方にも記入される。その詳しい説明は章末に挙げた参考書に委ねることにして、ここでは触れない。

第2節　国際収支の項目

　国際収支の項目として、日本の最近の国際収支表を例に挙げながら、国際収支の総括表、貿易・サービス収支、所得収支、経常移転収支、資本収支、外貨準備増減、誤差脱漏の順に述べていくことにする。

1　国際収支の総括表

　これは国際収支の要約表であり、各項目の受取と支払を差し引いた後の「収支尻」あるいは資産と負債の増減を差し引いた後の「収支尻」のみで構成されている（第2-1表）。

第 2-1 表　国際収支総括表（2005 年）

(単位億円)

経常収支							
	貿易・サービス収支						所得収支
		貿易収支			サービス収支		
			輸出	輸入			
182,591	76,930	103,348	626,319	522,971	- 26,418		113,817

	資本収支			外貨準備増減	誤差脱漏
経常移転収支		投資収支	その他資本収支		
- 8,157	- 140,068	- 134,579	- 5,490	- 24,562	- 17,960

(出所：『国際収支統計月報』)

　この総括表には国際収支の諸項目が示されているが、それらの定義は次の通りである。まず、**国際収支は経常収支、資本収支、外貨準備増減、誤差脱漏の和である**。いうまでもなく、第 1 節 2 で述べた作成原理に基づいて、第 2-1 表のこれらの項目の合計は 0 になっている。**経常収支は、貿易・サービス収支、所得収支、経常移転収支の和である**。さらに、この中の**貿易・サービス収支は、貿易収支とサービス収支の和である**。そして、**貿易収支は商品の輸出と商品の輸入の差額**であり、**サービス収支はサービスの輸出とサービスの輸入の差額**である。国際収支の項目の中で経常収支の次に来る**資本収支は、投資収支とその他資本収支の和である**。貿易収支についてはこれ以上の説明を要しないと思われるので、それ以外の項目について以下で説明していくことにする。

2　サービス収支

　貿易・サービス収支の一項目である**サービス収支**は、第 2-2 表に示されているように、**輸送、旅行、その他サービスの三項目に大別される**。輸送はさらに海上輸送と航空輸送に分けられる。海上輸送の受け取り勘定には、日本の船会社が外国居住者に提供した旅客輸送サービスや貨物輸送サービスの代金が計上され、海上輸送の支払い勘定には、日本の居住者が外国の船会社

(すなわち，外国居住者)から提供を受けた旅客輸送サービスや貨物輸送サービスに対する代金が計上される。航空輸送についても同様である。その受取勘定には，日本の航空会社が外国の居住者に提供した旅客輸送サービスや貨物輸送サービスの代金が計上され，その支払勘定には，日本の居住者が外国の航空会社(外国居住者)から提供を受けた旅客輸送サービスや貨物輸送サービスに対する代金が計上される。旅行の受取勘定には，外国人旅行者が日本のホテルやレストランなど日本国内で支出した代金が計上され，その支払勘定には，日本人旅行者が外国のホテルやレストランなど外国で支払った代金が計上される。なお，いうまでも無いことであるが，日本の旅行者が外国の航空会社ではなくて日本の航空会社の飛行機を使って海外に出かけた場合，これは国内取引であるので国際収支に計上されない。

第2-2表 サービス収支 (2005年)

(単位億円)

項目		受取	支払	収支尻
輸送		39,446	44,467	- 5,021
	海上輸送	28,142	28,694	- 552
	航空輸送	11,297	15,708	- 4,412
旅行		13,710	41,369	- 27,659
その他サービス		68,416	62,154	6,262
	通信	436	680	- 245
	建設	7,967	5,266	2,700
	保険	957	2,127	- 1,170
	金融	5,589	2,981	2,608
	情報	1,242	2,692	- 1,450
	特許等使用料	19,419	16,129	3,289
	その他営利業務	30,142	29,233	909
	文化・興行	107	1,228	- 1,122
	公的その他サービス	2,558	1,818	740
計		121,573	147,991	- 26,418

(出所:『国際収支統計月報』)

サービス収支表の最後の項目である「その他サービス」は，さらに，通信，建設，保険，金融，情報，特許等使用料，その他営利業務，文化・興行，公

的その他サービスという九項目に分けられている。この内で最も取引額が多い「その他営利業務」には、仲介貿易やその他の貿易関連サービスの手数料、飛行機や船舶のリース料、その他業務・専門技術サービス（税務・経営コンサルティング、広告宣伝・市場調査、研究開発など）のサービス料の居住者・非居住者間の受け取りと支払いが計上される。次に取引額が多い「特許等使用料」には、工業所有権（特許権、商標など）や著作権の使用料の居住者・非居住者間の受け取りと支払いが計上される。「公的その他サービス」には、外国外交団や外国駐留軍（第1節1で見たとおり、共に本邦非居住者）と本邦居住者との間の取引と、在外政府公館（本邦居住者）と外国居住者との間の取引が計上される。「保険」には保険のサービス料と保険取引に関わる代理店の手数料の居住者・非居住者間の受け取りと支払いが計上される。ただし、保険金及び保険料から保険サービスに相当する額を抽出することは統計上困難なので、保険会社に帰属する保険サービス料は、受取保険料から支払い保険金を差し引いた額に等しいものとして計算されている。

これ以外の「その他サービス収支」項目を、表の上から順番に説明すると次のようになる。「通信」には、電話電信、ファクシミリ、放送、衛星等による遠隔通信の料金の居住者・非居住者間の受け取りと支払いが計上される。「建設」には、日本の建設会社が海外で行う建設工事の代金が受取勘定に、外国の建設会社が日本で行う建設工事の代金が支払勘定に、それぞれ計上される。「金融」には、銀行が行う金融仲介サービスや外国為替取引に関わる手数料、証券会社の各種証券取引仲介の手数料の居住者・非居住者間の受け取りと支払いが計上される。「情報」には、データベースの開発・保管やデータ処理の手数料、ハードウエアのコンサルタントなどの手数料の居住者・非居住者間の受け取りと支払いが計上される。「文化・興行」には、映画フィルムの賃借料、音楽家・俳優・スポーツ選手に対する報酬、美術展の興行費用などの居住者・非居住者間の受け取りと支払いが計上される。なお、いうまでもなく、第2-1表のサービス収支の数字が、この第2-2表の合計欄の収支尻の数字に対応している。

3 所得収支

　所得収支は雇用者報酬の収支と投資収益の収支の合計額である。雇用者報酬の収支は雇用者報酬の受取額から雇用者報酬の支払額を差し引いた額である。雇用者報酬の受取額には、海外に居る本邦人非居住者労働者、すなわち外国で働いているがその国の居住者ではない日本人労働者、に支払われる報酬が計上される。雇用者報酬の支払額には国内の非居住者労働者に支払われる報酬が計上される。投資収益の収支は、居住者が所有する対外金融資産から生じる利子・配当・キャピタルゲインの受け取りと、居住者が負っている対外金融負債に支払う利子・配当及びキャピタルゲインの支払いの差額である。そのうちで、居住者が所有する海外直接投資資産から生じる配当は直接投資収益の受取勘定に、非居住者が日本国内に直接投資した資産から生じる配当はその支払勘定に、それぞれ計上され、居住者が所有する海外証券投資資産から生じる利子・配当・キャピタルゲインは証券投資収益の受取勘定に、非居住者が日本国内に投資した証券投資の資産から生じる利子・配当・キャピタルゲインはその支払勘定に、それぞれ計上される。また、居住者が所有する海外その他資産（例えば、銀行貸付残高）から生じる利子はその他投資収益の受取勘定に、非居住者が日本国内に所有するその他資産から生じる収益はその支払勘定に、それぞれ計上される。

第2-3表　所得収支（2005年）

（単位億円）

項目		受取	支払	収支尻
雇用者報酬		188	329	- 141
投資収益		155,212	41,254	113,958
	直接投資収益	33,504	10,440	23,063
	証券投資収益	104,838	18,741	86,097
	その他投資収益	16,871	12,073	4,798
計		155,400	41,583	113,817

（出所：『国際収支統計月報』）

所得収支を用いて GNP（国民総生産）と GDP（国内総生産）の関係を示すことができる。SNA（国民経済計算体系）によると、GNP（国民総生産）＝GDP（国内総生産）＋海外から受け取る生産要素所得（労働者報酬＋投資収益）－海外へ支払う生産要素所得に等しい。所得収支はこの海外からのネットの生産要素所得に等しいから、GNP＝GDP＋所得収支である。第 2-1 表によると、2005 年の日本の所得収支は 11 兆円余りの黒字であったから、この年の日本の GNP はこの金額だけ GDP より大きかった。

4　経常移転収支

　経常移転収支は、財・サービス・現金などの対価を伴わない居住者・非居住者間の所得移転の収支である。但し、この所得移転から資本的贈与は除かれ、これは資本収支のその他資本の項に計上される。第 2-4 表に示されているように、経常移転収支は公的部門とその他部門に分けられる。この公的部門には政府による無償資金援助や国際機関分担金が計上され、その他部門には個人間の贈与や労働者送金が計上される。経常移転収支の受取勘定に計上される労働者送金は、外国居住者である日本人労働者の本国送金であり、その支払勘定に計上される労働者送金は、本邦居住者である外国人労働者の海外送金である。これと所得収支に計上されている雇用者報酬とを混同してはならない。

第 2-4 表　経常移転収支（2005 年）

（単位億円）

項目	受取	支払	収支尻
公的部門	1,404	5,633	- 4,230
その他	9,333	13,260	- 3,927
計	10,737	18,893	- 8,157

（出所：『国際収支統計月報』）

5　資本収支

　資本収支は、国際収支総括表において明らかなとおり、**投資収支とその他資本収支**に大別される。このうち、投資収支は対外金融資産及び対外金融負債の増減を記録し、その他資本収支は、対外あるいは対内資本移転と対外非金融資産及び対内非金融負債の増減を記録する。例えば、日本政府が道路や橋のような固定資本形成のために外国政府に贈与した資本は、経常移転収支に計上されるのではなくて、その他資本収支の資産勘定に計上される。

　投資収支は、第2-5表に示されているように、さらに四つの項目に分けられる。一番目に計上される直接投資は、外国企業の経営支配を目的とした対外投資である。その資産の欄には、本邦会社の海外にある支店及び出資比率10％以上の海外子会社に対する出資金・貸付金などの増減が記録される。

第2-5表　投資収支（2005年）

（単位億円）

項目		資産	負債	ネット
直接投資		- 50,459	3,059	- 47,400
証券投資		- 216,499	205,799	- 10,700
	株式	- 25,652	149,043	123,391
	債券	- 190,847	56,756	- 134,091
金融派生商品		254,527	- 262,549	- 8,022
その他投資		- 123,068	54,612	68,546
	貸付・借入	- 96,648	16,442	- 80,206
	貿易信用	- 3,047	5,298	2,251
	現預金	- 5,472	3,468	- 2,004
	雑投資	- 17,902	29,402	11,500
計		- 135,499	921	- 134,579

（出所：『国際収支統計月報』）

　その負債の欄には、外国会社の在日支店及び出資比率10％以上の在日子会社に対する出資金・貸付金などの増減が記録される。二番目に計上される証券投資は、利子・配当・キャピタルゲインなどの投資収益を目的とした対外

投資である。その資産の欄には、居住者による外国証券（外国政府の公債・外国企業の社債や株式）の売買が記録され、その負債の欄には、非居住者による本邦証券（日本政府の公債・日本企業の社債や株式）の売買が記録される。三番目に計上される金融派生商品には、オプション、ワラント、通貨スワップ、先物取引などによる資産や負債の増減が記録される。最後のその他投資には、①貸付・借入、②貿易信用、③現預金、④雑投資、による資産と負債の増減が記録される。①については、日本の居住者による短期、長期の対外貸し付けの増減がその資産勘定に、日本の居住者による短期、長期の対外借り入れの増減がその負債勘定に、それぞれ計上される。②については、輸出代金の長期延払い信用の供与や返済、輸入前払い金の受け取りや支払いが資産勘定に、輸入代金の長期延払い信用の供与や返済、輸出前受け金の受け取りや支払いが負債勘定に、それぞれ計上される。③については、日本の居住者が海外に預けている現金や預金の増減が資産勘定に、日本銀行やその他の日本の銀行が海外（非居住者）から預かっている現金や預金の増減が負債勘定に、それぞれ計上される。④には、国際機関への出資やその他上記の①②③に含まれない各種の仮払い勘定や仮受け勘定が計上される。

6　外貨準備増減

　外貨準備増減には、通貨当局の管理下にあり、国際収支不均衡の是正のためや外国為替市場介入のために直ちに利用可能な対外資産（具体的には、貨幣用金、外貨資産など）の増減が記載される。その記載方法は資本収支の場合と同じく、日本の外貨準備の増加はマイナスの数字で、その取り崩しはプラスの数字で、それぞれ表される。したがって第2-1表は、2005年に日本の外貨準備が2兆4562億円増加したことを示している。

7　誤差・脱漏

　第1節2で示したように、国際収支は本来、経常収支、資本収支そして外貨準備増減の和が丁度0になるように作られているはずであるが、統計資料収集上のさまざまな制約により実際には誤差が生じる。この誤差を調整して国際収支を0にする項目がこの誤差脱漏である。

第3節　日本の国際収支の現状

　最近の日本の国際収支の特徴は次の四点で示される。すなわち、①貿易収支及び経常収支の大幅黒字、②サービス収支の恒常的な赤字、③所得収支の逓増的な黒字、④資本収支の赤字である。

　貿易収支は1964年以来連続して黒字であり、最近10年間は、第2-6表からも明らかなとおり、1996年と2001年を除いて10兆円を超える黒字を記録している。これは日本の商品貿易が国際競争力を持っていることの反映である。経常収支は、1965年以来ほとんどの年で黒字である（オイル・ショックにより石油価格が高騰して輸入額が増えた1973-75年、1979-80年は赤字）。最近10年間は1996年を除いて10兆円を超える黒字を記録している。このことは、次章で説明するように、日本の貯蓄が国内投資を経常収支の黒字額だけ上回っていること、あるいはまた、日本の国内総生産が国内総支出を経常収支の黒字額だけ上回っていること、を意味している。

第2-6表　最近の日本の国際収支

(単位億円)

	経常収支	貿易収支	サービス収支	所得収支	資本収支
1996	71,579	90,966	- 67,792	8,180	- 33,472
1997	114,363	123,103	- 65,423	67,396	- 148,348
1998	157,846	159,844	- 64,546	74,011	- 173,390
1999	121,738	140,155	- 61,505	56,957	- 53,960
2000	125,763	125,634	- 51,336	62,061	- 91,242
2001	106,523	84,013	- 51,893	84,007	- 61,726
2002	141,397	115,503	- 50,813	82,665	- 84,775
2003	157,668	119,768	- 36,215	82,812	77,341
2004	186,184	139,022	- 37,061	92,731	17,370
2005	182,591	103,348	- 26,418	113,817	- 140,068

(出所：『数字で見る日本の100年』、『国際収支統計月報』)

サービス収支は、最近の10年間に限らず、恒常的に赤字である。これは日本のサービス貿易の国際競争力が劣っていることの証拠である。一方、所得収支はこの10年間黒字であり、しかもその黒字額は逓増し、最近ではサービス収支の赤字額を帳消しにして余りある額になっている。これは日本の対外資産の残高が増加し、それと共にこの資産から生じる収益の受け取りが増えて、所得収支の支払額を上回っていること、そしてその超過額が逓増していることを意味している。

　資本収支は、2003年と2004年を除いて、毎年赤字である。これは経常収支が黒字であることの反映に過ぎない。何故なら、次章で説明するように、経常収支の黒字額は海外投資額に等しく、海外投資は資本収支にマイナス項目として計上されるからである。資本収支が赤字であることはまた、対外資産が増加することを意味している。資本収支の赤字が長い間続いているということは、対外資産がどんどん積み増されていることを意味している。このことの結果として、上述したような所得収支黒字の逓増が生じている。なお、2005年の資本収支は14兆円余りの赤字であった。これは、主として、日本企業による直接投資が外国企業による対内直接投資を大幅に上回っていたことと、日本の居住者の対外貸し付けがその対外借り入れを大幅に上回っていたことによる。2005年には、この資本収支の赤字と外貨準備の積み増しという形の海外投資が、経常収支の黒字とほぼ釣り合っていた。

重要な専門用語

国際収支　　貿易収支　　サービス収支　　所得収支　　経常収支
資本収支　　外貨準備増減

問 題

【1】 国際収支の定義・作成原理・項目について述べ、日本の国際収支の最近の傾向について説明せよ。

【2】 第1節2を読み、経常取引のうちで受取勘定に記載される取引と支払勘定に記載される取引を取り出して、一覧表を作成せよ。また、資本取引のうちで資産の欄に記載される取引と負債の欄に記載される取引を取り出して、一覧表を作成せよ。

【3】 次の事柄は何を意味するか答えよ。
① 2005年の日本の所得収支表によると、直接投資収益の受取額が3兆3504億円であった。
② 2005年の日本の投資収支表によると、直接投資の資産項目が－5兆459億円であった。
③ 2005年の日本の経常移転収支表によると、その他部門の支払額は1兆3260億円であった。
④ 2005年の日本の所得収支表によると、雇用者報酬の支払額は329億円であった。

参考文献

日本銀行国際収支統計研究会『国際収支のみかた』ときわ総合サービス株式会社出版部、1996年。
　国際収支統計の基本的仕組み、国際収支統計の各項目のみかた、国際収支統計とその関連統計などについて詳しい説明が行われている。
内村広志・田中和子・岡本敏男『国際収支の読み方・考え方』中央経済社、1998年。
　国際収支とは何か、国際収支統計の基本的考え方、わが国の新しい国際収支統計の内容、最近の国際収支の動向、主要国の国際収支統計などについて詳しい説明がある。
矢野恒太記念会編『数字でみる日本の100年　改訂第4版』国勢社、2000年。
　戦前の国際収支、戦後の国際収支、現行方式による国際収支のデータが掲載されている。
財務省ホームページ　http//www.mof.go.jp
　国際収支の月次データ及び年次データが掲載されている。

第 **3** 章

国際収支と国民所得

　前章でも触れたが、一国のある期間、例えば2005年、の国際収支を把握することは、その国のこの年の国際経済取引の状況を知るのに重要である。1947年から1971年まで続いた固定為替相場制度（金ドル本位制度と呼ばれる。第5章参照）の下では、一国の対外支払い準備（国際流動性という）が多いか少ないか、それが増えているか減っているかを把握することが必要であったから、国際収支の部分収支、すなわち、外貨準備の増減と現行の短期資本収支の和に等しい総合収支の動きを知ることが重要であった。変動為替相場制度になった現在では、國際収支のこの面の重要性は薄れたが、前章でも触れたように、国内の経済状況を知り経済運営を的確に行うための指標としての重要性は相変わらず保たれている。そこでこの章では、国際収支のこの面での役割を考えていくことにする。これは経常収支と国民所得との密接な関係に依拠しているので、まず、国民所得及び貯蓄につい説明し、次いで、経常収支と貯蓄・投資との対応関係を考え、最後に、経常収支と景気動向との対応関係をみていくことにする。

第1節　国民所得

1　国民総生産（GNP）

　ここでは国民所得を国民総生産で代表させていくことにする。**国民総生産とは、一定期間中に国民が生産した付加価値の合計額である。**ここで付加価

値とは、売上高から仕入額を引いた差額であり、賃金、資本レンタル（利潤を含む）、地代の合計額に等しい。

　支出面から国民総生産を分解すると、それは民間消費（Cで表す）、民間投資（Iで表す）、政府支出（Gで表す）、外国居住者の支出である海外経常取引の受取（すなわち、商品・サービスの輸出、所得収支の受取、経常移転収支の受取の合計額。Xで表す）に分けられる。これらは大雑把にいって、財及びサービスの需要側の項目である。これに対してその供給側は、国内供給が主体である国民総生産（Yで表す）と外国からの供給である海外経常取引の支払（すなわち、商品・サービスの輸入、所得収支の支払、経常移転収支の支払の合計額。Mで表す）に分けられる。

　均衡において、財及びサービスの供給と需要は一致していなければならないから、国民総生産と海外経常取引の支払いの合計は民間消費、民間投資、政府支出、海外経常取引の受取の合計に等しくなければならない。この事実を利用すると、国民総生産は、民間消費、民間投資、政府支出、経常収支の合計に等しいことがわかる。このことを記号で表すと、

$$Y = C + I + G + X - M \qquad (3\text{-}1)$$

である。

2　民間貯蓄

　国民総生産を受け取り、それを消費に支出する主体を家計と呼ぶことにする。家計が自由に処分できる所得は可処分所得と呼ばれるが、それは、国民総生産から政府に支払う税金を引いた残りである。いま、租税をTで表すことにすると、可処分所得は$Y-T$で示される。家計はこの可処分所得を全て現在の消費に回すのではなく、その一部分を貯蓄に回す。この貯蓄は将来の消費と考えることができるから、家計はその可処分所得を現在の消費と将来の消費に配分するということもできる。この貯蓄を民間貯蓄と呼ぶことにして、記号Sで表すことにする。**民間貯蓄は可処分所得から民間消費を引いた残りと定義できるから**、記号で表すと

$$S = Y - (C + T) \qquad (3\text{-}2)$$

となる。

第2節　経常収支と貯蓄・投資との関係

1　経常収支と貯蓄・投資との関係

　前節の (3-1) 式で国民総生産を規定し、(3-2) 式で民間貯蓄を定義したので、次にこれらのマクロ経済概念と経常収支の関係を明らかにしよう。(3-2) 式を (3-1) 式に代入すると、$S+T=I+G+(X-M)$ という関係式が得られるので、これを整頓すると、

$$X-M = S + (T-G) - I \qquad (3\text{-}3)$$

という式が得られる。ここで $T-G$ は政府の税収からその支出を引いた残りであるから、政府貯蓄と呼ぶことができる。そして**民間貯蓄と政府貯蓄の合計を貯蓄**と呼ぶことにすると、(3-3) 式は、**経常収支は貯蓄と民間投資の差に等しい**ということを意味していることがわかる。これがここで求めようとしていた経常収支と貯蓄・投資の対応関係である。

　この関係からすぐに、**経常収支は海外投資に等しい**こともわかる。なぜなら、貯蓄として蓄えられた資金は、その一部分が民間投資として国内企業に投資され、残りが海外投資として外国企業や外国政府に投資されるからである。このことはまた、経常収支が黒字であるということは、海外に付け（すなわち海外貸し付け）で財やサービスを売っていることの表れであり、経常収支が赤字であることは、海外から付け（すなわち海外借り入れ）で財やサービスを買っていることの表れであると理解することもできる。

2　経常収支の不均衡とその意味

　経常収支の受け取りと支払いが丁度等しいとき、経常収支は均衡している、という。このとき (3-3) 式において、$X-M=0$ であるから、貯蓄は丁度民間投資に等しく、また海外投資はゼロである。
　経常収支の受取額がその支払額より大きいとき経常収支は黒字である。こ

のとき (3-3) 式において左辺がプラスであるから右辺もプラスでなければならない。それは貯蓄が民間投資を上回っていることであるから、経常収支の黒字は貯蓄超過、あるいは民間投資不足、と対応していることがわかる。そしてこれはまた海外投資がプラスであることとも対応している。前章の第2-6表が示しているとおり、日本では過去10年にわたって経常収支が黒字であったから、日本はこの期間中民間投資を上回る貯蓄を持ち、超過分を海外投資に回していたことがわかる。逆に、経常収支の受取額がその支払額より小さいとき、すなわち経常収支が赤字のときは、これまでの議論を適用することにより、民間投資超過あるいは貯蓄不足が起こっていることがわかる。不足する貯蓄を補うために対外借入が必要になるから、海外投資はマイナスである。開発途上国及び最近のアメリカの経済がこれに該当する。実際、第3-1表に示したように、この10年間アメリカの経常収支は毎年赤字であり、ほぼそれと同額の対外借り入れを行っている。なお、両者を合計しても丁度ゼロにならないのは、外貨準備増減と誤差脱漏が存在するためである。

第3-1表　最近のアメリカの国際収支と経済成長率

	経常収支	資本収支	実質GDP成長率
	100万ドル		%
1995	- 109,478	85,371	2.7
1996	- 120,207	137,033	3.7
1997	- 135,979	220,290	4.5
1998	- 209,557	75,000	4.2
1999	- 296,822	231,727	4.5
2000	- 413,443	476,289	3.7
2001	- 385,701	415,001	0.8
2002	- 473,944	568,972	1.9
2003	- 530,668	542,680	3.0
2004	- 665,940	614,018	4.4

(出所:『経済統計年鑑2005』(東洋経済))

第3節　経常収支と国内景気との関係

1　アブソープション・アプローチ

　経常収支を国内景気動向と関連づける見方は、アブソープション・アプローチと呼ばれている。英語のアブソープション（Absorption）は「吸収」という意味であるが、ここでは国内総支出という意味で使われている。
　アブソープション・アプローチによると、経常収支は国民総生産とアブソープション（すなわち、国内総支出）の差額である。そこでこの節では、何故そうなるのかを説明していくことにする。
　国内総支出は民間消費、民間投資及び政府支出の合計額であるから、今、アブソープションを A で表すことにすると、それは、$A = C + I + G$ と書くことができる。上で導入した（3-1）式をみると、その右辺の最初の三つの項の和がこの A に等しいから、これを代入すると（3-1）式は

$$X - M = Y - A \qquad (3\text{-}4)$$

と書き換えることができる。この式の左辺は経常収支であり、右辺は国民総生産とアブソープション（国内総支出）の差額であるから、アブソープション・アプローチが主張するように、経常収支=国民総生産−アブソープションとなる。

2　経常収支不均衡の意味

　経常収支が均衡しているとき、(3-4) 式の左辺はゼロになるから、その右辺もゼロでなければならない。これは、$Y = A$、すなわち、国民総生産=国内総支出を意味している。あるいは言い換えると、経常収支が均衡しているときには国内供給と国内需要もほぼ均衡している。
　次に、完全雇用経済における経常収支不均衡の意味を考える。完全雇用の下では、短期的に雇用を増やすことができないから国民総生産は一定である。このとき経常収支が黒字（すなわち、$X > M$）の場合には、(3-4) 式の左

辺はプラスになるからその右辺もプラスでなければならない。これは、$A<Y$、すなわち、国内総支出が国民総生産より小さいこと、換言すれば、国内需要に対して国内供給が過剰気味であることを意味している。したがって、経常収支の黒字は国内の不況と対応していることがわかる。第2章でみたとおり、日本は過去10年にわたって経常収支が黒字であったから、日本はこの期間中不況であったと判断してよいであろう。

逆に、経常収支が赤字（すなわち、$X<M$）の場合には、(3-4)式の左辺はマイナスになるから、その右辺もマイナスでなければならない。これは、$A>Y$、すなわち、国内総支出が国民総生産より大きいこと、換言すれば、国内需要に対して国内供給が不足気味であることを意味している。したがって、経常収支の赤字は国内の好況と対応している。しかし第3-1表を見ると、この10年間のアメリカの経常収支赤字額の大きさとその実質経済成長率の高さとは必ずしも対応していない。例えば、2001年の経常収支赤字額は1995年から99年の間のいずれかの年の経常収支赤字額よりかなり大きいが、この年の成長率はこれらのいずれの年の成長率より大幅に低く、むしろ不況といってよい水準である。これはアブソープション理論が説く所と矛盾している。ということは、経常収支の不均衡はアブソープションのみでは説明できず、他の要因、例えば次章以下で取り上げる外国為替相場、をも考慮に入れなければならないケースがあることを示唆している。

3　経常収支黒字の解消策

経常収支の黒字は国内の不況の反映であるから、これを解消することが望ましいであろう。完全雇用経済の下で経常収支の黒字を解消するためには、アブソープションを増やす政策をとればよい。その政策として、景気政策と構造政策が考えられる。

アブソープションを増やす景気政策としては、所得減税、金融緩和政策、積極的財政政策が挙げられる。政府が所得減税を行うと家計の可処分所得が増えるから、マクロ経済学のテキスト（参考文献を参照）が説くように、民間消費が増加しアブソープションが増える。中央銀行が金融緩和政策として民間銀行が持っている国債を買い上げると（買いオペレーションという）、国債の市場価格の上昇→利子率の低下をもたらすので、これもマクロ経済学

のテキストが説くように、民間投資が拡大しアブソープションが増える。政府が積極的財政政策をとって政府支出を増やすと、やはりアブソープションが増加する。

アブソープションを増やす構造政策としては、規制緩和を挙げることができる。例えば、1994年の携帯電話の規制緩和の結果（端末機器1台ごとに必要だった無線局免許を包括免許制に変更）、携帯電話の基本料・通話料の低下と携帯電話事業への新規参入の増加→加入者の増加と携帯電話関連の設備投資の増加、という過程を経て民間消費と民間投資が拡大した。

経常収支が赤字の場合には、国内経済が好況であるから政府は経常収支の赤字を解消しようと努める場合と赤字を放任する場合がある。もし経常収支の赤字額、したがって国内の需要超過額、が大きくインフレが進むおそれがある場合には、政府はそれを抑えるためにアブソープションを減らすような景気対策をとる。それらは、具体的には、所得税の増税、中央銀行による政策金利（無担保・コール翌日物金利）[*1]の引き上げ（金融引き締め政策）、政府支出を減らす引き締め的財政政策である。政府が所得税の増税を行うと、家計の可処分所得が減るので民間消費が減少し、アブソープションが減る。中央銀行が政策金利を引き上げると、利子率が上昇し民間投資が縮小するので、やはりアブソープションが減る。政府がその支出を減らすと、やはりアブソープションが減る。

しかし経常収支の赤字があってもインフレの恐れがない場合には、政府はこの赤字を放任するかも知れない。第6章から第8章で詳しく述べるように、経常収支の赤字は外国為替に対する超過需要を生み出すから、変動為替相場制の下では為替レートが上昇し、時間はかかるが経常収支の赤字を減らす効果を持つ（財及びサービスの輸出増加と輸入減少、対外直接投資の減少と対内直接投資の増加による）。上で述べたようにアメリカの経常収支はここ10年以上赤字が続いているが、アメリカ連邦政府は積極的な赤字解消政策をとってこなかった。この結果、ドルに対する価値引き下げ圧力が高まっているのではないかと危惧されている。

---

*1　無担保コール翌日物金利とは次のような金利である。民間金融機関が短期的な支払い準備の過不足を相互に調節する市場をインターバンク市場というが、その市場で取引される資金をコールと呼び、そのうちで当日無担保で借りて翌日に返済するものの金利を無担保コール翌日物金利という。

重要な専門用語

経常収支と貯蓄・投資との関係　　アブソープション・アプローチ

問題

【1】①経常収支の定義を述べよ。そして②経常収支を考える経済的意義について論じよ。

【2】日本の 2003 年度の国民総生産が 509 兆円、民間消費が 284 兆円、民間投資が 93 兆円、政府支出が 115 兆円、租税が 76 兆円、経常収支の受取が 74 兆円、経常収支の支払が 57 兆円であったとすると、この年度の①可処分所得②民間貯蓄③政府貯蓄④貯蓄⑤貯蓄－民間投資⑥経常収支⑦海外投資はそれぞれ幾らになるか。結果と共にその導出過程も示せ。

参考文献

村田治 編著『CD-ROM で学ぶマクロ経済学』日本評論社、2001 年。
　第 3 章において、貿易収支と国民所得の関係や財政政策・その他のマクロ政策と貿易収支の関係が体系的且つ平易に説明されている。

吉川 洋『マクロ経済学 第 2 版』岩波・現代経済学入門シリーズ、2001 年。
　第 2 章において、消費と所得あるいは可処分所得の関係（消費関数）が丁寧に説明されている。また第 3 章において、投資と利子率の関係（投資関数）が丁寧に説明されている。

第4章 外国為替

　第1章と第2章で学んだように、国際経済取引には異なる種類の通貨の交換が伴う。さらに国際経済取引では、売り手と買い手あるいは貸し手と借り手が遠く離れていることが多いから、取引の決済を現金ではなく銀行小切手や為替手形などの外国為替手段を用いて行うことが普通である。そこでこの章では、まず国際経済取引の決済が外国為替を用いてどのように行われるかを説明し、次に外国為替を用いる経済的意義を考える。そして最後に、外国為替相場と外国為替市場について簡単な説明を行う。

第1節　外国為替

1　定義

　外国為替（Foreign Exchange）は、国際間の売買や貸借の決済を、現金を直接輸送することなしに、銀行小切手や為替手形などの外国為替手段を用いて行うこと、あるいは外国為替手段そのものを指す。したがって、外国為替は、外国為替手段を用いた決済という抽象的事柄を意味する場合と、外国為替手段という具体的なものを意味する場合がある。
　ここで、銀行小切手（Bank Check）は、金額、発行銀行、名宛て銀行が記載されている有価証券の一種であり、振出人が名宛て銀行に対して、記載されている金額を小切手の持参人に支払うことを委託するものである。また為替手形（Bill of Exchange）は、債権者が債務者に対して振り出す支払い

請求書であり、債権者及び債務者の名前、請求金額、支払い期限、支払先の銀行が記載されている。

2　外国為替による決済方式

これらの外国為替手段を用いて、国際経済取引がどのように決済されるかを次にみていこう。外国為替による決済の方法には、並為替方式と逆為替方式がある。並為替方式は、外国為替手段の流れと資金の流れが同一方向である決済方式であり、逆為替方式は、外国為替手段の流れと資金の流れが逆方向である決済方式である。決済日のアメリカドルと日本円の交換比率（為替相場）を $1＝¥100 と仮定し、簡単な貿易取引を例に挙げてこれらの決済方式を説明していくことにしよう。

第4-1図は並為替方式による決済を示している。いま、東京の個人AがニューヨークのTB業者A*からビデオディスクを購入し、その代金がアメリカドルで1千ドルであったとしよう。決済日の為替レートは $1＝¥100 であるので、Aは10万円をA*に支払わなければならない。この決済を並為替方式で行うとすると、その手順は次のとおりである。①個人Aは現金10万円をT銀行へ持参し（AがT銀行に開いている口座から10万円を取り崩すケースも考えられる）、額面がUS $1千で、ニューヨークにあるN銀行宛の銀行小切手を作るよう依頼する。②T銀行はこの依頼どおりの小切手を作成し、Aが支払う10万円と引き替えにこれを渡す。この段階で日本円とアメリカドルとの交換が行われたことになる。なお、図ではこの銀行小切手をⒸで示している（$1th. は 1 thousand ドルの略）。③個人Aはこの小切手をニューヨークの輸出業者A*に郵送する。④輸出業者A*は受け取った小切手をN銀行へ持参する。⑤N銀行はこの小切手と引き替えに現金1千ドルをA*に渡す（N銀行にあるA*の口座にこの1千ドルを入金するケースも考えられる）。⑥輸出業者A*はAが注文したビデオディスクを発送し、Aがこれを受け取ったときにこの取引は完了する。

この決済方式が並為替方式であることは、資金（1千ドル）が東京からニューヨークへ流れているのに対して、外国為替手段（銀行小切手）も東京からニューヨークへ流れていることで確認できる。

第4-1図　並為替方式による決済

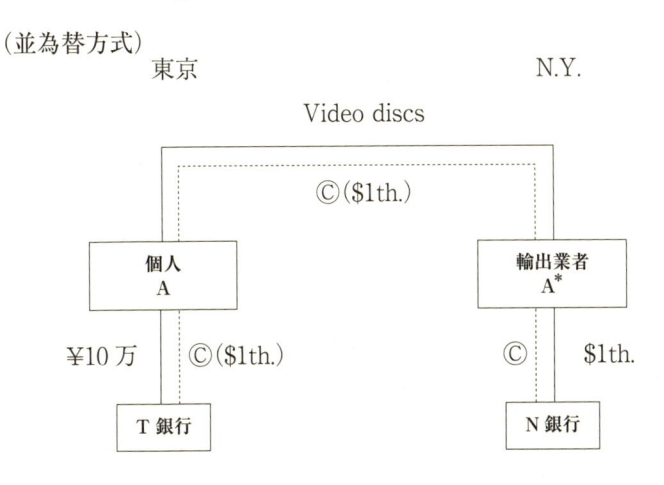

（並為替方式）

東京　　　　　　　　　　　　　N.Y.

Video discs

ⓒ ($1th.)

個人 A　　　　　　　　　　輸出業者 A*

¥10万　ⓒ($1th.)　　　　　ⓒ　$1th.

T銀行　　　　　　　　　　　N銀行

第4-2図は逆為替方式による決済を表している。いま、東京の輸出業者Bがニューヨークの輸入業者B*とカメラの輸出契約を結び、その代金はアメリカドルで300万ドル、支払期限は為替手形一覧後3カ月という契約条件であったとしよう。この輸出契約の決済は次のような手順で行われる。①輸出業者Bはカメラを船会社に持ち込み、ニューヨークへの輸送を依頼する。②船会社はこの貨物と引き替えに輸送契約書である船荷証券（Bill of Loading）をBに渡す。図ではこの船荷証券をB/Lで示している。③輸出業者Bはこの船荷証券に輸入業者B*宛の為替手形（図ではⒷで示す）を添えて荷為替手形（図ではⒷ＋B/Lで示す）としてT銀行に持ち込み、代金の取り立てを依頼する。なおこの為替手形は、B*が代金US＄300万を手形一覧後3カ月以内にN銀行に支払うことを求める請求書である。④T銀行は輸入業者B*が確実に代金を支払うことを知っているので、この荷為替手形と引き替えに日本円で代金3億円をBに前払いする（¥300m. は300million円の略）。ただしいうまでもなく、手数料と代金取り立てまでの利子がこの金額から差し引かれる。この段階で日本円とアメリカドルとの交換が行われたことになる。⑤T銀行はこの荷為替手形をニューヨークへ郵送し、N銀行に代金の取り立てを依頼する。⑥N銀行から荷為替手形到着の通知を受け取ると、輸入業者B*はBが送ったカメラが到着したことを船会社に確認した後、代金US＄300万（図では＄3m. で示している）をN銀行に支払う。

第4-2図　逆為替方式による決済

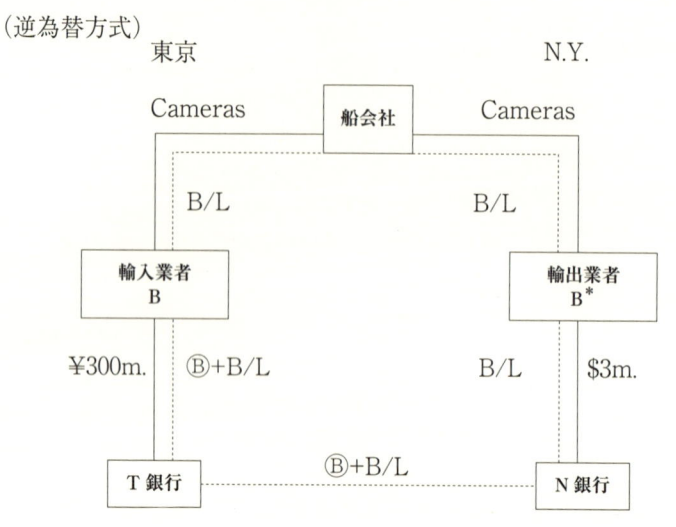

(逆為替方式)

```
        東京                              N.Y.
     Cameras      ┌─────┐     Cameras
    ─────────────│船会社│─────────────
                  └─────┘
         B/L                    B/L
    ┌──────┐                  ┌──────┐
    │輸入業者│                  │輸出業者│
    │  B   │                  │  B*  │
    └──────┘                  └──────┘
   ¥300m.  Ⓑ+B/L          B/L    $3m.
    ┌──────┐    Ⓑ+B/L    ┌──────┐
    │ T銀行 │─────────────│ N銀行 │
    └──────┘              └──────┘
```

⑦N銀行はこの代金と引き替えに、T銀行から送られてきた船荷証券をB*に渡す。⑧輸入業者B*はこの船荷証券を船会社に持参する。⑨船会社はこの船荷証券と引き替えに、Bから輸送を依頼されたカメラをB*に渡し、これでこの取引は完了する。

この決済方式が逆為替方式であることは、資金（US＄300万）がニューヨークから東京へ流れるのに対して、為替手段（荷為替手形）は東京からニューヨークへ流れていることで確認できる。

なお上の例では、T銀行は輸入業者B*が確実に契約を履行することを知っているということを仮定して話を進めたが、実際は必ずしもそうではない。そこで輸入業者の契約履行に関する信頼性を補強するために、信用状（Letter of Credit、以下ではL/Cと略す）を用いることが多い。信用状を用いる場合の逆為替方式の決済手順は次のように修正される。①輸入業者B*はN銀行に対して輸出業者B宛の信用状の発行を依頼する。この信用状は、万一、輸入業者B*が代金を支払えない場合には、N銀行が代わりに支払うことを保証するものである。②輸入業者B*はこの信用状を輸出業者Bに送る（N銀行が信用状を直接輸出業者Bに送る場合もある）。ここからは、上の①からの手順と同じになる。ただし信用状がある場合、上の手順③において、輸

出業者Bは荷為替手形にN銀行発行の信用状を添えてT銀行に持ち込み、代金の取り立てを依頼する。その結果、上の手順④において、T銀行は代金を確実に回収することができると考えて、輸出業者Bに代金を前払いする。⑤以下の手順は上と全く同じであるから、説明を省略する。

第2節　外国為替の意義

1　現金による決済

　上の例でみたように、国際経済取引の決済に外国為替が使われることの経済的意義は、現金輸送の節約にある。かりに、多額の金額を現金で決済する場合、紙幣は重量がかさばる上に遠隔地の間を輸送する間に盗難・紛失の危険もある。したがって、現金輸送は保険料もかさんでコストが高くつくから、その節約は決済に関わるコストの節約になり、経済効率を増す。

　それでは外国為替の利用が、どのくらいの現金輸送の節約になるか簡単な例を挙げて説明しよう。いま、東京に輸出業者Bと輸入業者Cがおり、Bは輸出代金300万ドルをニューヨークの輸入業者B^*から受け取り、Cは輸入代金150万ドルをニューヨークの輸出業者C^*に支払う。ニューヨークには輸出業者D^*と輸入業者E^*がいて、D^*は輸出代金250万ドルを東京の輸入業者Dから受け取り、E^*は輸入代金200万ドルを東京の輸出業者Eに支払う。東京とニューヨークの間で、ある1日のアメリカドルによる決済はこれだけであったとしよう。もし全ての決済を現金（アメリカドル）で行うとすれば、東京・ニューヨーク間の現金輸送額は

$$\$150万 + \$200万 + \$250万 + \$300万 = \$900万$$

となる。

2　外国為替による決済

　次に、全ての取引を外国為替手形を用いて決済する場合の現金輸送額を考える。東京にいるBとCはT銀行を利用し、ニューヨークにいるD^*とE^*

はN銀行を利用するものとしよう。第1節2で学んだことを適用すると、T銀行はBから荷為替手形を受け取りその対価として300万ドル（あるいはそれに見合う日本円）を支払い、そしてCから150万ドル（あるいはそれに見合う日本円）を受け取っていることがわかる。Bから受け取った荷為替手形（額面300万ドル）はN銀行に取り立てを請求しなければならないから、これはT銀行にとってN銀行に対する資産[*1]であり、N銀行にとってT銀行に対する負債である。一方、Cから受け取った150万ドルはN銀行に支払わなければならないから、これはT銀行のN銀行に対する負債であり、N銀行のT銀行に対する資産である。同様に考えると、N銀行がD^*から受け取った額面250万ドルの荷為替手形は、N銀行にとってT銀行に対する資産でありT銀行にとってN銀行に対する負債である。N銀行がE^*から受け取った200万ドルは、N銀行のT銀行に対する負債であると同時にT銀行のN銀行に対する資産である。したがって、T銀行のN銀行に対する資産は300万＋200万＝500万ドル、負債は150万＋250万＝400万ドル、N銀行のT銀行に対する資産は150万＋250万＝400万ドル、負債は300万＋200万＝500万ドルとなる。これにより、T銀行の対N銀行貸借対照表[*2]は第4-3表（A）のようになり、N銀行の対T銀行貸借対照表は第4-3表（B）のようになる。

第4-3表　貸借対照表

(A) T銀行の対N銀行貸借対照表

資産	負債
$500万	$400万

(B) N銀行の対T銀行貸借対照表

資産	負債
$400万	$500万

T銀行とN銀行の間の貸し借りの決済は、次のような順序で行われる。①貸借記帳決裁：各銀行は貸借対照表上で相手行に対する資産と負債を相殺する。その結果、T銀行のN銀行に対する債権超過額100万ドルとN銀行のT銀行に対する債務超過額100万ドルが残る。②このN銀行のT銀行に

[*1] 資産は、価値を持ち、特定の経済主体が所有し、その取得のために一定の対価を支払ったもの、と定義される。負債は、第三者に対する給付義務（金銭の支払い義務あるいは財・サービスの提供義務）を表すもの、と定義される。

[*2] 貸借対照表は、一定時点における企業の財政状態を明らかにするために作成される計算書である。この表には、その時点における全ての資産、負債及び資本の有り高が記載される。

対する債務超過額100万ドルは、N銀行からT銀行に対する現金の支払いで決済しなければならない。したがって、この例では、外国為替を利用することによって現金輸送は900万ドルから100万ドル（900万ドルの約11％）に節約できるから、その節約の程度は89％になる。東京・ニューヨーク間の外国為替による決済金額をAで表し、銀行間の現金決済額をBで表すと、外国為替による現金輸送の節約度は1－B/Aで表される。Aが増えると銀行間決済による相殺額も増えるから、Bはそれほどには増えない。したがって、東京・ニューヨーク間の外国為替による決済金額が増えれば増えるほど、外国為替による現金輸送の節約度は増すと考えられる。

第3節　外国為替相場と外国為替市場

1　外国為替相場

外国為替相場（rate of foreign exchange）は異なる2種の通貨間の交換比率である。例として、アメリカドルと日本円の間の交換比率を取り上げよう。

両通貨の間の交換比率が＄1＝¥100であれば、アメリカドル1ドルが日本円100円と交換されるから、これをアメリカドルの円建て（内貨建て）価格という。逆に、交換比率が¥1＝＄0.01であれば、日本円1円がアメリカドル0.01ドル（1セント）と交換されるから、これを日本円のドル建て（外貨建て）価格という。日本円の外貨建て価格はアメリカドルの円建て価格の逆数であるから、両者は同一の交換比率を示している。したがって、どちらの建て方で外国為替相場を表示してもよいわけであるが、通常、各国は内貨建ての為替相場を用いている。

2　外国為替市場

外国為替市場は外国為替手段が取引される場であり、市場参加者は銀行（ディーラー）、中央銀行、ブローカー、顧客からなる。したがって、外国為替が取引される場は、具体的には、ディーリングルームの電話やテレックス

によるネットワークとディーラーの窓口である。

　外国為替市場には銀行間市場(インターバンク市場)と対顧客市場がある。銀行間市場は、ディーラー間の取引と、中央銀行が市場介入をする場合のディーラー・中央銀行間の取引の場であり(中央銀行の外国為替市場介入については、第7章で詳しく説明する)、ブローカーがその取引を仲介する場合もある。外国為替相場はこの銀行間市場で成立した為替相場のことを指す。対顧客市場はディーラーと顧客との間の取引の場である。この市場の交換レートはその日のインターバンク市場で成立したレートを適用する。

　この二つの外国為替市場の間には次のような密接な関係がある。各銀行は常に自行内で外国為替の売りと買いを出会わせて(これを持ち高操作という)、対顧客売却額と対顧客買入額が等しくなるように(これをスクエア・ポジションという)努める。もし前者が後者より大きくなれば(売り持ち、あるいはショート・ポジションという)、ショート・ポジションの銀行は外国為替の支払い準備不足になるおそれがあるので、それを避けるためにインターバンク市場で外国為替を買ってスクエア・ポジションを維持しようとする。逆に、対顧客買入額が対顧客売却額より大きくなれば(買い持ち、あるいはロング・ポジションという)、ロング・ポジションの銀行は外国為替の超過持ち分の評価損を蒙るおそれがあるので、それを避けるためにインターバンク市場で外国為替を売ってスクエア・ポジションを維持しようとする。

　世界で外国為替取引が最も盛んな所は、ニューヨーク、ロンドン、東京であり、フランクフルト、パリ、シンガポールがそれに続いている。

3　外国為替相場の世界的均衡

　このように世界には多くの外国為替市場があるが、そこである一定期間に成立している為替相場は世界中で同じでなければならない。例えば、日本円とアメリカドルの間の為替相場が、同じときに異なる外国為替市場で違うことはあり得ない。その理由は、ある二種類の通貨の間で、異なる市場で異なる為替相場が立てば、場所的裁定取引が生じて為替相場が均等化するからである。簡単な例を挙げて、この事実を説明しよう。

　第4-4表に示されているように、ある一定期間に、東京の外国為替市場でアメリカドルの為替相場が110円であり、同時にロンドンの外国為替市場

でその為替相場が100円であったとしよう。為替のディーラーはドルが安いロンドンでドルを買いそのドルを相場が高い東京で売ると、1ドル当たり10円の儲けがある。このように価格の安い市場で買い価格が高い市場で売って儲けを得る取引を場所的裁定取引という。二つの外国為替市場でこのような価格差があると、多数のディーラーがロンドンでドルを買いそれを東京で売るという裁定取引を行うから、ロンドンではドルの需要が増えてドル相場が100円より高くなり、東京ではドルの供給が増えてドル相場は110円より下がるであろう。

　裁定取引にかかる費用が0であるとすると、両市場でドル相場の差がある限りこの裁定取引が続く。したがって、両市場でドル相場は100円と110円の間のどこかの価格で均等化しなければならない。

第4-4表　場所的裁定取引

東京		ロンドン
$1 ＝ ¥110		$1 ＝ ¥100
（ドルが高い）		（ドルが安い）

　実際、外国為替市場は経済理論が説く完全競争市場である（市場が完全競争であるための条件については、第10章注を参照）。なぜなら、取り扱われる商品が同質であり（上の例でいうと、アメリカドルはどの市場でもそれぞれ同質である）、世界中の外国為替市場を考えると取引業者が多数存在し、全てのディーラーが電話やテレックスによるネットワークで結ばれているため市場の情報は完全であり、そして売り手と買い手の参入・退出が自由である、という完全競争市場の四条件が満たされているからである。

> **重要な専門用語**
>
> 外国為替　　外国為替相場　　逆為替方式による決済　　外国為替市場

問題

【1】 逆為替方式による決済で信用状を用いる場合について、その手順を第4-2図を参考にして描け。

【2】 第2節で例として示したB, C, D*, E*の輸出代金あるいは輸入代金を、一律に50万ドル増やした場合について、以下の問に答えよ。
　①外国為替を全く用いない場合の現金輸送額は幾らになるか計算せよ。
　②外国為替を用いた場合、T銀行とN銀行の間の現金輸送額は幾らになるか計算せよ。
　③外国為替による現金輸送節約度は幾らになるか計算せよ。
　④この結果から得られる経済的意義を説明せよ。

参考文献

来住哲二編『テキストブック　貿易実務』有斐閣、1995年。
　輸出実務及び輸入実務について詳しい説明が行われている。第1部第11章で逆為替方式による決済が、第2部第5章で信用状が、それぞれ詳しく説明されている。

上川孝夫・藤田誠一・向壽一編『現代国際金融論』[新版]有斐閣ブックス、2003年。
　第1章で国際決済と外国為替の説明が、第3章で外国為替市場と外国為替相場の説明が、それぞれ行われている。

第5章
国際通貨制度

　第4章を勉強することによって、外国為替が国際経済取引を効率化しそれを盛んにすることがわかった。国際経済取引を盛んにするためにもう一つ重要なことは、外国為替相場が安定していることである。もし為替相場が日々大きく変動するならば、国際経済取引は萎縮してしまうであろう。例えば、アメリカドルと日本円の間の為替相場が $1＝¥100 のときに、日本の自動車メーカーが乗用車をアメリカへ3カ月後に輸出する契約を結んだとしよう。その代金はドル建てで100万ドルであり、製造コストは9千万円であったとする。為替レートが3カ月後も $1＝¥100 のままであれば、この自動車メーカーは製造コストを上回る1億円の輸出代金を受け取り、利益を挙げることができる。しかし3カ月が経つ間に為替レートが変動し、$1＝¥80 と円高ドル安になっていたとすると、100万ドルという輸出代金の円建て手取額は8千万円にしかならない。したがって、この自動車メーカーは輸出により損をすることになる。このようにドルの為替相場が急激に下がると予想されるときには、その製品のドル建て価格を引き上げることができない限り、日本企業は輸出を控えざるをえない。これはドル安が日本の輸出を減らす例であるが、急激なドル高が日本の輸入を減らすことも同じように考えることができる。

　そこで、安定した為替相場を生むような外国為替制度、すなわち国際通貨制度、を持つことが重要になる。歴史的にみて、これまでに二つの国際通貨制度が存在した。一つは為替相場が公定の固定レートに結びつけられている固定為替相場制度であり、国際金本位制度（1870年代-1914）と金ドル本位制度（1947-1971、IMF体制とも呼ばれる）が存在した。もう一つはその名

のとおり為替相場が可変的な変動為替相場制度（1973-）であり、現在、多くの国々で採用されている制度である。この章では、これまでの国際通貨制度の特徴や機能を、国際金本位制度、金ドル本位制度の順に説明し、最後に変動為替相場制度を簡単に紹介することにする。

第1節　国際金本位制度

1　国際金本位制度の成立要件

　金本位制度を最初に採用した国はイギリスであるが（1816年の「貨幣法」による）、その後ドイツ（1871年）、フランス（1876年）、日本（1897年）、アメリカ（1900年）が金本位制度を採用して、国際金本位制度が確立した。
　国際金本位制度の成立要件は三つある。それは、①金平価が存在すること、②政府が金平価で自国の通貨と金との無制限な交換を保証すること、③人々が金の国際取引を自由に行えること、である。
　第一の要件である金平価というのは、金の一定量で表示された各国通貨の公定価格のことである。例えば、日本の金平価は、1897年に公布された「貨幣法」により純金2分を1円と定められたから（1分＝0.375グラム）、¥1＝金0.75グラムであった。またアメリカの金平価は、1900年に公布された「金本位法」により純金1オンスが20.67ドルと定められたから（1オンス＝31.1035グラム）、$1＝純金約1.5gであった（正確には、$1＝純金1.50476536グラム）。この結果、$1＝約¥2という為替相場が成立するが、これは為替平価と呼ばれる。

2　外国為替相場の変動幅

　国際金本位制度は上に述べたように固定為替相場制度であるが、実際には、外国為替相場は多少の幅で変動した。その変動幅は、金の輸出点と金の輸入点の間である。このことを以下で説明しよう。
　話を具体的に進めるために、アメリカドルと日本円が交換される外国為替市場で考えることにする。第4章第3節3で考えたように、アメリカドルの

円建て為替相場は世界のどの外国為替市場でも同じであるので、この市場は東京であってもよいし、ニューヨークであってもかまわない。また説明を簡略にするために、アメリカドルの金平価を $1＝純金1.5グラムと仮定する。いまこの外国為替市場でドル需要が強くて、例えば、$1＝¥3 という高いレートが成立しているものとしよう。1ドルを購入してそれをアメリカに送金しようとする日本の居住者は、外国為替市場でドルを買わないで日本銀行へ行き、2円を純金1.5gと交換（②による）して、この金をアメリカに送金（③による）する。かりに、金1.5gの送金料が5銭であったとすると、このドルの買い手は2円5銭で1ドルを送金することができる。全てのドルの買い手がこのように行動するから、外国為替市場では2円5銭以上ではドルの需要がゼロになる。したがって、ドル相場の上限＝為替平価＋金の送金料であり、これを金の輸出点という。

逆に、外国為替市場でドル供給が強くて、例えば、$1＝¥1 という低いレートが成立しているものとしよう。1円95銭を購入してそれを日本に送金しようとするアメリカの居住者は、外国為替市場でドルを売らないで連邦準備銀行へ行き、1ドルを純金1.5gと交換（②による）して、この金を日本へ送金（③による）する。金1.5gの送金料は5銭と仮定しているから、このドルの売り手は1ドルで1円95銭の日本円を送金することができる。全てのドルの売り手がこのように行動するから、外国為替市場では1円95銭以下ではドル供給がゼロになる。したがって、ドル相場の下限＝為替平価－金の送金料であり、これを金の輸入点という。このように、国際金本位制度の下でも外国為替相場は金の輸入点と金の輸出点の間で変動した。

3　国際金本位制度の実績と崩壊

国際金本位制度下で金融中心国はイギリスであり、国際通貨として金と共に使用されていたのはその通貨ポンドであった。上に述べたように、ポンドの価値はイギリス政府によって金平価で保証されており、当時のイギリスの経常収支は恒常的に黒字であったから（貿易収支は赤字であったがサービス収支と所得収支が黒字であった）、イギリスへ資金が流入し、ポンドに対する世界の人々の信認は厚かった。そしてイギリスは流入した資金を貯めこむことはせず、大規模な対外投資を行ってこれを世界に還流したので、世界の

国際流動性（対外支払い準備のこと。具体的には、金準備プラス外貨準備をさす。金準備は、通貨当局が自国通貨の金兌換と対外決済のために保有する金の保有高である）が不足することはなかった。イギリスの対外投資は資本借入れ国の鉄道建設や鉱山業、ゴム・茶などのプランテーションに投資され、これらの国の経済成長を促進した。それに伴ってイギリスの商品及びサービスの輸出が増え、イギリスの対外投資収益の還流による所得収支黒字の増大と共に、イギリスの経常収支の黒字拡大に寄与した。

　もっとも、このようなイギリスの対外投資増加によるその経常収支黒字の増大は長期的効果であり、短期的には、イギリスの対外投資増加はその国際収支を悪化させた。これは外国為替相場の上昇をもたらし、その上昇幅が大きくて金の輸出点を越えることになれば、イギリスから金が流出してその金準備を減らすおそれがある。そこでイギリスの中央銀行（イングランド銀行）は公定歩合を引き上げ、自国の利子率を外国の利子率より高くして短期資本の流入を促し、国際収支の悪化を防いだ。この結果、イギリスの国際収支は常にほぼ均衡水準に保たれていた。イギリスの利子率が上昇すると各国の中央銀行もその公定歩合を引き上げるのが普通であったから、当時イギリスのみならずその他の国の国際収支もほぼ均衡していた。このように、第一次世界大戦が始まるまで国際金本位制度は円滑に機能し、世界経済の統合と発展に寄与した。第5-1表には、ヨーロッパ主要国（フランス、ドイツ、イギリス）国民所得の1870年から1913年に至る期間の年平均成長率（1870-1909年までは各期間内5年の年成長率の平均値、1910-13年は4年の年成長率の平均値）が示されている。これを見ても明らかなとおり、フランスは考察期間43年中の3/4に亘る期間（27年）2%を超える平均成長率で、ドイツはこの考察期間の80%に近い期間（34年）同じく2%を超える平均成長率で、そしてイギリスはこの考察期間の80%に近い期間（34年）1%かそれを超える平均成長率で、それぞれ発展した。

　しかし第一次世界大戦が勃発すると、イギリスを初めとするヨーロッパの主要国は、武器や資材の調達のために輸入を増大させ、その支払いのために政府に金を集中させる必要が生じた。そのために各国政府は自国通貨の金兌換を停止し、民間による金の輸出を禁止したので、金本位制度は崩壊した。

第5-1表　仏・独・英の実質国民所得成長率（1870-1913年）

(単位%)

期間	フランス	ドイツ	イギリス
1870-74	2.6	6.3	2.0
1875-79	- 1.4	- 0.1	- 0.3
1880-84	3.3	1.5	3.5
1885-89	0.8	3.1	1.4
1890-94	2.5	2.9	1.7
1895-99	2.4	4.1	3.7
1900-04	0.0	2.8	0.6
1905-09	4.0	2.4	1.0
1910-13	5.5	2.5	2.7

(注)　フランスについては、1905-13年価格による市場価格表示のGDPの平均成長率
　　　ドイツについては、1913年価格による市場価格表示のGDPの平均成長率
　　　イギリスについては、1900年価格による要素費用表示のGDPの平均成長率
　　（出所：ブライアン・ミッチェル編著、中村宏・中村牧子訳『マクミラン　新編世界歴史統計[1]ヨーロッパ歴史統計　1750-1993』（東洋書林）、2001年より作成）

第2節　金ドル本位制度

1　固定為替相場制度としての特徴

　国際金本位制度は1925年以降一時的に復活したが、1929年アメリカで発生した大恐慌と、それに続く各国の為替相場切り下げ競争及び保護貿易政策のために（後者については第25章参照）、再び崩壊した。第二次大戦が終わるころ、国際通貨制度の再建のために国際通貨基金協定（IMF協定と呼ばれる）が欧米連合国によって定められ、1947年に国際通貨基金（IMF）が発足した。これから説明する金ドル本位制度はこのIMF協定に基づいて実施された国際通貨制度であり、IMF体制とも呼ばれている。

　金ドル本位制度も国際金本位制度と同じように固定為替相場制であるが、その特徴は、①金平価と為替平価が存在すること、②調整可能な固定相場制度であること、の二点である。

　まず第一の特徴から説明していこう。アメリカドルの価値は純金1オンス

= \$35 と定められた。これはアメリカドルの金平価であり、国際金本位制度の下でのドルの金平価に比べると約 70％の減価であった。アメリカの通貨当局はこの平価で外国の通貨当局に対してのみ金の売買を行うことが取り決められた。一方、他の国の通貨の価値はアメリカドルの一定額で表示された。例えば、日本円の価値は \$1 = ¥360 と定められたが、これは日本円の為替平価であり、1949-71 年の間維持された。

この結果、アメリカドルは金と結びつけられた唯一の通貨、金為替、となり、決済通貨、準備通貨、介入通貨の役割を持つ基軸通貨として用いられた。これは当時アメリカが圧倒的な経済力を持ち、世界の金準備の 60％以上を保有していたという実情に基づいている。なお、決済通貨とは、国際経済取引の決済に用いられる通貨であり、これには価値が安定しており世界の人々が受け取るのを拒まない通貨しか成りえない。介入通貨というのは、アメリカ以外の諸国が、自国通貨の価値が変動幅（下で述べる）を超えそうなときに、外国為替市場に介入してそれを阻止する際に用いる通貨である。準備通貨というのは、為替市場介入の必要性が起こったときに困らないように、通貨当局が予備的に保有する通貨である。したがって、介入通貨が必然的に準備通貨になる。

IMF 体制の第二の特徴である調整可能な固定為替相場制度は、(i) 通貨価値の変動幅が為替平価の上下 1％と定められたこと、(ii) 為替平価の変更が国際収支の基礎的不均衡があるときにのみ認められたこと（この変更幅は上下 1％とは限らない）、による。(i) の取り決めの下で、日本円の変動幅は下限が 356 円 40 銭、上限が 363 円 60 銭であった。

為替平価変更の例として、平価切り下げに関しては、イギリス・ポンドが 1949 年に £1 = \$4 の旧平価から £1 = \$2.8 の新平価に 30％ 切り下げられ、さらにまた、1967 年に £1 = \$2.8 の平価から £1 = \$2.4 の新平価に 16.6％ 切り下げられた事実を挙げることができる。平価切り上げに関しては、ドイツ・マルクが 1961 年に \$1 = DM4.2 の旧平価から \$1 = DM4 の新平価へ 5％ 切り上げられ、さらにまた、1969 年に \$1 = DM4 の平価から \$1 = DM3.63 の新平価へ 9.3％ 切り上げられた事実を挙げることができる。

2　金ドル本位制度の実績と矛盾

上で述べた1949年のポンド平価切り下げ後、1950年代を通してアメリカを初めとする諸国の通貨価値は安定し、したがって、アメリカ以外の諸国の国際収支もほぼ均衡していた。IMF体制下の国際流動性供給のメカニズムは、アメリカの国際収支が赤字になると国際流動性が増加し、アメリカの国際収支が黒字になると国際流動性が低下する、というものであった。IMF体制成

第5-2表　アメリカの経常収支（1946-1954年）

（単位億ドル）

年	経常収支	商品・サービス収支	貿易収支	純軍事取引	投資所得収支	一方的移転
1946	48.9	78.1	67.0	- 4.9	5.6	- 29.2
1947	89.9	116.2	101.2	- 4.6	8.6	- 26.3
1948	24.1	69.4	57.1	- 8.0	14.8	- 45.3
1949	8.7	65.1	53.4	- 6.2	13.6	- 56.4
1950	- 18.5	21.8	11.2	- 5.8	15.1	- 40.2
1951	8.8	44.0	30.7	- 12.7	20.5	- 35.2
1952	6.1	31.5	26.1	- 20.5	22.0	- 25.3
1953	- 12.9	12.0	14.4	- 24.2	21.1	- 24.8
1954	2.2	25.0	25.8	- 24.6	23.5	- 22.8

（出所：経済セミナー増刊『アメリカ経済白書1991』（日本評論社））

立後ほとんどの年でアメリカの国際収支は赤字であったから、次に述べるドル不足の時期を除けば、国際流動性は潤沢であり、日本を初めヨーロッパ諸国の戦後復興とその後の経済成長に必要な資金を供給することができた。しかしアメリカの国際収支の慢性的な赤字は、アメリカ通貨当局の金準備の減少をもたらし、それにつれてアメリカドルに対する諸外国の信認を低下させ、やがてIMF体制の崩壊へと導いた。以下で簡単にその経過を見ていくことにする。

1940年代後半から1950年代前半まではドル不足の時代であった。すなわち、戦禍を受けたヨーロッパ諸国と日本は、食料品から始まって全ての商品に対する輸入需要が旺盛であったのに対して、その見返りに輸出できる商品がほとんど無かったからである。このドル不足はアメリカの寛大な対外支出で賄われた。具体的には、欧州復興計画（マーシャル・プラン）を初めとする援助と冷戦による軍事支出の増大という形をとった。この時期のアメリカの経常収支が第5-2表に示されている。この表において、アメリカ政府の対外援助は支払い超過になっている「一方的移転」の中に含まれ、軍事支払いはサービス項目の「純軍事取引」の支払い超過で表されている。

　1950年代後半になると、ヨーロッパ諸国及び日本の戦後復興が完了し、その輸出競争力が高まったので、ドル不足が解消した。しかし第5-3表に例示したように、アメリカは過大な軍事支出を続けると共に対外直接投資を増加させたので、その基礎収支（基礎収支=経常収支+長期資本収支。長期資本収支=政府資産増減+その他政府長期投資+直接投資+その他民間長期投資）は赤字のままであった。この反映として、日本やヨーロッパ諸国の基礎収支は黒字化した。ヨーロッパ諸国の通貨当局は、その増大する外貨準備（これは、第5-3表のアメリカの対外国公的当局短期債務にほぼ等しい）をアメリカの通貨当局が保有していた金と交換したので、ヨーロッパ諸国の金準備が増加する一方、第5-3表に示されているようにアメリカの金準備が減少した。

　アメリカの基礎収支の慢性的な赤字とその金準備の減少が続くと、アメリカドルに対する信認が低下する（ドル不安）。これは、1960年に金市場において金価格が1オンス41ドルにまで高騰するという形で顕在化した。アメリカ及び主要国の政府は協力してドル不安の解消に努めたが、アメリカの基礎収支の赤字傾向は止まらず、1967年にはアメリカの金準備が外国通貨当局が持つ外貨準備より小さくなった。この結果、各国政府がその外貨準備を金に変えようする動きにアメリカは応じ切れなくなり、1971年に当時のアメリカ大統領ニクソンがドルの金兌換停止をきめ（ニクソン・ショック）、IMF体制は崩壊した。

第5-3表　アメリカの国際収支と金準備（1953-1971年）

(単位億ドル)

年	基礎収支							アメリカの金準備	アメリカの対外国公的当局短期債務
	経常収支			長期資本収支					
	貿易収支	軍事支出	政府贈与	直接投資					
1953	12.9	- 24.2	- 18.4	- 21.0	- 5.8	- 5.4	- 26.4	220.9	56.7
1956	45.8	- 27.9	- 17.3	15.4	- 17.2	- 25.9	- 10.5	220.6	80.5
1959	9.7	- 28.1	- 16.3	- 22.9	- 11.3	- 19.4	- 42.3	195.1	91.5
1962	44.4	- 23.1	- 19.2	24.1	- 15.2	- 37.0	- 12.9	160.6	120.0
1965	47.9	- 20.4	- 18.0	41.6	- 34.1	- 61.8	- 20.2	138.1	130.7
1968	6.2	- 31.4	- 17.1	- 3.9	- 28.9	- 10.7	- 14.6	108.9	113.2
1971	- 28.4	- 28.6	- 20.4	- 27.8	- 49.2	- 60.3	- 88.1	102.1	390.2

(注) 統計の集計主体が第5-2表と第5-3表では異なるので、この二つの表の1953年における貿易収支と経常収支の数値は一致しない。
(出所：国際収支については、International Financial Statistics 1972 Supplement（IMF）による。金準備及びアメリカの対外国公的当局短期債務については、上川孝夫・藤田誠一・向壽一『現代国際金融論［新版］』（有斐閣ブックス）、第15章による）

第3節　変動為替相場制度

　変動為替相場制度は、外国為替の需要と供給に応じて外国為替相場が変動する国際通貨制度である。1971年のニクソン・ショック後、アメリカを初めとする主要工業国は金で表したドル価値を引き下げた上で固定為替相場制度に戻ろうと努めたが成功せず、1972年から1973年にかけてイギリス、スイス、アメリカ、イタリア、日本、ドイツ、フランス、オーストラリア、ニュージーランド、香港などの諸国が変動相場制を採用し、現在に至っている。また、1997年のアジア通貨危機以降、アジア諸国（韓国、タイ、インドネシア、フィリピン、マレーシア）も変動相場制を採用するようになった。変動相場制度の下での為替相場の決定とその変動の原因については次の第6章と第7章で考え、為替相場の変動が経済に与える効果については第8章で考えることにする。

重要な専門用語

国際通貨制度　　金ドル本位制度　　固定為替相場制度
変動為替相場制度　　国際金本位制度

問題

【1】 本文で述べたように、国際金本位制度の下で、イングランド銀行が公定歩合を引き上げると、イギリス以外の国の中央銀行もこれに追随して公定歩合を引き上げた。もしこれらの国の中央銀行がイングランド銀行に追随せずその公定歩合を元のままに据え置くなら、どのようなことが起こるか次の諸点について考えよ。
　①これらの国の利子率とイギリスの利子率との間の高低関係
　②これらの国とイギリスとの間の短期資本移動の方向
　③これらの国の国際収支と金準備

【2】 第5-2表によると、1953, 54年のアメリカの経常収支は1946, 47年に比べて黒字額が小さくなっている。①貿易収支、②純軍事支出、③投資所得収支、④一方的移転について両期間を比較し、経常収支黒字額減少の原因を探れ。

【3】 国際金本位制度と金ドル本位制度とを比較し、固定為替相場制度としての特徴、実績、崩壊について、どこが同じでどこが異なるかを述べよ。

参考文献

秦忠夫・本田敬吉『新版　国際金融のしくみ』有斐閣アルマ、2002年。
　　国際通貨制度のしくみ（第8章）と国際通貨制度の変遷（第9章）が要領よく説明されている。
山本有造『両から円へ　幕末・明治前期貨幣問題研究』ミネルヴァ書房、1994年。
　　明治初期から明治30（1897）年までの日本の金本位制度成立の経緯が、第3章で詳しく述べられている。

春井久志『金本位制度の経済学』ミネルヴァ書房、1992年。
　　国際金本位制度の実績が第5章で詳しく述べられている。
上川孝夫・藤田誠一・向壽一『現代国際金融論［新版］』有斐閣ブックス、2003年。
　　第15章で、IMF体制の成立、発展、崩壊の経過が豊富な資料に基づいて説明されている。
入江節次郎編著『世界経済史——世界資本主義とパクス・ブリタニカ』ミネルヴァ書房、1997年。
　　1870-1914年頃のイギリス海外投資の決定要因と経済効果が第10章で解り易く説明されている。

第6章

外国為替相場の決定

　人類の歴史上、国際通貨制度として固定為替相場制度と変動為替相場制度が存在し、固定為替相場制度では外国為替相場が各国政府あるいは国際協定によって決定されていたことが、前章でわかった。そこでこの章では、もう一つの国際通貨制度である変動為替相場制度の下で外国為替相場がどのように決定されるのかをみていくことにする。その際に、時間の単位が月単位あるいは四半期単位の短期（フロー・アプローチ）と年単位の長期（購買力平価説）に分けて考えることにする。まずフロー・アプローチを取り上げ、外国為替相場決定要因として重視される外国為替の需要と供給について説明する。次いで、購買力平価説の説明を行う。

第1節　外国為替の需要

1　外国為替需要とは何か

　外国為替に対する需要は国内の個人や法人が対外支払いをしなければならないときに生じる。したがって、**ある一定期間の外国為替の需要は、そのときの経常取引の支払い額と資本輸出額の和に等しい**。これは国際収支の支払項目の合計額であるから、ある一定期間の外国為替の需要はその期間の国際収支の支払項目の合計額に等しい、ということができる。
　外国為替の需要は、経常取引の支払いや対外資本貸し付けがある限り、その取引の契約が外貨建てで行われようと内貨建てで行われようと、発生する。

まずこのことを説明しよう。話を具体的に進めるために、外国通貨をアメリカドルで、経常取引の支払いを商品の輸入で、それぞれ代表させることにする。

　日本の輸入業者が外国の取引先に対してドル建ての輸入契約を結んだ場合、その決済はドルで行わなければならないから、手持ちの円を銀行に渡してドル建ての為替手段と交換しなければならない。この輸入業者の行動は、経済学の専門用語を使っていうと、外国為替市場で円を供給してドルを需要する、ということである。逆に、日本の輸入業者が外国の取引先に対して円建ての輸入契約を結んだ場合、その決済のために輸入業者は円を為替手段によって送金すればよい。ところがこのときは、外国の取引先が受け取った円を銀行でドルに換えなければならないから、やはり外国為替市場で円の供給とドルの需要が発生する。

　資本取引においても同じことがいえる。日本の貸し手がドル建てで外国の借り手に資本貸付をする場合、日本の貸し手は、手持ちの円資金を銀行でドル建ての為替手段に交換して外国の借り手に送金しなければならないから、この貸し手は外国為替市場で円を供給してドルを需要することになる。逆に、日本の貸し手が円建てで外国の借り手に資本貸付をする場合は、今度は外国の借り手が受け取った円建ての為替手段を銀行でアメリカドルに交換しなければならないから、やはり外国為替市場で円の供給・ドルの需要が発生する。

2　外国為替需要の性質

　外国為替の需要は、商品の需要と同じように、その価格（すなわち外国為替相場）が上昇すると減少し、外国為替相場が下落すると増加する。このことを、商品輸入に伴って生じるアメリカドルに対する需要を例に挙げて説明しよう。

　外国為替相場が $1 = ¥100$ のとき、単価が1ドルの商品の円建て価格は100円である。日本の輸入業者が、価格が100円であれば国内で1万個売れると予想してそれだけの個数をドル建て契約で外国から輸入したとすると、ドル建ての輸入額は1万ドルになる。この輸入業者はこの金額をドルで支払わなければならないから、このときドル需要も1万ドルになる。

　もし為替相場が $1 = ¥90$ とドル安（円高）に変わったとすると、単価が

1ドルの商品の円建て価格も90円と安くなるから、この商品は国内で以前より多く消費されるであろう。そこでこの輸入業者は1万2千個売れると予想してそれだけの個数をドル建て契約で輸入したとすると、ドル建ての輸入額は今度は1万2千ドルになり、したがって、ドル需要も1万2千ドルになる。

逆に、為替相場が$1＝¥110とドル高（円安）になったとすると、単価が1ドルの商品の円建て価格も110円と高くなるから、この商品は国内で以前より少ししか消費されないであろう。そこでこの輸入業者は8千5百個売れると予想してそれだけの個数をドル建て契約で輸入したとすると、ドル建ての輸入額は8千5百ドルになるから、ドル需要も8千5百ドルになる。

以上の結果を表にしたのが第6-1表である。さらにこの表を図にしたのが第6-2図である。この図において、為替相場が縦軸に、ドルの需要額が横軸に、それぞれ測られている。為替レートが$1＝¥90のときドル需要額は1万2千ドルであり、為替レートが$1＝¥100のときドル需要額は1万ドルに減少し、為替レートが$1＝¥110のときドル需要額は8千5百ドルとさらに減少しているから、それぞれの為替レートに対応した金額を横軸に取ると、この図に描かれているように、右下がりの折れ線が描ける。為替レートをこのように断続的にとるのではなく連続的にとって同様の考察を行うならば、この折れ線は曲線になるであろう。さらに$1＝¥110より上の為替レートについても、あるいはまた$1＝¥90より下の為替レートについても、同様の考察を行うならば、やはり右下がりの曲線が描けるから、第6-2図の需要曲線は上にも下にも延長が可能である。こうして延長したグラフが商品輸入から発生したドルの需要曲線である。このグラフ（図には描いていない）からわかるように、どのような為替レートの下でも、ドル相場が下がるとドル需要が増加しドル相場が上がるとドル需要が減少する。

第6-1表　ドル建て価格$1の商品輸入とドル需要

為替相場	円建価格	商品需要	ドル建輸入額＝ドル需要
¥90	¥90	12,000個	$12,000
¥100	¥100	10,000個	$10,000
¥110	¥110	8,500個	$8,500

第6-2図　ドルの需要曲線

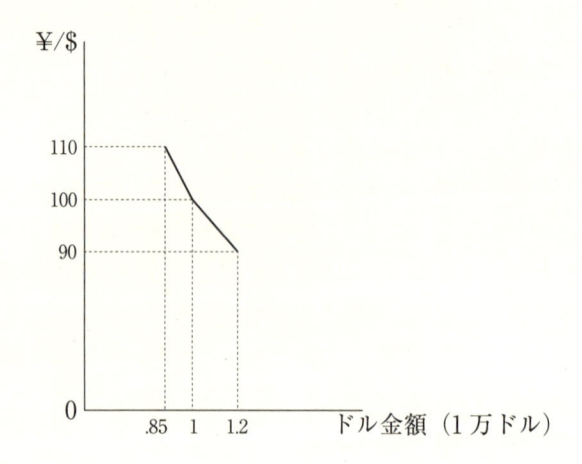

　外国為替の需要の性質を具体例で示したが、同じことは経常取引一般にも資本取引にも当てはまる。このことを説明しよう。為替相場が上昇すると、輸入商品や輸入サービスの円建輸入価格も上昇するので、その国内需要が減る。そうするとそれらの輸入量も減るから、外貨建ての輸入額が減少し、したがって、経常取引から生じた外国為替の需要額も減る。為替相場が上昇すると、外国で取引されている金融資産や実物資産の円建価格も上昇するので、それに対する国内需要は減る。そうすると外貨建ての資本輸出額が減るから資本取引による外国為替の需要額も減る。逆に、為替相場が下落した場合には、経常取引による外国為替の需要額と資本取引による外国為替の需要額が共に増加するが、このことも今と同様に考えれば、理解できるであろう（問題2参照）。

第2節　外国為替の供給

1　外国為替供給とは何か

　外国為替の供給は国内の個人や法人が外国から資金を受取ったときに生じる。したがって、ある一定期間の外国為替の供給は、そのときの経常取引の**受取額と資本輸入額の和に等しい**。これは国際収支の受取項目の合計額であるから、ある一定期間の外国為替の供給はそのときの国際収支の受取項目の合計額に等しい、ということができる。

　外国為替の供給は、経常取引の受取りや対外資本借入れがある限り、それらの取引が外貨建てで契約されようとも内貨建てで契約されようとも、発生する。このことを説明しよう。話を簡単にするために、外国為替を第1節と同様にアメリカドルで代表させることにする。日本の輸出業者がドル建てで輸出契約をした場合、その決済により受け取ったドル代金を国内で使用するためには、銀行で日本円に変えてもらわなければならない。この輸出業者の行動は、外国為替市場でドルを供給して円を需要することである。逆に、この輸出業者が円建てで輸出契約をした場合、今度は外国の輸入業者が、その決済のために手持ちのドルを銀行で円に交換して円建ての為替手形の形で送金しなければならないから、やはり外国為替市場でドルの供給と円の需要が発生する。

　資本取引においても同じことがいえる。日本の借り手がドル建てで外国の貸し手から資本を借り入れる場合、受け取ったドル建ての為替手段を銀行で円に換える必要があるから、外国為替市場でドルの供給と円の需要が発生する。逆に、日本の借り手が円建てで外国の貸し手から資本を借り入れる場合は、今度は外国の貸し手が手持ちのドル資金を銀行で円建ての為替手段に変えて送金しなければならないから、やはり外国為替市場でドルの供給と円の需要が生まれる。

2 外国為替供給の性質

外国為替供給の性質は、外国の輸入需要の価格弾力性に左右される。これは外国為替需要ではなかった事柄である。外国の商品の輸入需要価格弾力性を η^*（イーター・スターと呼ぶ）という記号で表すことにすると、この弾力性は

$$\eta^* = -\frac{商品輸入需要の減少率}{商品価格の上昇率}$$

と定義される。すなわち、この弾力性は、外国が輸入する商品の価格が1％上昇したときに（あるいは、1％下落したときに）その輸入需要が何％減少するか（あるいは、増加するか）、を表している。外国の商品輸入需要がその価格変化以上に変化するときこの弾力性の値は1より大きく、このとき、外国の商品輸入需要はその価格変化に対して弾力的に変化する、という。逆に、外国の商品輸入需要がその価格変化より少なく変化するときこの弾力性の値は1より小さく、このとき、外国の商品輸入需要はその価格変化に対して非弾力的に変化する、という。外国の商品輸入需要価格弾力性を用いると、外国為替供給の性質は次のようにまとめることができる。

外国の商品輸入需要価格弾力性が1より大きいとき、外国為替の供給は為替相場が上昇すると増加し、為替相場が下落すると減少する。逆に、外国の商品輸入需要価格弾力性が1より小さいとき、外国為替の供給は為替相場が上昇すると減少し、為替相場が下落すると増加する。なぜこのような外国為替供給の性質が生じるのかを、商品輸出に伴って生じるアメリカドルの供給を例に挙げて説明していくことにする。

（ケース1）

為替相場が $1＝¥100 のときに、単価が100円の輸出商品のドル建て価格は1ドルである。この商品を輸入する外国の輸入業者が、価格が1ドルのときには1万個の需要があると予想してそれだけの個数をドル建て契約で輸入したとすると、日本側からみて、ドル建ての輸出額は1万ドルになる。この代金を受け取った輸出業者は銀行で円に交換するから、このときドルの供給額も1万ドルになる。

もし為替レートが $1=¥90 とドル安に変わったとすると、円建て単価が100円の商品のドル建て価格は 1.11 ドル（100（円/個）÷90（円/ドル）= 1.111‥。この右辺の数字の名数はドル/個）と高くなるから、この商品は外国で以前より少ししか売れないであろう。そこで外国の輸入業者は、例えば、8千個しか売れないと予想してそれだけの量をドル建てで輸入したとすると、日本のドル建て輸出額は 8,880 ドルになる。したがって、ドル供給額も 8,880 ドルになる。

逆に、為替レートが $1=¥110 とドル高になったとすると、円建て単価が100円の商品のドル建て価格は 0.91 ドル（100（円/個）÷110（円/ドル）=0.9090‥（ドル/個））と安くなるから、この商品は外国で以前より多く売れるであろう。そこで外国の輸入業者は、例えば、1万2千個売れると予想してそれだけの量をドル建てで輸入したとすると、日本のドル建て輸出額は 10,920 ドルになる。したがって、ドル供給額も 10,920 ドルになる。

第6-3表 円建て価格¥100の商品輸出とドル供給（ケース1）

為替相場	ドル建商品価格	外国の輸入量	ドル建輸出額＝ドル供給
¥90	$1.11	8,000個	$8,880
¥100	$1.00	10,000個	$10,000
¥110	$0.91	12,000個	$10,920

以上の結果を表にしたのが第6-3表である。さらにこの表を図にしたのが第6-4図である。この図において、為替レートが $1=¥90 のときドル供給額は 8,880 ドルであり、為替レートが $1=¥100 のときドル供給額は1万ドルに増加し、為替レートが $1=¥110 のときドル供給額は 10,920 ドルとさらに増加しているから、それぞれの為替レートに対応した金額を横軸に取ると、図に描かれているように、右上がりの折れ線が描ける。為替レートを連続的にとって同様の考察を行うならば、この折れ線は曲線になるであろう。さらに、この曲線は $1=¥110 より上の為替レートへも $1=¥90 より下の為替レートへも延長が可能であるから、この延長された右上がりの曲線が商品輸出から発生したドルの供給曲線である。このグラフからわかるように、ドル相場が上がるとドル供給が増加し、ドル相場が下がるとドル供給が減少する。

第6-4図　ドルの供給曲線（ケース1）

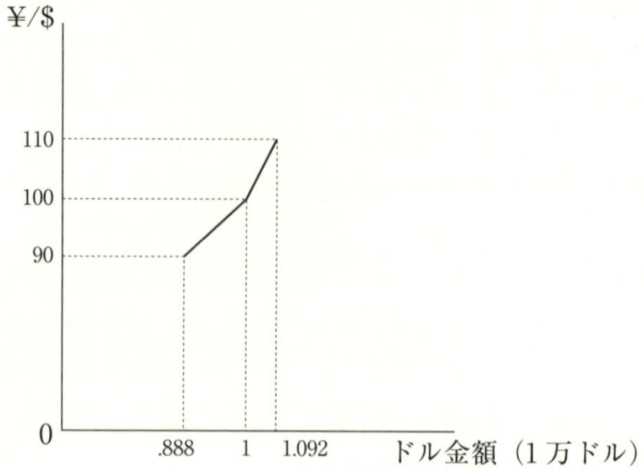

縦軸：¥/$　110, 100, 90
横軸：ドル金額（1万ドル）　.888, 1, 1.092

　アメリカドルの供給曲線がこのように右上がりの曲線として描けた。しかしこれは無条件でいえることではなくて、最初にも触れたように、外国の商品輸入需要価格弾力性が1より大きい場合にのみいえることである。そこで第6-3表に示したケースが、実際にその条件を満たしているかどうかを調べることにする。ドル建て商品価格が1ドルだったときに、それが為替相場の変化によって1.11ドルになった場合、この商品の価格変化率は $(1.11-1)/1 = 0.11$、すなわち、11％である。この価格変化に応じて外国の輸入量は1万個から8千個に減ったから、輸入量の変化率は $(8000-10000)/10000 = -0.2$、すなわち、マイナス20％である。それぞれの変化率の値を上で示した外国の輸入需要価格弾力性の定義式に代入すると、$-(-20)/11 = 1.82$ となり、この弾力性が1より大きいことがわかる。次に逆方向の変化でみると、ドル建て商品価格が1ドルから0.91ドルに下落した場合は、価格の変化率＝－9％、輸入量の変化率＝20％であるので、$\eta^* = 2.22$ となり、やはり、外国の輸入需要価格弾力性が1より大きいことがわかる。これらの結果から、第6-3表に示したケースが外国の商品輸入がその価格変化に対して弾力的に変化する場合であることがわかった。

　外国為替の供給の性質を具体例を用いて説明したが、同じことは一般の経常取引や資本取引に伴う外国為替の供給にも当てはまる。このことを説明しよう。為替相場が上昇すると、輸出商品や輸出サービスの外国国内での価格

（日本からみて外貨建て価格）は下落するので、外国での国内需要が増える。そうするとそれらの輸出量も増えるが、外国の輸入需要が価格変化に対して弾力的であればその増加率は価格の下落率より大きいので、外貨建ての輸出額が増加する。したがって、経常取引から生じた外国為替の供給額が増える。またこのとき日本の国内資産の外貨建て価格は、輸出商品価格の場合と同様に下落するので、それに対する外国人の需要が増える。外国の対日資産需要が資産価格の変化に対して弾力的に変化すれば資産需要の増加率が資産価格の下落率より大きいので、外貨建ての資本輸入額が増えるから資本取引による外国為替の供給額が増える。逆に、為替相場が下落した場合には、輸入商品や対外資産に対する外国の輸入需要価格弾力性が1より大きい限り、経常取引による外国為替の供給額と資本取引による外国為替の供給額が共に減少する。このことも為替相場が上昇する場合と同様に考えれば、理解できるであろう（問題3参照）。

（ケース2）

商品輸出に伴って生じるアメリカドルの供給について、もう一つ例を考えてみよう。（ケース1）と同様に、為替相場が $1＝¥100 のときにドル建て価格が1ドルである輸出商品を考える。さらに（ケース1）と同様に、この商品を輸入する外国の輸入業者が、価格が1ドルのときには1万個の需要があると予想してそれだけの個数をドル建て契約で輸入するものと想定する。このとき日本のドル建て輸出額は1万ドル、したがって、このときドルの供給額も1万ドルになる。

為替レートが $1＝¥90 とドル安（円高）に変わると、先程見たように、円建て単価が100円の商品のドル建て価格は1.11ドルと高くなるから、この商品は外国で以前より少ししか売れないであろう。そこで外国の輸入業者は今度は9千5百個しか売れないと予想して、それだけの量をドル建てで輸入したとする。このとき日本のドル建て輸出額は10,545ドルになるから、ドル供給額も10,545ドルになる。

第6-5表　円建て価格¥100の商品輸出とドル供給（ケース2）

為替相場	ドル建商品価格	外国の輸入需要量	ドル建輸出額＝ドル供給
¥90	$1.11	9,500個	$10,545
¥100	$1.00	10,000個	$10,000
¥110	$0.91	10,700個	$9,737

　為替相場が $1＝¥110 とドル高（円安）になると、円建て単価が100円の商品のドル建て価格は0.91ドルと安くなるから、この商品は外国で以前より多く売れるであろう。そこで外国の輸入業者は1万7百個売れると予想して、それだけの量をドル建てで輸入したとすると、日本のドル建て輸出額は9,737ドルになる。したがって、ドル供給額も9,737ドルになる。

　以上の結果を表にしたのが第6-5表である。さらにこの表を図にしたのが第6-6図である。この図において、為替レートが $1＝¥110 のときドル供給額は9,737ドルであり、為替レートが $1＝¥100 のときドル供給額は1万ドルに増加し、為替レートが $1＝¥90 のときドル供給額は10,545ドルとさらに増加しているから、それぞれの為替レートに対応した金額を横軸に取ると、図に描かれているように右下がりの折れ線が描ける。為替レートを連続的にとって同様の考察を行うならば、この折れ線は曲線になるであろう。さらにこの曲線は、$1＝¥110 より上の為替レートへも $1＝¥90 より下の為替レートへも延長が可能であるから、この延長された右下がりの曲線が商品輸出から発生したドルの供給曲線である。グラフからわかるように、このケースではドル相場が上がるとドル供給が減少し、ドル相場が下がるとドル供給が増加する。

　このようにアメリカドルの供給曲線が右下がりの曲線として描けたが、最初に提示した結論と照らし合わせてみると、このケースは外国の商品輸入需要価格弾力性が1より小さい場合でなければならない、と考えられる。そこでこのケースについても実際にその条件が満たされているかどうか調べてみることにする。最初にドル建て商品価格が1ドルだったときに、それが為替相場の変化によって1.11ドルになった場合、この商品の価格変化率は11%であった。この価格変化に応じて外国の輸入量は1万個から9千5百個に減ったから、輸入量の変化率は（9500－10000）/10000 ＝ － 0.05、すなわち、マ

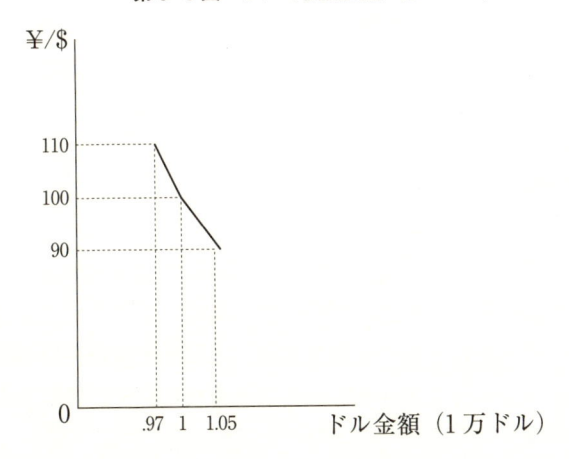

第6-6図 ドルの供給曲線（ケース2）

イナス5%である。それぞれの変化率の値を外国の商品輸入需要価格弾力性（η^*）の定義式に代入すると、$-(-5)/11 = 0.45$ となり、外国の商品輸入がその価格変化に対して非弾力的に変化していることがわかる。次に逆方向の変化でみると、ドル建て商品価格が1ドルから0.91ドルに下落した場合に、価格の変化率$=-9\%$、輸入量の変化率$=7\%$であるので、$\eta^*=0.78$ となり、やはり、外国の商品輸入がその価格変化に対して非弾力的に変化していることがわかる。これらの結果から、第6-5表に示したケースは、価格変化に対して非弾力的に変化する外国の商品輸入需要のケースであることがわかった。

　もし商品やサービスに対する外国の輸入が価格変化に応じて非弾力的に変化する場合には、為替相場の上昇→輸入商品・サービスの外貨建て価格の下落→外国の商品・サービス輸入量の増加となっても、その増加率が価格の下落率より小さいので、日本の商品・サービス輸出額は減少し、外国為替供給額も減少する。逆に、為替相場が下落したときには外国為替供給額が増加する。対外資産に対する外国の輸入が資産価格変化に対して非弾力的に変化する場合にも、為替相場の上昇→外国為替供給額の減少、為替相場の下落→外国為替供給額の増加となる。したがって、外国の輸入需要の価格弾力性が1より小さいときには、外国為替の供給曲線は右下がりになる。外国為替の需要曲線も右下がりであるから、次のセクションで述べるように、この場合に

は外国為替市場は不安定になるかも知れない。伝統的に、不安定な市場を考察の対象から除外するのが国際経済学の慣行であるので、本書においても外国の輸入需要価格弾力性が1より小さい場合は除外し、1より大きい場合のみを取り上げることにする。

3　外国為替相場の決定

これまで短期のある一定期間における外国為替の需要と供給の性質を説明し、需要曲線と供給曲線を導き出した。これを用いると、ある一定期間における外国為替相場を決定することができる。商品の価格がその需要と供給が一致するところで決まるのと同様に、**外国為替相場もその需要と供給が一致するところで決まる**。したがって、第6-2図の需要曲線と第6-4図の供給曲線を同一の図に描いた場合、両曲線が交わるところである一定期間の為替レートが決まる（問題4参照）。

このように、右下がりの需要曲線と右上がりの供給曲線が交わってできる均衡点は安定している。なぜなら、何らかの理由で為替相場が均衡値より高くなると、そこでは供給が需要を上回って超過供給が発生するから、為替レートは市場メカニズムにより自動的に下がり元の均衡点に戻る。逆に、為替レートが均衡値より下に来ると、そこでは超過需要が発生するから、為替レートは自動的に元の均衡値まで上がる。このように、何らかの攪乱により為替レートが均衡値より離れても、市場メカニズムにより自動的に均衡値に戻ることができるとき、この外国為替市場は安定的であるという。そのための条件が、外国為替の需要と供給が商品貿易のみによって決まるケースについて求められている。それはマーシャル・ラーナー条件と呼ばれ

　　自国の商品輸入需要価格弾力性＋外国の商品輸入需要価格弾力性＞1

で示される。上の（ケース1）では、外国の商品輸入需要価格弾力性が1より大きいから、自国の輸入需要価格弾力性がプラスの値を取る限りマーシャル・ラーナー条件が成立する。しかし上の（ケース2）のように、外国の輸入需要価格弾力性が1より小さい場合には、自国の輸入需要価格弾力性も1より小さくて両者の和が1より小さくなることがあり得る。このときは外国為替市場は不安定になる。このことは、供給曲線が右下がりでその傾きが

需要曲線の傾きより緩やかであるような為替市場を考えると理解できるであろう（問題5参照）。この市場では、もし為替レートが均衡値より高くなると需要が供給をオーバーし超過需要が発生するから、為替レートは更に高くなって無限大になってしまう。逆に、為替レートが均衡値より下に来ると、今度は超過供給が発生して為替レートは更に下がりゼロになってしまう。したがって、いずれの場合でも、一旦均衡を離れた為替レートは自動的に元の均衡値に戻ることができない。すなわち、この為替市場は不安定である。不安定な為替市場を考察しても意味はないので、上で触れたように、一般に考察から除外される。

第3節　長期的な均衡為替相場の決定——購買力平価説

　長期的な外国為替相場の水準を説明しようとするのが購買力平価説である。この説によると、長期的な均衡為替相場は外国通貨と国内通貨の一般的な購買力の比で決まる、という。このことを説明しよう。
　同一の商品、例えば、世界中で同じマニュアルによって作られているマクドナルドのハンバーガーが、日本で250円アメリカで2ドル50セントで売られているとする。このハンバーガーはどの国で作られていても価値が同じなので、これらの価格を円かドルかどちらかの通貨で表示した場合それらは等しくなければならない。すなわち、2.5ドル＝250円でなければならない。この等式から、$1＝¥250/2.5＝¥100が求められる。これはマックのハンバーガーで測ったアメリカドルの為替レートである。
　同様のことを他の商品、例えば、パン、乗用車で行うと、ハンバーガーの場合と異なる為替レートが出てくるであろう。なぜなら、アメリカではパンが日本より安く、日本では乗用車がアメリカより安いからである。すなわち、日本とアメリカの間では商品の相対価格が異なるので、個々の商品で為替レートを算出すると異なる数値が出てきてしまう。そこで、これら個別の商品で算出した為替レートの平均値を求め、それによって為替レートを決めようとするのが購買力平価説である。それは、全ての商品を含めた二国間で同一の商品バスケットで為替レートを産出すればよい。この商品バスケットの価格は一般物価水準である。これが上がれば通貨の一般的な購買力が落ち、

これが下がれば通貨の一般的な購買力が上がるから、通貨の一般的購買力は一般物価水準の逆数で表される。

上のハンバーガーの例からわかるように、国内通貨で測った一般物価水準（P）と外国通貨で測った一般物価水準（P^*）の比が外国通貨の為替相場になる。そしてP＝国内通貨の一般的購買力の逆数であり、P^*＝外国通貨の一般的購買力の逆数であるから、

$$外国為替相場 = \frac{P}{P^*} = \frac{外国通貨の一般的購買力}{国内通貨の一般的購買力} \qquad (6-1)$$

となり、購買力平価が得られる。これは絶対的購買力平価と呼ばれる。

一般物価水準は、それの基準年からの動きを示す一般物価指数でしか現実には知ることができない。そこでこれを用いると、ある年の均衡為替相場は

$$外国為替相場 = 基準年の為替相場 \cdot \frac{国内の一般物価指数}{外国の一般物価指数} \qquad (6-2)$$

として求めることができる。これは相対的購買力平価と呼ばれる。通常使われる購買力平価はこれであるが、基準年をいつにするかで値が変わってくるという難点を持っている。

重要な専門用語

外国為替の需要　　商品輸入需要価格弾力性　　外国為替の供給
購買力平価説

問　題

【1】　第4章第3節で学んだことを使って、輸入業者がアメリカドル建て輸入契約の決済をしたとき、これがどのようにして外国為替インターバンク市場のアメリカドル需要となるか説明せよ。また、輸出業者がドル建て輸出契約を決済した場合、これがどのようにしてインターバンク市場のアメリカドル供給になるか説明せよ。

【2】　外国の国債市場で1口 \$100 の国債に対する日本人の需要が、外国為替相場が \$1＝¥100 のとき 100 口あるものとする。為替レートが \$1＝¥90 になるとこの国債の円建て価格が安くなり将来値上がりする可能性が高まるので、日本人の需要が 130 口に高まり、逆に為替レートが \$1＝¥110 になるとこの国債の円建て価格が高くなり将来値上がりする可能性が低くなるので、日本人の需要が 80 口に減るものとする。この証券投資によるアメリカドルの需要曲線はどうなるか、導き出せ。

【3】　土地価格が1万円の空き地に対する外国人の需要が、外国為替相場が \$1＝¥100 のとき 100 平方メートルあるものとする。為替レートが \$1＝¥90 になるとこの土地のドル建て価格が高くなりこの土地を用いて行う事業の収益見込みが低下するので、外国人の需要が減少し、例えば、75 平方メートルになったとする。逆に為替レートが \$1＝¥110 になるとこの土地のドル建て価格が安くなりこの土地を用いて行う事業の収益見込みが高まるので、外国人の需要が増加し、例えば、140 平方メートルになったとする。この実物資産に対する直接投資によるアメリカドルの供給曲線を導き出せ。また、このときの本邦実物資産に対する外国人の需要価格弾力性を求めよ。

【4】　外国為替の需要曲線と供給曲線を一つの図に描くことにより、外国為替相場の決定を図示せよ。

【5】　外国為替の需要曲線と右下がりの供給曲線を一つの図に描いて、不安定な外国為替市場を図示せよ。

第 7 章

外国為替相場変動の原因

　前章で学んだことは次の二点であった。その一つは、短期のある一定期間において外国為替の相場はその需要と供給が一致するところで決まるということであり、もう一つは、長期的に為替相場は自国通貨と相手国通貨の購買力の比で決まる、ということであった。変動為替相場制の下では為替レートは時々刻々と変化しており、長期的に見ても、例えば、アメリカドル相場が 1985 年 2 月 26 日の 263 円 56 銭から 1995 年 4 月 19 日の 79 円 75 銭まで下落しているように、変化している。そこでこの章では、為替相場がなぜ変動するのかを、短期と長期に分けて説明していくことにする。さらに、短期の為替レート変動は各国通貨当局の外国為替市場への介入にも影響されるので、これについても述べることにする。以下では、外国為替相場の短期的変動の原因、外国為替市場への介入、外国為替相場の長期的変動の原因の順に考察を進めていくことにする。

第 1 節　短期的変動の原因

1　外国為替相場下落（円高）の原因

　外国為替相場の短期的な変動原因を、それが下落する場合から見ていくことにする。為替相場が下落するのは、外国為替市場において外国為替の超過供給が生じるときである。外国為替に対する超過供給は、需要に比べて供給の増加が大きいとき，あるいは供給に比べて需要の減少が大きいとき、に発

生する。

　前章と同じく、アメリカドルで外国為替を代表させてこのことを図示したのが第7-1図である。このうち左側の図には、外国為替の供給増加のケースがその需要の変化がゼロであると仮定して描かれており、右側の図には、外国為替の需要減少のケースがその供給の変化がゼロであると仮定して描かれている。両方の図において、縦軸にアメリカドルの円建て為替レートが、横軸にアメリカドルの需要額と供給額が取られている。右下がりの実線DDはアメリカドルの初期の需要曲線（直線に見えるが）であり、右上がりの実線SSはアメリカドルの初期の供給曲線である。前者が右下がりであることと後者が右上がりであることは、共に前章で説明した分析結果に基づいている。当然ここでは、供給曲線が右上がりであるための条件、すなわち外国の輸入需要価格弾力性が1より大きいこと、が満たされていると仮定する。需要曲線と供給曲線の交点Eが外国為替市場の初期における均衡点であり、このとき為替レートが縦軸のA点の水準に決まっている。

第7-1図　外国為替市場の均衡図（為替レート下落のケース）

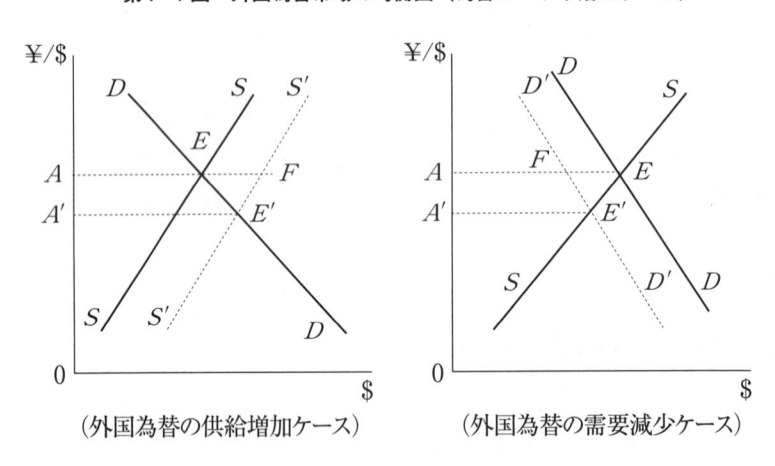

（外国為替の供給増加ケース）　　（外国為替の需要減少ケース）

　初期の為替相場の下で、下に述べるような理由によりアメリカドルの供給が増加してEFだけの超過供給が生じると、この供給増加は第7-1図左側の図に描かれているように、ドルの供給曲線の右側へのシフト、すなわちSSから$S'S'$へのシフト、で図示できる。点線で示した$S'S'$曲線は新しい

ドル供給曲線である。この供給曲線はドルの需要曲線 DD と E' 点で交わるが、これが次の期の外国為替市場均衡点になり、このとき新しい為替レートが A' 点の水準に決まる。図から明らかなとおり、アメリカドルの供給増加によりその為替レートは下落する。

　同じ初期の為替レートの下で、下に述べる理由によりアメリカドルの需要が減少して EF だけの超過供給が生じると、この需要減少は第7-1図右側の図に描かれているように、ドルの需要曲線の左側へのシフト、すなわち DD から $D'D'$ へのシフト、として図示できる。点線で示した $D'D'$ 曲線は新しいドル需要曲線である。この需要曲線はドルの供給曲線と E' 点で交わるが、これが次の期の外国為替市場均衡点になり、このとき新しい為替レートが A' 点の水準に決まる。図から明らかなとおり、アメリカドルの需要減少によりその為替レートは下落する。

　このような為替レートの下落をもたらす外国為替の供給増加とその需要減少の経済的原因は何であろうか。短期的な為替レートの変動は、商品・サービス貿易のような経常取引や直接投資の変化によるよりもむしろ、証券投資の変化による所が大きいと考えられるので、この変化を見ていくことにする。前章で学んだように、証券投資による外国為替の供給は外国居住者の対日証券投資によって生じる。したがって、これの増加が短期的な外国為替供給増加の原因になる。同じく前章で学んだように、証券投資による外国為替の需要は国内居住者の対外証券投資によって生じる。したがって、これの減少が短期的な外国為替需要減少の原因になる。

　それでは次に、対日証券投資の増加と対外証券投資の減少が、どういう経済的要因によって発生するかが問題になる。実は、この両者は同じ原因によってもたらされる。それらは、国内の利子率が外国の利子率より高くなることと、将来の為替相場が現在の為替相場より低くなると予想されること、である。

　これらの要因が外国からの対日証券投資を増やし国内からの対外証券投資を減らすメカニズムは、次のとおりである。利子率が外国よりも国内で高くなると、外国の証券会社や銀行は、本国の債券より利子収入が多い日本の債券を購入しようとするから、対日証券投資が増加する。このとき同時に、日本の証券会社や銀行は外国の債券を売って日本の債券を購入しようとするから対外証券投資は減少する。また将来の為替相場が現在の為替相場より低くなると予想されると、外国の証券会社や銀行は日本の債券を現在購入して将

来その予想が当たったときにそれを売却すれば儲かるので、対日証券投資を増やす。同時に、日本の証券会社や銀行は、現在保有している外国の債券を保持しつづけると将来為替レートが予想どおりに下がれば損をするので、外国の債券を売って対外証券投資を減らす。例えば、現在のアメリカドルの為替レートが $1 = ¥100 であり、3カ月後に建つと予想される為替レートが $1 = ¥80 であったとすると、外国の銀行は1ドルを100円に交換して日本の債券市場で一口100円の日本国国債をいま購入する。もし3カ月後にこの予想が的中し、そのときの為替レートが $1 = ¥80 になったとしよう。さらに、話を簡単にするために国債価格は元のままであったと仮定しよう。この銀行が国債を売り、得た100円を外国為替市場でドルに交換すると、$1.25のアメリカドルを手にすることができる。したがって、利子収入を考慮に入れなくても、3カ月の内に25％の投資収益を得るから、外国の全ての銀行がこれと同じ行動をとり、対日証券投資は拡大するであろう。逆に、為替レートについて同じ予想を持つ日本の銀行が、保有している一口100ドルの米国国債をいま（このときの為替レートは $1 = ¥100）売却すると1万円を得る。しかしこの国債を売らずに保持しつづけたとすると、3カ月後に予想が的中したとき（そのときの為替レートは $1 = ¥80）、100ドルの国債の時価は8千円に減価するから、国債の利子収入を考慮に入れても投資収益が減るであろう。したがって、全ての日本の銀行は保有する米国国債をいま売却するから、日本からの対外証券投資は縮小するであろう。

　これまで、アメリカドルで外国為替を代表させて説明してきたことをまとめると次のようになるであろう。初期の為替相場の下で国内の利子率が外国の利子率より高くなるか、あるいは将来の為替レートが現在の為替レートより低くなると予想されるとき、外国居住者の国内債券購入が増えるから（すなわち、対内証券投資の増加）、短期的に外国為替の供給が増加し、為替相場が下落する。このとき同時に、国内居住者の外国債券売却が増えるから（すなわち、対外証券投資の減少）、短期的に外国為替の需要が減少し、為替相場が下落する。

第7-2図　外国為替市場の均衡図（為替レート上昇のケース）

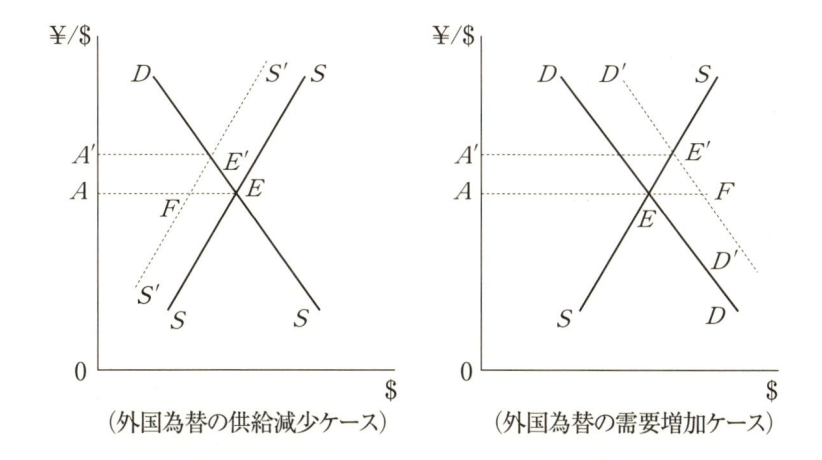

（外国為替の供給減少ケース）　　（外国為替の需要増加ケース）

2　外国為替相場上昇（円安）の原因

　これまで外国為替相場の短期的な変動要因を、それが下落する場合について考えてきたが、これと逆の状況が生じると為替相場は上昇する。すなわち、外国為替市場において外国為替の超過需要が生じると為替レートは上昇する。外国為替に対する超過需要は、供給に比べて需要の増加が大きいとき、あるいは需要に比べて供給の減少が大きいとき、に発生する。
　アメリカドルで外国為替を代表させてこのことを図示したのが第7-2図である。このうち右側の図には、外国為替に対する需要増加のケースがその供給の変化がゼロであると仮定して描かれており、左側の図には、外国為替の供給減少のケースがその需要の変化がゼロであると仮定して描かれている。第7-1図と同様に、縦軸にアメリカドルの円建て為替レートが、横軸にアメリカドルの需要額と供給額が取られている。右下がりの実線 DD がアメリカドルの初期の需要曲線であり、右上がりの実線 SS がアメリカドルの初期の供給曲線である。両曲線が交わる E 点が初期の均衡点であり、それに対応する A 点が初期の為替レートの水準を示している。第7-2図右側の図に描かれているように、初期の為替レートの下でアメリカドルの需要が増

加してEFだけの超過需要が発生すると、この需要増加はドル需要曲線の右側へのシフト、すなわちDDから$D'D'$へのシフト、で図示できる。この新しい需要曲線は供給曲線SSとE'点で交わるが、これが次の期の外国為替市場の均衡点である。このとき新しい為替レートがA'点の水準で決まる。図から明らかなとおり、アメリカドルの需要増加によりその為替レートは上昇する。

　第7-2図左側の図に示されているように、同じ初期の為替レートの下で、アメリカドルの供給が減少してEFだけの超過需要が発生すると、この供給減少は供給曲線SSの左側シフト、すなわちSSから$S'S'$へのシフト、で図示できる。この新しい供給曲線は需要曲線DDとE'点で交わるが、これが次の期の外国為替市場の均衡点である。このとき新しい為替レートがA'点の水準に決まる。図から明らかなとおり、アメリカドルの供給減少によりその為替レートは上昇する。

　このような為替レートの上昇をもたらす外国為替の需要増加とその供給減少の経済的要因は、それぞれ、国内の居住者による対外証券投資の増加と外国の居住者による対日証券投資の減少である。そして対外証券投資の増加と対日証券投資の減少を引き起こす原因は、国内利子率が外国利子率より低いことと、将来の為替相場が現在の為替相場より高くなると予想されること、の二つである。すなわち、第1節1で考えたのと逆向きの要因が、そこで考えたのと逆方向の証券投資変動と為替レート変動をもたらす。これらの要因が上の証券投資の変化を生み出すメカニズムは、次のとおりである。

　利子率が国内よりも外国で高いと、国内の証券会社や銀行は日本の債券よりも外国の債券を購入しようとするから、対外証券投資が増加する。このとき同時に、外国の証券会社や銀行は日本の債券を売って本国の債券を購入しようとするから、対日証券投資は減少する。また将来建つと予想される為替相場が現在の為替相場より高いと、日本の証券会社や銀行は外国の債券を現在購入して将来その予想が当たったときにそれを売却すれば儲かるので、対外証券投資を増やす。これに対して、外国の証券会社や銀行は、現在保有している日本の債券を保持しつづけると将来その予想が当たったときに損をするので、日本の債券を売って対日証券投資を減らす。例えば、現在のアメリカドルのレートが$\$1＝¥100$であり、3カ月後に建つと予想される為替レートが$\$1＝¥120$であったとすると、日本の銀行は1万円を100ドルに交換し

てアメリカの債券市場で1口100ドルのアメリカ国債を購入する。もし3カ月後にこの予想が的中して、そのときの為替レートが $1 = ¥120 になり、国債価格は元のままであったと仮定すると、この銀行は国債を売るに違いない。なぜなら、国債を売って得た100ドルを外国為替市場で円に交換すると、1万2千円の日本円を手にすることができるからである。国債の利息収入を考慮に入れなくても、この銀行は3カ月で20％の投資収益を得ることができるから、全ての日本の銀行が同じ行動をとり、対外証券投資は拡大するであろう。逆に、為替レートについて同じ予想を持つ外国の銀行が、保有している1口100円の日本国債をいま売却すると1ドルを得る。しかしこの国債を売らずに保持し続けたとすると、3カ月後に予想が的中したとき（そのときの為替レートは $1 = ¥120）100円の国債の時価は0.83ドルに減価するので、国債の利子を考慮に入れても投資収益は減るであろう。したがって、全ての外国の銀行は保有する日本国債をいま売却するから対日証券投資は減少するであろう。

　以上で説明してきたことをまとめると次のようになるであろう。初期の為替相場の下で国内の利子率が外国の利子率より低くなるか、あるいは将来の為替レートが現在の為替レートより高くなると予想されるとき、国内居住者の外国債券購入が増えるから（すなわち、対外証券投資の増加）、短期的に外国為替の需要が増加し、為替相場が上昇する。このとき同時に、外国居住者の国内債券売却が増えるから（すなわち、対内証券投資の減少）、短期的に外国為替の供給が減少し、為替相場が上昇する。

第2節　外国為替市場への介入

1　買い介入

　外国為替相場の変動は、通貨当局の市場介入によっても影響を受ける。そのメカニズムを買い介入の場合と売り介入の場合に分けて説明していこう。通貨当局が外国為替市場に介入する目的は、為替相場の急激な変動を避けることである。通貨当局が外国為替を購入することによって市場に介入する場合を買い介入、外国為替を売却することによって市場に介入する場合を売り

第7-3図　外国為替市場への買い介入

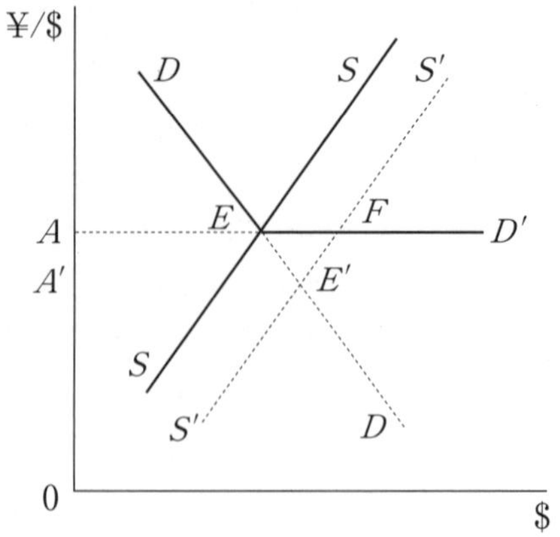

介入という。日本の通貨当局（財務省と日本銀行）は売り介入より買い介入を行うことが多いので、買い介入から見ていくことにする。買い介入の目的は、急激な円高を防ぐことにある。

第7-3図は外国為替市場の均衡図を用いて、買い介入の状況と効果を描いたものである。この図において、SS は民間の外国為替供給曲線、DD は民間の外国為替需要曲線である。E 点が初期の均衡点であり、初期の為替レートは点 A の水準で示されている。いま、第1節1で説明した経済要因により外国為替の供給が増加し、民間の供給曲線が SS から $S'S'$ へシフトしたと仮定しよう。初期の為替レートの下で、民間の外国為替の供給は AF、その需要は AE、したがってその超過供給は EF である。もし放任すれば、為替レートは新しい供給曲線 $S'S'$ と需要曲線 DD との交点である E' 点で決まるであろう。この点に対応した為替レートの水準は A' で示されているから、このときドル安・円高が発生する。通貨当局はこのような大幅な円高は避けたいと考え、そのために必要な措置をとる。それは外国為替市場に買い介入し EF だけの外国為替を購入することである。そうすると、民間と通貨当局の外国為替需要曲線は DED' となり、為替レートは元の点 A の水準に留まる。したがって、このような買い介入により、通貨当局は急激な円高を避けるという所期の目的を達成することができる。このとき通貨当局が購入した外国為替 EF は、国際収支上外貨準備の増加として計上される（第2章参照）。なお同じことは、初期の為替レートの下で外国為替に対する需要が減少して

第7-4図 外国為替市場への売り介入

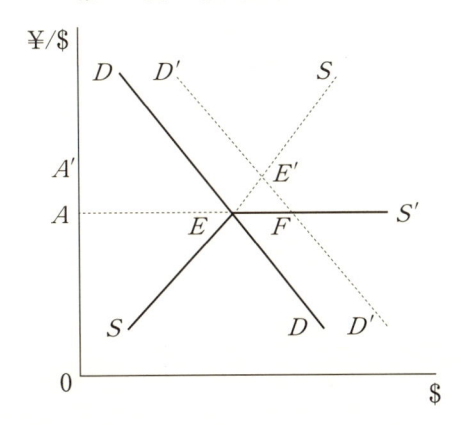

超過供給が発生する場合についても、考えることができる。ただしこのときの民間と通貨当局の需要曲線は、第7-1図右側の図において左上から出発した折れ線 $D'FED''$（ただし、D'' は 第7-1図に書き込まれていないが、FE の延長線上 E 点の右側にある）になる（問題1参照）。

2 売り介入

急激な円安を防ぐために通貨当局が行った売り介入を描いたのが第7-4図である。第1節2で説明した経済的原因により外国為替の需要が増加し、民間の需要曲線が DD から $D'D'$ へシフトしたと仮定しよう。A 点の水準で示された初期の為替レートの下で、民間の外国為替需要は AF、その供給は AE、したがってその超過需要は EF である。もし放任すれば、為替レートは新しい需要曲線 $D'D'$ と供給曲線 SS との交点である E' 点で決まるであろう。この点に対応した為替レートの水準は A' で示されているから、このとき円安が発生する。通貨当局はこのような大幅な円安は避けたいと考え、超過需要 EF に見合うだけの外国為替を売却する。そうすると、民間と通貨当局の外国為替供給曲線は SES' となり、為替レートは元の点 A の水準に留まる。したがって、このような売り介入により、通貨当局は急激な円安を避けるという所期の目的を達成することができる。このとき通貨当局が売却した外国為替 EF は、国際収支上外貨準備の減少として計上される。なお同じこ

とは、初期の為替レートの下で外国為替に対する供給が減少して超過需要が発生する場合についても、考えることができる。ただしこのときの民間と通貨当局の供給曲線は、第7-2図左側の図において左下から出発した折れ線 $S'FES''$（ただし、S'' は第7-2図に書き込まれていないが、FE の延長線上 E 点の右側にある）になる（問題2参照）。

第3節　長期的変動の原因

第6章で学んだ購買力平価説によると、長期的な外国為替相場は自国の一般物価水準(P)と外国の一般物価水準(P^*)との比に等しかった。すなわち、この関係を示した（6-1）式を再録すると

$$外国為替相場 = \frac{P}{P^*}$$

である。したがって、為替相場の長期的変動は、自国と外国の一般物価水準の長期的変動によって生じる。自国と外国の一般物価水準の持続的上昇はそれぞれの国のインフレ率で測ることができるから（デフレはマイナスのインフレ率として示される）、為替相場の長期的変動は自国と外国のインフレ率の相対的な大きさによって知ることができる。もし自国のインフレ率が外国のインフレ率より高ければ、P^* よりも P の方がより大きくなるから為替相場は長期的に上昇し（自国通貨価値の下落）、しかもその上昇率は自国のインフレ率と外国のインフレ率の差に等しい。逆に、自国のインフレ率が外国のインフレ率より低ければ、P よりも P^* の方が大きくなるから為替相場は長期的に下落し（自国通貨価値の上昇）、その下落率（絶対値）は外国のインフレ率と自国のインフレ率の差に等しい。

自国のインフレ率と外国のインフレ率の格差がどういう経済的理由で生じるのかが、次に問題になる。ただし通常は、為替相場の長期的変動は自国のインフレ率によって決まることが多いので、以下の説明では外国のインフレ率はゼロであると仮定して話を進めていくことにする。そうすると直ちに明らかなとおり、自国のインフレ率がマイナス（デフレ状態）であれば自国の通貨価値は上昇する。自国がデフレ経済であることの原因は、第3章で述べ

たアブソープション・アプローチから明らかなとおり、自国の国民総生産がその国内総支出より毎期連続して大きいことであり、これはまた自国の経常収支が恒常的に黒字であることと同値である。したがって、自国のインフレ率がマイナスであることの原因はその経常収支が恒常的に黒字であることの原因と同じである。

　経常収支は、第2章でみたとおり、貿易収支、サービス収支、所得収支及び経常移転収支の合計額である。ただし経常移転収支は、通常、他の収支に比べて値が小さいので、以下の議論では無視することにする。そうすると、経常収支が持続的に黒字であるためには、少なくとも貿易収支かサービス収支か所得収支のいずれかが持続的に黒字でなければならない。貿易収支あるいはサービス収支の持続的な黒字の原因は、この国の商品あるいはサービスの国際競争力が優れていることにある。所得収支の持続的な黒字の原因は、国際労働移動が制限的である現在の世界経済では、この国の対外投資収益の受取がその対内投資収益の支払いを毎期連続して超過していることにある。したがって、経常収支が持続的に黒字であるための必要条件は、この国の商品あるいはサービスの国際競争力が優れていることかあるいは対外投資収益の受取が対内投資収益の支払いを上回っていることである。第2章で学んだように、現在の日本は商品の国際競争力が優れているために貿易・サービス収支が黒字であり、膨大な対外投資収益のために所得収支も黒字であるので、その経常収支は恒常的に黒字を計上している。また第5章で学んだように、国際金本位制度下のイギリスはサービスの国際競争力が優れていたために貿易・サービス収支が黒字であり、膨大な対外投資収益のために所得収支も黒字であったので、その経常収支は恒常的に黒字であった。

　以上で述べてきたことをまとめると、次のようになるであろう。**自国の商品あるいはサービスの国際競争力が強くてその貿易・サービス収支が黒字であるかあるいは（または同時に）対外投資収益の受取が大きくて所得収支が黒字であると、経常収支が恒常的に黒字になり、国内には財・サービスの恒常的超過供給というデフレ圧力が生まれる。この結果、国内の一般物価水準が持続的に下落し、自国通貨価値の長期的な上昇をもたらす。**逆に、外国為替相場の長期的上昇の原因は次のようにまとめることができる。**自国の商品あるいはサービスの国際競争力が弱くてその貿易・サービス収支が赤字であるかあるいは（または同時に）対内投資収益の支払いが大きくて所得収支が**

赤字であると、経常収支が恒常的に赤字になり、国内には財・サービスの恒常的超過需要というインフレ圧力が生まれる。この結果、国内の一般物価水準が持続的に上昇し、自国通貨価値の長期的な下落をもたらす。

重要な専門用語

円高の原因　　外国為替市場への買い介入　　円安の原因
外国為替市場への売り介入

問題

【1】 本文の第7-1図右側の図に示されているように、外国為替の需要が減少して、元の為替レートの下でEFだけの超過供給が発生した場合に、通貨当局が急激な円高を避けるにはどのような介入をすればよいか。またこのとき民間と通貨当局の需要曲線はどうなるか、図を描いて論述せよ。

【2】 本文の第7-2図左側の図に示されているように、外国為替の供給が減少して、元の為替レートの下でEFだけの超過需要が発生した場合に、通貨当局が急激な円安を避けるにはどのような介入をすればよいか。またこのとき民間と通貨当局の供給曲線はどうなるか、図を描いて論述せよ。

【3】 自国の商品あるいはサービスの国際競争力が弱いかあるいはその対内投資収益の支払いが多いと、自国の通貨価値が長期的に下落するメカニズムは本文の第3節に要約されている。本文で述べた自国通貨価値の長期的上昇ケースを参考にして、なぜそうなるのかそのメカニズムを説明せよ。

【4】 2001年におけるアメリカのインフレ率が2.4％、日本のインフレ率が－0.1％であった。このとき次の問に答えよ。
　①購買力平価説に従うならば、2002年のアメリカドルの円建て相場は上昇しているか下落しているか。

②その変化率（絶対値）はいくらか。
③2001年のドルレート（年間平均値）は121.5円であった。2002年のドルの購買力平価は幾らでなければならないか。（2002年の実際の為替レート（年間平均値）は125.1円）

第8章

外国為替相場変動の効果

　1985年9月22日にニューヨークのプラザホテルで先進5カ国の蔵相・中央銀行総裁会議（G5）が開かれ、当時のドル安是正を意図した為替協調介入を申し合わせた（プラザ合意）。G5直前には US＄1＝¥242 であった為替相場はプラザ合意後急激に円高・ドル安に向かい、約2年後の1988年1月初めには US＄1＝¥120 となった。すなわち、アメリカドルはこの間に約50％その価値を下落させた。この結果、日本国民は目に見える形で円高メリットを享受し、今まで高価であった舶来品を安く手に入れたり海外旅行が手頃な料金で行けるようになった。しかしその反面、日本の商品・サービスの輸出が以前より困難になり、多くの企業が国内の工場を撤収して海外へ移転したため、円高は景気後退や産業空洞化という弊害ももたらした。そこでこの章では外国為替相場変動の効果を、その短期効果（Jカーブ効果）と長期効果に分けて説明する。さらに長期効果は円高の効果と円安の効果に分けて考えていくことにする。

第1節　外国為替相場変動の短期効果

　外国為替相場変動の短期効果はJカーブ効果とも呼ばれる。Jカーブ効果とは、為替相場が上昇しているときに貿易・サービス収支が短期的に悪化すること、あるいは、為替相場が下落しているときに貿易・サービス収支が短期的に改善することである。このような為替相場変動の短期効果を生み出す経済メカニズムは何か、そしてなぜこれがJカーブ効果と呼ばれるのかを以

下で明らかにしよう。

　貿易決済を説明するときに述べたように（第4章）、現在履行されている商品及びサービスの輸出あるいは輸入は、数カ月以前に結ばれた契約に基づいて行われている。したがって、外国為替相場がいま大きく変動しても、輸出量あるいは輸入量を調整することはできない。為替相場が上昇すると、外貨建てで契約された輸出品と輸入品の円建て価格が上昇するから、輸出量と輸入量が短期的に不変であっても円建ての輸出額と輸入額はそれぞれ増加する。ただし円建てで契約された輸出品及び輸入品の円建て価格は、当然のことながら、為替相場変動の影響を受けないし、次節で説明するように、円建て契約は輸入よりも輸出において多いので、為替相場上昇に伴う円建て輸入物価上昇率は円建て輸出物価上昇率に比べて大きい。したがって、輸入額の増加の方が輸出額の増加より大きくなるので、貿易・サービス収支は短期的に悪化する。これが為替相場上昇の短期効果である。

　為替相場の上昇傾向が四半期間継続していくと仮定すると、円建て輸出物価の上昇率と円建て輸入物価の上昇率も上で指摘した格差を保ちつつ拡大していく。したがって、輸出入量不変の下でも貿易・サービス収支の悪化は拡大していく。一方、時間がたつにつれて為替相場上昇に対応した輸出入量の調整が始まる。その調整は、次節で詳しく述べるように、中・長期的に輸出量増加・輸入量減少という方向をとる。輸出量の増加は円建て輸出物価の上昇と相まって輸出額を増加させる。日本の輸入需要価格弾力性が弾力的であると仮定すると、輸入量の減少率は円建て輸入物価の上昇率より大きいので、このとき輸入額は減少する。したがって、為替相場上昇に対応した数量調整が始まると、貿易・サービス収支は改善し始める。そしてこの改善傾向は、先に述べた円建ての輸出物価と輸入物価の上昇による貿易・サービス収支の悪化傾向を打ち消し、ちょうど円安開始後四半期がたったあたりで拮抗する。そしてそれ以降は、この改善傾向が悪化傾向を上回る。したがって、貿易・サービス収支悪化の拡大は四半期あたりで歯止めがかかり、これ以降は悪化の程度が縮小していく。そこで、第8-1図に示されているように、縦軸に貿易・サービス収支を、横軸に時間を、それぞれとると、貿易・サービス収支を示すグラフは、原点を出発して下降し、第Ⅰ四半期で底をつき、それ以後上昇していく。これが為替相場上昇の短期効果を示すグラフである。その形はちょうど英語のアルファベットJを横倒しにした形に似ていることから、この短

期効果がJカーブ効果と呼ばれるようになった。

　逆に外国為替相場が下落する場合、その短期効果は、第8-1図の貿易・サービス収支のグラフが横軸を中心に180度回転したときにできるグラフで表すことができる。このグラフもアルファベットのJの字に似ているから、やはりJカーブ効果といえる。このような短期効果を生み出す経済メカニズムを以下で説明しよう。

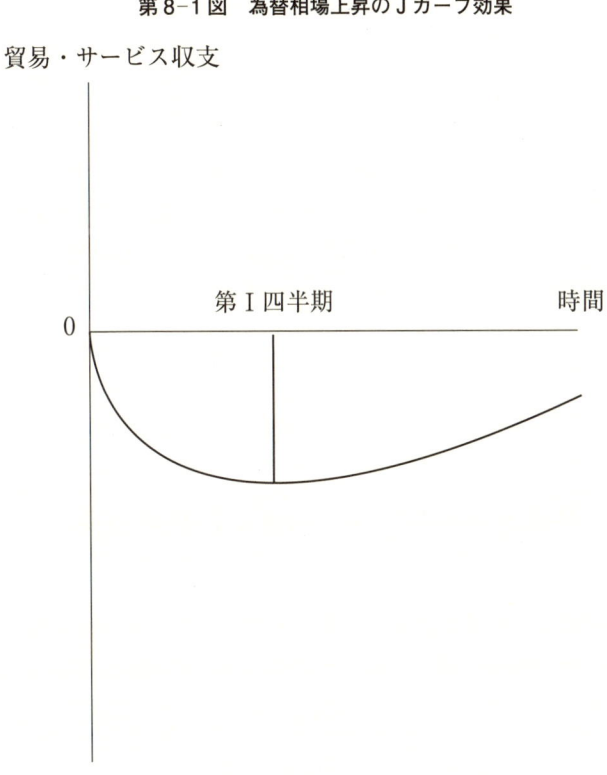

第8-1図　為替相場上昇のJカーブ効果

貿易・サービス収支

第Ⅰ四半期　　時間

　為替相場が下落しても輸出入量が短期的に変化しないことは、為替相場上昇のケースと同じである。しかしこのとき円建ての輸出物価と輸入物価は共に下落するので、輸出額と輸入額は減少する。ただし円建て契約の輸出品・輸入品の円建て価格は、当然のことながら為替相場変動の影響を受けないし、円建て契約は輸入におけるよりも輸出においてより多いので、円建て輸出物

価の下落率は円建て輸入物価の下落率より小さい。したがって、輸出額の減少率は輸入額の減少率より小さいので、貿易・サービス収支は短期的に改善する。これが為替相場下落の短期効果である。

　為替相場の下落傾向が四半期間継続していくと仮定すると、円建て輸出物価の下落率と円建て輸入物価の下落率も、上で指摘した格差を保ちつつ拡大していく。したがって、輸出入量不変の下でも貿易・サービス収支の改善は拡大していく。一方、時間がたつにつれ為替相場下落に対応した輸出入量の調整——輸出量の減少と輸入量の増加——が始まる。これは円建て輸出額を減らし、日本の輸入需要価格弾力性が弾力的であるという仮定の下では円建て輸入額を増やすから、貿易・サービス収支は悪化し始める。そしてこの悪化傾向は、先に述べた円建ての輸出物価と輸入物価の下落による貿易・サービス収支の改善傾向と、円高開始後ちょうど四半期たったあたりで拮抗し、それ以降は前者が後者を上回る。これを反映して、貿易・サービス収支の改善程度の拡大は四半期あたりで歯止めがかかり、これ以降縮小していく。したがって、貿易・サービス収支のグラフは原点を出発して上昇し、四半期後にピークに達し、それ以後下落していく。このグラフは、アルファベットのJを180度回転させて横倒しにした形に似ているから、為替相場下落の短期効果もJカーブ効果と呼ぶことができる。

第2節　外国為替相場下落（円高）の長期効果

　外国為替相場下落の長期効果は、商品・サービスの輸出額の減少、その輸入額の増加、対外直接投資の増加と対内直接投資の減少、交易条件の改善、の四つである。以下でこれらの効果を説明していこう。

1　商品・サービス輸出額の減少

　外国為替相場の変動が輸出に与える長期効果をみる場合には、輸出される商品及びサービスを、国際市場で価格支配力のないものとあるものとに分ける必要がある。

(1) 国際市場で価格支配力のない商品及びサービス

　この範疇に入る商品及びサービスは外国の輸入企業が価格決定権を持っているから、その輸出契約は外貨建てで行われることが多い。一旦決められた外貨建ての契約価格は、為替相場が変動しても変えられることはないから、為替相場が下落すると円建ての輸出価格は低下する。他の条件一定とすると、これにより輸出企業の利潤は低下し、その輸出意欲を減退させる。したがって、円高になるとこれらの商品・サービスの円建て輸出額は減少する。このグループに属する商品は、繊維品、化学製品、鉄鋼、電気製品、などである。

(2) 国際市場で価格支配力のある商品及びサービス

　これらの商品及びサービスでは、日本の輸出企業が国際市場で価格決定権を持っているから、その輸出契約は円建てで行われることが多い。為替相場が下落してもこれらの商品・サービスの円建て価格が変えられることはないから、その外貨建て価格が円高分だけ上昇する。そうすると外国の消費者はこれらの商品・サービスに対する需要を減らすので、それを反映して日本の輸出量が減少する。したがって、円高になるとこれらの商品・サービスの円建て輸出額も減少する。このグループに属する商品・サービスは、乗用車、工作機械、半導体等電子部品、海運、ホテル・旅館、などである。

　以上の考察から、国際市場で日本の輸出商品や輸出サービスが価格支配力を持つか持たないかに関係なく、円高はその円建て輸出額を減少させる、ということが結論できる。

　第8-2表は、1985年から88年に至る円高と1988年から89年に至る円安が、日本の商品・サービスの輸出入額に与えた影響を示している。表からわかるとおり、アメリカドル相場は、1985年から86年にかけて29.4%、1986年から87年にかけて14%、それぞれ下落している。これに対応して日本の商品・サービス輸出額も、1985-86年に17.6%、1986-87年に4.7%、それぞれ減少している。この事実は上の理論的予測と合致している。しかし、1987年から88年にかけてドル相場は11.3%下落したのに対して、日本の商品・サービス輸出額は3.5%増加している。この事実は理論的予測に反している。その原因は、世界経済の成長（1988年の成長率は4.6%で、これは1986年の成長率3.6%、87年の成長率3.9%より高い）による日本の輸出額の伸び（所得効果）が、円高による輸出額減少の効果（価格効果）を上回ったことにあ

る、と考えられる。

2 商品・サービス輸入額の増加

輸出される商品やサービスに比べると輸入される商品やサービスの品目は多いから、日本の輸入業者の買い手独占力は小さいと考えられる。したがって、輸入される商品・サービスの契約は外貨建てが多い。実際、2004年下半期において、商品輸入のうち外貨建ては76.2％であったのに対して、商品輸出は外貨建てが59.9％であった（日本貿易会編『日本貿易の現状 2005年版』）。一旦契約を結んだ外貨建て価格は為替レートの変動によって変えられることはないから、円高になると円建ての輸入価格は低下する。国内の消費者は価格が低下した外国産商品・サービスに対する需要を増やすから、それを反映してそれらの輸入量が増大する。日本の輸入需要価格弾力性が1より大きいと仮定すると、輸入量の増加率は円建て輸入価格の下落率を上回るので、輸入額は増加する。

第8-2表　円高あるいは円安が貿易と直接投資に与えた効果

年	1985	1986	1987	1988	1989
アメリカドル相場（円/ドル）	238.05	168.03	144.52	128.20	138.12
変化率　％		[-29.4]	[-14.0]	[-11.3]	[7.7]
商品・サービス輸出額（兆円）	46.75	38.51	36.70	37.97	42.96
変化率　％		[-17.6]	[-4.7]	[3.5]	[13.1]
商品・サービス輸入額（兆円）	38.52	27.56	28.86	32.43	39.61
変化率　％		[-28.5]	[4.7]	[12.4]	[22.1]
対外直接投資額（億ドル）	64.9	146.7	203.0	354.7	460.2
変化率　％		[126.0]	[38.4]	[74.7]	[29.8]
対内直接投資額（億ドル）	6.4	2.3	11.6	- 4.8	- 10.4
変化率　％		[-64.1]	[404.3]	[-141.4]	[-116.7]
交易条件（1995年＝100）	57.81	77.30	78.73	80.83	77.25
変化率　％		[33.7]	[1.8]	[2.7]	[-4.4]

（注）アメリカドル相場は各月中心相場の年間平均値。商品・サービスの輸出入額はfob価格。
　　 対内直接投資のマイナスは本邦債務の減少を示す。
　　（出所：アメリカドル相場：『経済統計年鑑1999』（東洋経済）。商品・サービス輸出額と輸入額：日本銀行。直接投資額：IMF International Financial Statistics Yearbook 2002。
　　交易条件：IMF International Financial Statistics Sept. 2003）

このような理論的予測が現実と適合しているかどうかを第8-2表を用いて検討してみると、1986-87年及び1987-88年において現実と予測が合致していることがわかる。すなわち、1986-87年にはドル相場が14%下落したのに応じて商品・サービス輸入額が4.7%増加し、1987-88年にはドル相場が11.3%下落したのに応じて商品・サービス輸入額が12.4%増加している。しかし1985-86年には、ドル相場が大幅に下落したのに商品・サービス輸入額も28.5%減少しており、予測どおりになっていない。これは、1986年に日本の景気が後退し（1985年の経済成長率5.0%に対して86年の経済成長率は2.6%）、それによる輸入減少（所得効果）が円高による輸入増加（価格効果）を上回ったためである、と考えられる。

　以上で学んできた円高の輸出減少効果と輸入増加効果が理論どおりに実現したとすると、変動為替相場制の貿易・サービス収支自動調整効果が成立する。このことを説明しよう。かりに、貿易・サービス収支が初期に黒字であったとすると、第7章で学んだように、外国為替の超過供給が発生し為替相場は下落する。この結果、上でみたとおり、商品・サービスの輸出額が減少しその輸入額が増加するから、貿易・サービス収支の黒字が減る。このメカニズムは貿易・サービス収支の黒字が存在する限り続くので、やがて黒字は解消し貿易・サービス収支は均衡する。初期に貿易・サービス収支が赤字である場合も、自由な変動相場制の働きによりその赤字は自動的に解消に向かうが、その詳しい説明は次節に譲ることにする。

3　対外直接投資の増加と対内直接投資の減少

　本節1で説明したように、円高になると日本の商品・サービスの輸出額が減少するが、これは、円高になると日本の商品・サービスの国際競争力が低下すること、を意味している。もし円高が長期に亘って続くと企業が予測するならば、この企業は輸出市場向け商品を国内生産から海外生産に切り替えようとするので、対外直接投資が増える。他方、日本国内へ直接投資をして商品やサービスを国内生産し販売を始めようとする外国企業は、円高になると輸入品との競争が激しくなって売れ行きが落ちるので、日本への投資を止めるかその額を減らす。場合によっては第8-2表にみられるように、日本国内の既存設備を廃棄して投下資金を本国に償還する。したがって、円高に

なると対内直接投資は減少する。そして対外直接投資の増加と対内直接投資の減少は、国内経済の空洞化を招く。

このような理論的予測が現実に適合しているかどうかを第8-2表でチェックすると、対外直接投資はかなりの程度適合していることがわかる。すなわち、1985-86年には急激な円高に対応するように対外直接投資は倍増のペースで増加している。1986-87年、1987-88年には増加ペースがそれより衰えているが、やはり対外直接投資が増加していることには変わりがない。しかし1988-89年には円安になったにもかかわらず対外直接投資は増加し続けているので、この動きは理論的予測と合致していない。これは、1989年の円安は一時的なものでその後にまた円高が続く、と企業が予測したためであろう。対内直接投資の現実の動きは、対外直接投資の場合ほど理論的予測と合致していない。すなわち、1985-86年及び1987-88年における対内直接投資の減少は理論的予測に合っているが、1986-87年に円高にもかかわらず対内直接投資が増加している動きと、1988-89年に円安になったにもかかわらず対内直接投資が減少している動きは、理論的予測と合致していない。

4　交易条件の有利化

外国為替相場が下落すると、日本の交易条件は有利化する。ここで交易条件（terms of trade）とは、1単位の商品の輸出と引き替えに輸入できる商品の量、である。これは輸入される商品で測った輸出される商品の相対価格に他ならないから、

$$交易条件 = \frac{輸出される商品の価格}{輸入される商品の価格}$$

と定義することもできる。例えば、鋼板50トンの日本からの輸出に対して原油が1千バーレル輸入できるものとすると、1トンの鋼板輸出に対して20バーレルの原油が輸入できるから、これがこのときの日本の交易条件になる。この値はまた原油で表した鋼板の相対価格でもあるから、交易条件とは輸入される商品で表した輸出される商品の相対価格ということもできる。

交易条件の値が大きくなることは、より少ない量の輸出で以前と同じ量の輸入ができるか、あるいは同じ量の輸出で以前より多い量の輸入ができるこ

とを意味する。したがって、一国の交易条件の値が大きくなることは、その国の対外取引条件が有利化することを意味する。現実には、輸出される商品も輸入される商品も多種類の商品で構成されているから、その交易条件は輸出物価と輸入物価の比で測られる。さらにある一時点を基準にした指数で測られるのが普通であるので、**一国の交易条件は**

$$交易条件指数 = \frac{輸出物価指数}{輸入物価指数} \qquad (8-1)$$

と定義される。

　外国為替相場が下落すると、上で述べたように、輸出される商品の円建て価格が下がり（輸出物価指数の低下）、輸入される商品の円建て価格も下がる（輸入物価指数の低下）。しかし輸出される商品のうちで価格支配力を持つグループでは円建て価格は不変であるから、輸出物価指数の下落率は輸入物価指数の下落率よりも小さいであろう。したがって、円高になると日本の交易条件は有利化する。すなわち、円高は日本の対外取引条件を有利にし、その実質国民所得を増加させる。

　第8-2表をみると、このような理論的予測が現実とぴったりと合致していることがわかる。すなわち、1985-86年にはドル安円高が29.4％進んだのに対して交易条件は33.7％上昇し、1986-87年、1987-88年には円高がそれぞれ14％、11.3％進展したのに対して交易条件もそれぞれ1.8％、2.7％と有利化している。

　しかし日本の政府や経済界では、円高を日本経済にとって好ましくない現象と見る意見が主流を占めているように思われる。実際はそのような意見が一方的な見方であることを示すために、円高による交易条件有利化のメリットを消費者と生産者について具体的に見ていくことにする。

　消費者は消費者物価の下落という形で円高メリットを受ける。すなわち、上で述べたように円高は輸入される消費財・サービス及原燃料の国内価格を下落させ、さらに輸入原燃料の価格低下は国内で生産される財やサービスの生産コストを引き下げその価格低下を促すからである。いうまでもなく、消費者物価の下落は消費者が持っている貨幣所得の購買力を高めることにより消費者にメリットを与える。

　生産者に対する円高の効果は複雑である。なぜなら円高は企業の売り上げ

を低下させるという形でデメリットになるが、他方、その生産コストを低下させるという形でメリットも与えるからである。売り上げの減少は次のようなメカニズムを通して起こる。一つは、上で述べたような輸出の減少によるものであり、もう一つは、安価になった外国産の商品・サービスとの競争が国内市場で激化して、国内での売り上げが減少するためである。生産コストの減少は次のようなメカニズムを通して起こる。その一は、上で述べたような輸入原燃料の円建て価格低下によるもの、その二は、輸入部品の円建て価格低下によるもの、その三は、これらの輸入品を利用して生産される国産の中間財や電気・ガスの価格低下によるものである。

　以上で見てきた円高による売上高の減少と生産コストの低下により、企業利潤は次のような影響を受けるであろう。①売上高に占める輸出の比率が低く、生産コストに占める輸入原燃料コストの比率が高い企業の利潤は、円高により増える。食品、繊維、石油、石油化学、電気・ガス、がこのケースに当てはまる。②売上高に占める輸出の比率が高いが生産コストに占める輸入原燃料コストの比率も高い企業では、円高はその利潤に大きな影響を与えない。このグループに含まれる業種として鉄鋼、海運が考えられる。あるいはまた、売上高に占める輸出の比率と生産コストに占める輸入原燃料コストの比率が共に低い企業でも、円高はその利潤に大きな影響を与えない。金融、サービスがこれに当てはまるであろう。③売上高に占める輸出の比率が高く生産コストに占める輸入原燃料コストの比率が低い企業では、円高によりその利潤は減少する。このグループには自動車、電気機器、工作機械、ホテル・旅館が含まれる。

　以上で考えてきたような消費者の円高メリット、企業の円高メリットあるいはデメリットを総合した指標が交易条件である。上で学んだように、円高は日本の交易条件を有利化するので、輸出企業が受ける円高デメリットよりも消費者及び輸出比率の低い企業が受ける円高メリットの方が大きいと判断することができる。日本の通貨当局が円高局面で外国為替市場に買い介入をして円高の進行を阻止しようと努めるのは、上記③の企業、すなわち自動車、電気機器、工作機械を生産し輸出している企業、が不利になるのを避けるためである、としか言いようがない。

第3節　外国為替相場上昇(円安)の長期効果

外国為替相場上昇の長期効果は、前節で考えた為替相場下落の長期効果とちょうど逆向きの効果になる。すなわちそれらは、**商品・サービスの輸出額の増加と輸入額の減少、対外直接投資の減少と対内直接投資の増加、交易条件の悪化、**の四つである。以下でこれらの効果を簡単に説明していこう。

1　商品・サービス輸出額の増加

(1) 国際市場で価格支配力のない商品及びサービス

このグループに入る商品及びサービス、すなわち、繊維品、化学製品、鉄鋼、電気製品などの輸出契約は外貨建てで行われることが多く、しかも一旦決められた契約価格は為替相場が変動しても変えられることはないから、為替相場が上昇すると円建ての輸出価格は上昇する。他の条件一定とすると、これにより輸出企業の利潤は増加するので、輸出量も増える。したがって、円安になるとこのグループの商品・サービスの円建て輸出額は増加する。

(2) 国際市場で価格支配力のある商品及びサービス

このグループに属する商品及びサービス、すなわち、乗用車、工作機械、半導体等電子部品、海運、ホテル・旅館などの輸出契約は円建てで行われることが多く、しかも一旦決められた契約価格は為替相場が変動しても変えられることはない。したがって、為替相場が上昇すると外貨建ての輸出価格は下落する。外国の消費者は安価になった日本産の商品・サービスに対する需要を増やすから、それを反映して日本の輸出量が増加する。これらの商品・サービスに対する外国の輸入需要価格弾力性が弾力的であると仮定すると、外貨建て価格の下落率よりも輸出量の増加率の方が大きいので、円建て輸出額は増加する。以上 (1) (2) の考察から、国際市場で日本の輸出品や輸出サービスが価格支配力を持つか持たないかに関係なく、円安はその円建て輸出額を増加させる、ということがいえる。

上で示した第8-2表において、1988-89年にはアメリカドル相場が7.7%

上昇している。このとき日本の商品・サービス輸出額は13.1％増加しているから、以上で述べてきた理論的予測は現実に合致していた、ということができる。

2　商品・サービス輸入額の減少

　輸入される商品・サービスの契約は外貨建てで行われることが多く、しかも一旦契約を結んだ価格は為替相場の変動によって変えられることがないから、円安になると円建ての輸入価格は上昇する。そうすると国内の消費者は高価になった外国産の商品・サービスに対する需要を減らすから、それを反映してそれらの輸入量は減少する。日本の輸入需要価格弾力性が弾力的であると仮定すると、輸入量の減少率は輸入価格の上昇率を上回るから、輸入額が減少する。第8-2表において、先に述べたとおり、1988-89年にアメリカドル相場は上昇したが、これと同時に日本の商品・サービス輸入額は増加している。したがってこのときは、理論的予測が現実と合致していない。その理由は、1989年の日本経済が好況であったために、所得効果による輸入増加が為替レート上昇の価格効果による輸入減少を上回ったためである、と考えられる。

　円高のケースと同様に円安のケースでも、その輸出増加効果と輸入減少効果が理論どおりに実現するものと仮定すると、変動為替相場制の貿易・サービス収支自動調整効果が成立する。このことを以下で説明しよう。貿易・サービス収支が初期に赤字であったとすると、第7章で学んだように、外国為替の超過需要が発生し為替相場は上昇する。この結果、上でみたとおり、商品・サービスの輸出額が増加しその輸入額が減少するので、貿易・サービス収支の赤字は減る。このメカニズムは貿易・サービス収支の赤字が存在する限り続くから、やがて赤字は解消し貿易・サービス収支は均衡する。以上で述べてきたことと前節2で述べたことを併せて考えると、為替相場が上昇する場合でも下落する場合でも、変動相場制の貿易・サービス収支自動調整効果が成立する、といえる。

3　対外直接投資の増加と対内直接投資の減少

　本節2で説明したように、円安になると日本の商品・サービスの輸出額が増加するが、これは、円安になると日本の商品・サービスの国際競争力が増大すること、を意味している。もし円安が長期に亘って続くと企業が予測するならば、この企業は輸出市場向け商品を海外生産から国内生産に切り替えようとするし、場合によっては、海外の既存設備を廃棄して投下資金を日本に償還するので、対外直接投資は減少する。他方、円安になると外国の商品・サービスの輸入額が減少するが、これは輸入品の国際競争力が低下することを意味しているので、外国企業は商品・サービスを輸出する代わりに日本国内で生産・販売しようとして対日直接投資を増やす。したがって、円安になると対内直接投資が増加する。そして対外直接投資の減少と対内直接投資の増加は、国内経済を活発にする。

4　交易条件の不利化

　外国為替相場が上昇すると、日本の交易条件は不利化する。上の二つのセクションで学んだとおり、円安になると輸出される商品の円建て価格が上がり（輸出物価指数の上昇）、輸入される商品の円建て価格も上がる（輸入物価指数の上昇）。しかし輸出される商品のうち国際市場で価格支配力を持つグループでは円建て価格は不変であるので、輸出物価指数の上昇率は輸入物価指数の上昇率よりも小さい。したがって、円安になると日本の交易条件は不利化する。すなわち、円安は日本の対外取引条件を不利化し、その実質国民所得を減少させる。第8-2表において、1988-89年にアメリカドル相場が7.7％上昇しているが、これに対応して交易条件は4.4％不利化している。したがって、理論的予測は現実と合致していたといえる。

　円安による交易条件不利化のデメリットを具体的にみると次のようになる。消費者は消費者物価の上昇という形で円安デメリットを受ける。すなわち、円安は輸入される消費財・サービス及び原燃料の国内価格を上昇させ、さらに輸入原燃料の価格上昇は国内で生産される財・サービスの生産コストを引き上げその価格上昇を促すからである。企業が受ける影響は、円高の場

合と同様、さまざまである。①食品、繊維、石油、石油化学、電気・ガスを生産している企業では、売上高に占める輸出の比率が低く生産コストに占める輸入原燃料コストの比率が高いので、その利潤は円安により減少する。②鉄鋼、海運では、売上高に占める輸出の比率も生産コストに占める輸入原燃料コストの比率も高いので、企業の利潤は円安によりあまり影響を受けない。また、金融、サービスでは、売上高に占める輸出比率と生産コストに占める輸入原燃料コスト比率が共に低いので、ここでも企業利潤は円安により影響を受けない。③自動車、電気機器、工作機械、ホテル・旅館では、売上高に占める輸出比率が高く生産コストに占める輸入原燃料コストの比率が低いので、円安により企業利潤が増加する。

以上でみてきたように、一部の企業では円安により利潤の増大というメリットを受けるが、消費者のデメリット及び利潤を減らす企業のデメリットを併せ考えると、円安は日本国民全体に不利益をもたらす。これが円安による日本の交易条件不利化が意味していることである。

重要な専門用語

Jカーブ効果　　交易条件　　円高の長期効果　　円安の長期効果

問　題

【1】 本文にあるように、初期において、鉄鋼50トンの輸出に対して原油の輸入が1千バーレル可能であったとする。もし原油価格が2倍になったとすると、原油で測った日本の交易条件はどうなるか。交易条件の値を求め、その理由を説明せよ。

【2】 本文に、円高になると海外旅行が手頃な料金（すなわち、安い料金）で行ける、とあるがそれはなぜか。説明せよ。

参考文献

石井一生『日本の貿易 55 年』ジェトロ（日本貿易振興会）、2000 年。
　　1980 年代における日本と世界の経済成長、貿易、直接投資に関する変遷が、第五章で詳しく述べられている。
通商産業省編『通商白書平成 9 年版』大蔵省印刷局、1997 年。
　　第 1 章第 3 節 2-(2) で、1995 年以降の円安による J カーブ効果の実証分析が行われている。

第 II 部

国際貿易の基礎

第9章 日本の商品・サービス貿易

　第Ⅱ部のテーマは商品及びサービスの国際貿易である。これについて貿易理論が伝統的に取り上げている問題は、各国の貿易構造がどのような要因によって決定されるかを解明する貿易構造決定の問題、貿易をすれば利益があることを示す貿易利益論証の問題、貿易が一国の生産構造や所得分配をどのように変えるかを分析する貿易効果の問題、そして自由貿易の意義を解明する国際市場と価格決定の問題、の四つである。そこでこの第2部ではこれらの問題を順次取り上げ、体系的にわかり易く説明していくことにする。

　この第9章では、国際貿易を体系的・理論的に考えるための準備として、近年における日本の商品・サービス貿易の実態をみていくことにする。まず商品貿易について、その輸出と輸入の商品構成と地域構成をそれぞれ調べ、次いで、サービス貿易について輸出構造と輸入構造をみていくことにする。

第1節　輸出の商品構成と地域構成

　最初に日本の輸出商品構成を調べよう。第9-1表には通関輸出(主要港や国際空港にある税関を通過した輸出額)の総額と品目構成が、1985年以降5年ごとの変遷を辿る形で示されている。これによると、日本の商品輸出の総額は1985年から1990年代前半は41兆円前後の水準で停滞していたが(前章の第8-2表には、1985-89年の貿易・サービス輸出額の推移が示されている)、1990年代後半に50兆円台に乗せそれ以降再び増加傾向にある。商品輸出の中で一番多い品目は、自動車・同部品を中心とする輸送用機

器（1985年、1990年）、あるいは半導体等電子部品・映像機器などで構成されている電気機器（1995年、2000年及び2004年）であり、次いで事務用機器・電動機などから成る一般機械が来る（1995年と2000年には二番目に多く、1985年、1990年及び2004年には三番目に多い）。これら三つの商品グループに精密機器を加えた4グループを機械機器という項目でまとめると、機械機器は高度な知識と技術を集約的に用いた加工型工業品ということができるであろう。表からわかるとおり、機械機器は日本の商品輸出の75％近くを占めている。残りの25％は、人造プラスチック・有機化合物などで構成されている化学製品、鉄鋼を中心とする金属及び同製品などの素材型工業品が占めているので、日本の商品輸出は100％工業品である、ということができる。

より細かく輸出品目をみていくと、乗用車を中心とする自動車・同部品の輸出が最も多く、ほぼ常に輸出全体の20％を占めている。二番目に多い品目は、1995年以降半導体等電子部品であるが、1985年には鉄鋼が、1990年には事務用機器が、それぞれ二番目に大きいシェアを持っていた。鉄鋼は1975年には総輸出の18.2％という高いシェアを占めていたが、それ以降輸出シェアを低下させている。繊維及び同製品も輸出シェアを持続的に減らしている。ちなみに、このグループの商品は、1950年代に日本最大の輸出品グループとして、35-40％のシェアを占めていた。

第9-2表は通関輸出の地域構成の推移を、1985年以降5年毎に示している。これによると、1995年以降日本商品の最大の市場はアジアであり、現在そのシェアは50％に近づいている。次に大きな市場は北米とヨーロッパであり、現在そのシェアはそれぞれ24％と17％である。1990年までは北米が最大の輸出市場でアジアは二番手であったが、それ以降はいま述べたように順位が逆転している。北米、ヨーロッパ、アジアNIEs（韓国、台湾、香港、シンガポール）を先進国市場と呼ぶことにすると、日本商品は1985-2004年の間、先進国市場に約七割、発展途上国市場に約三割の比率で輸出されていたことがわかる。天然資源輸出地域である大洋州と中東向けの輸出は、日本経済が停滞していた1990年代にはそのシェアを下げたが、日本経済再生の芽が出始めた2004年には少し回復してきている。

商品輸出の国別構成をみると、近年その比重を下げているとはいえアメリカが最大の輸出市場であり、今なお日本商品輸出の約20％を受け入れている。

第9-1表 日本の輸出商品構成

(%)

	1985	1990	1995	2000	2004
通関輸出総額（億円）	419,557	414,569	415,309	516,542	611,820
	100.0	100.0	100.0	100.0	100.0
食料品	0.7	0.6	0.5	0.4	0.5
繊維及び同製品	3.6	2.5	2.0	1.8	1.5
化学製品	4.4	5.5	6.8	7.4	8.5
金属及び同製品	10.5	6.8	6.5	5.5	6.6
鉄鋼	7.7	4.4	4.0	3.1	4.1
一般機械	16.8	22.1	24.1	21.5	20.6
事務用機器	4.4	7.2	7.0	6.0	4.3
電気機器	16.9	23.0	25.6	26.5	23.5
半導体等電子部品	2.7	4.7	9.2	8.9	7.2
映像・音響機器	3.0	6.9	3.6	3.4	3.4
輸送用機器	28.0	25.0	20.3	21.0	23.1
自動車	19.6	17.8	12.0	13.4	15.1
同部品	3.0	3.8	4.3	3.6	4.2
精密機器	4.9	4.8	4.7	5.4	4.2
その他	9.0	9.6	9.5	10.6	10.3

(出所:『経済統計年鑑2001』（東洋経済）。『日本貿易の現状2005年版』（日本貿易会）。財務省ホームページ）

第9-2表 日本の商品輸出地域別構成

(%)

地域（国）名	1985	1990	1995	2000	2004
アジア	26.3	31.1	43.5	41.1	48.4
中国	7.1	2.1	5.0	6.3	13.1
韓国	4.0	6.1	7.0	6.4	7.8
台湾	2.9	5.4	6.5	7.5	7.4
香港	3.7	4.6	6.3	5.7	6.3
（アジアNIEs）	12.8	19.7	25.0	23.9	24.7
大洋州	4.0	3.1	2.4	2.1	2.6
北米	39.7	33.8	28.6	31.3	23.8
米国	37.1	31.5	27.3	29.7	22.4
中南米	4.8	3.6	4.4	4.4	3.8
ヨーロッパ	16.3	23.3	17.4	17.9	17.4
ドイツ	3.9	6.2	4.6	4.2	3.4
英国	2.7	3.8	3.2	3.1	2.7
中東	6.2	3.0	2.0	2.0	2.6
アフリカ	2.7	2.0	1.7	1.1	1.2
	100.0	100.0	100.0	100.0	100.0

(出所:『日本貿易の現状2005年版』（日本貿易会）。財務省ホームページ）

二番目に大きな輸出市場は中国であり、2000年代になって市場規模の拡大が著しい。三番目に大きな輸出市場は韓国、台湾、香港などの近隣諸国であり、これらの国々の市場規模も拡大しつつある。次いでドイツ、イギリスへの輸出シェアが高い。ただしこれらの輸出市場は停滞気味である。

第2節　輸入の商品構成と地域構成

第9-3表　日本の輸入商品構成

(%)

	1985	1990	1995	2000	2004
通関輸入総額（億円）	310,849	338,552	315,488	409,384	491,770
	100.0	100.0	100.0	100.0	100.0
食料品	12.0	13.4	15.2	13.0	10.8
原料品	13.9	12.1	9.8	6.9	6.2
鉱物性燃料	43.1	24.2	15.9	21.8	21.7
製品類	31.0	50.3	59.1	61.1	61.3
化学製品	6.2	6.9	7.3	7.5	7.8
繊維製品	3.0	5.5	7.3	6.9	6.0
金属及び同製品	4.7	6.9	5.9	5.1	5.1
機械機器	9.6	17.4	25.3	33.9	31.3
事務用機器	1.2	2.2	4.7	7.6	5.9
半導体等電子部品	0.8	1.4	3.6	5.6	4.6
自動車	0.4	2.7	3.0	2.0	1.8
科学光学機器	1.7	1.2	1.5	3.0	2.5
その他	7.5	13.6	13.3	7.7	10.0

(出所：第9-1表と同じ)

日本の通関輸入の総額と品目構成の推移が第9-3表に示されている。日本の商品輸入総額は1985年から1990年代前半にかけて31兆円前後の水準で停滞していたが（第8-2表に1985-89年の貿易・サービス輸入額の推移が示されている）、1990年代後半以降は40兆円台に乗せて再び増加している。常識的に考えると日本は天然資源稀少国であるので、天然資源の輸入比率が高いように思われるが、商品輸入構成をみると実際はそうでない。具体的に

みると、天然資源（鉱物性燃料・原料品・食料品）の輸入比率は約40％で、製品類（機械機器・化学製品・繊維製品・金属及び同製品など）の輸入比率の方が60％と高い。しかも製品輸入比率を1985年と2004年で比較するとすぐにわかるとおり、この比率は20年足らずの間に2倍に上昇している。1980年代及び90年代前半日本とアメリカ及びEU諸国との間で貿易摩擦が激しかったころは、この製品輸入比率が、例えば1985年の31％のように、低いことが日本の市場閉鎖性の象徴として問題視された。しかしこの比率が上昇して60％近くになるにつれて、そのような議論は聞かれなくなった。

製品輸入の中では機械機器の輸入が拡大している。その輸入シェアは1985年の10％足らずから2004年の31.3％へと約3倍に拡大している。天然資源輸入の中では原油を中心とする鉱物性燃料のシェアが高く、ほとんど常に20％を超えている。このグループの輸入の増減は原油価格の変動に左右されるところが大きいが、その輸入シェアは近年安定している。

一国が同一産業内の製品を輸出すると同時に輸入も行う産業内貿易（第15章参照）が最近注目を集めている。そこでこの観点から日本の商品輸入を眺めると、次のようなことがいえる。①自動車の輸入シェアが5％未満と低く、15％前後はあるその輸出シェアと比べて著しく小さい。貿易収支黒字国である日本では輸出総額の方が輸入総額より大きいから、このことは自動車貿易が輸出偏重型であり産業内貿易の比重が小さいことを意味している。②事務用機器や半導体等電子部品においては産業内貿易の比重が高い。なぜなら近年、事務用機器及び半導体等電子部品の輸出シェアが、それぞれ4〜7％及び8％前後に対して、輸入シェアがそれぞれ6〜7％及び5％前後と輸出シェアに遜色なく高いからである。③商品グループの中では化学製品において産業内貿易の比重が高い。なぜならこのグループの輸出シェアが4〜8％であるのに対して、輸入シェアも6〜7％と高いからである。言うまでもなく、日本では天然資源の産業内貿易は少ない。食料品貿易はその輸出シェアが常に1％未満であるのに対して、輸入シェアは10％を超えている圧倒的な輸入偏重型であり、原料品と鉱物性燃料の貿易は輸出が0で輸入のみの輸入特化型である。

第9-4表には、通関輸入地域別構成の変遷が1985-2004年に亘って5年毎に示されている。日本の地域別輸入シェアは、アジア、北米、ヨーロッパ、中東の順に大きい。しかもアジアのシェアは恒常的に拡大しており、2004

年には45％に達している。これに対して、北米のシェアは恒常的に縮小しており、2004年には20％を切るところまで落ち込んでいる。ヨーロッパのシェアは15％余りの所で上下し、中東のシェアは13％近辺で上下している。商品輸入の国別構成をみると、2004年には中国（20.7％）、アメリカ（13.7％）、韓国（4.8％）、インドネシア及びサウジアラビア（それぞれ4.1％）の順にシェアが高い。2000年までは、アメリカが20％前後のシェアを持つ最大の対日輸入品送り出し国で、中国は第二位であったが、2002年以来その順位が逆転している。

第9-4表　日本の商品輸入地域別構成

(％)

地域（国）名	1985	1990	1995	2000	2004
アジア	28.5	28.7	36.7	41.7	45.2
中国	5.0	5.1	10.7	14.5	20.7
韓国	3.1	5.0	5.1	5.4	4.8
台湾	2.6	3.6	4.3	4.7	3.7
インドネシア	7.8	5.4	4.2	4.3	4.1
大洋州	6.8	6.3	5.5	4.7	5.0
北米	23.7	26.1	25.7	21.3	15.6
アメリカ	20.0	22.4	22.4	19.0	13.7
中南米	4.8	4.2	3.5	2.9	3.0
ヨーロッパ	10.8	19.9	17.9	15.1	15.6
ドイツ	2.3	4.9	4.1	3.4	3.8
中東	22.6	13.1	9.4	13.0	13.8
アラブ首長国連邦	6.8	3.8	3.0	3.9	4.0
サウジアラビア	8.0	4.4	2.9	3.7	4.1
アフリカ	2.7	1.7	1.4	1.3	1.9
	100.0	100.0	100.0	100.0	100.0

（出所：第9-2表と同じ）

第9-2表で示した日本の商品輸出地域別構成と第9-4表の商品輸入地域別構成を比べると、各地域が日本から見て輸出超過であるか輸入超過であるかがわかる。日本が貿易収支黒字国であることを勘案すると、1985-2004年の期間、輸出シェアが輸入シェアより大きいか等しいアジア、北米、ヨーロッ

パ、中南米は、この全期間に亘って日本の輸出超過地域である。逆に、輸入シェアが輸出シェアより大きい中東、大洋州、アフリカは、その輸入シェア／輸出シェア比率が輸出総額／輸入総額比率より大きいか小さいかに応じて、輸入超過地域か輸出超過地域になる。なぜなら、ある地域の輸入シェア／輸出シェア比率は、その地域の輸入額／輸出額比率に輸出総額／輸入総額比率を掛けたものに分解できるからである。輸出総額／輸入総額比率は1985年で1.35、2004年で1.24であった。中東の輸入シェアは、それが低下した1995年でも輸出シェアの4.7倍あるから、明らかに中東は全期間に亘って日本の輸入超過地域である。大洋州の輸入シェア／輸出シェア比率は1.7～1.9の間にあるから、この地域もやはり日本の輸入超過地域である。アフリカは年によって輸出超過地域になったり輸入超過地域になったりしている。2004年はその輸入シェア／輸出シェア比率が1.6であるので、このときは日本から見て輸入超過地域になっている。

第3節　サービスの輸出構成と輸入構成

日本の国際収支記載方式が改訂された1996年以降（第2章参照）、サービス貿易の輸出構成がどのように変わったかを、2004年までについて示したのが第9-5表であり、同じ期間に輸入構成がどのように変わったかを示したのが第9-6表である。まず、サービス輸出の変遷からみていきたい。第9-5表によると、サービス輸出総額は7.4兆円から10.6兆円へと、多少の変動を伴いながら増加している。サービス輸出の主要な構成項目は輸送（シェアは約35％。そのうち海上輸送が2/3、航空輸送が残りの1/3を占める）、「その他サービス」の中の特許等使用料（シェアは約15％）、「その他営利業務」の中の一項目である仲介貿易・その他貿易関連（シェアは約12％）、旅行（シェアは約12％）の四項目であり、これらで全体の75％程度を占めている。このうち旅行がシェアを6％から11.6％へ、特許等使用料が10％未満から16.1％へ、仲介貿易・その他貿易関連が8.3％から12.0％へ、それぞれ著しく増加させている。輸送のシェアは31.9％から32.9％へとほぼ横ばいである。

第9-5表　日本のサービス輸出構成

(%)

	1996	1998	2000	2002	2004
輸出総額（億円）	73,657	81,647	74,622	82,353	105,552
	100.0	100.0	100.0	100.0	100.0
輸送	31.9	34.1	37.0	36.5	32.9
海上輸送	21.3	22.8	24.3	24.5	22.7
旅行	6.0	6.0	4.9	5.3	11.6
その他サービス	62.1	59.9	58.1	58.2	55.5
通信	2.0	1.9	1.2	1.1	0.5
建設	8.8	2.4	8.4	7.0	7.0
金融	4.2	2.6	4.1	4.8	4.5
情報	1.8	2.1	2.3	1.7	1.0
特許等使用料	9.9	11.8	14.8	15.9	16.1
その他営利業務	32.5	27.3	25.6	26.5	22.4
仲介貿易・その他貿易関連	8.3	10.5	11.1	12.6	12.0
オペレーショナルリース	2.4	1.6	1.0	1.4	1.1
その他業務・専門技術サービス	21.7	15.3	13.5	12.4	9.3
公的その他サービス	2.0	1.0	1.4	1.2	2.7

(出所：『国際収支統計月報』（日本銀行国際局））

　日本のサービス輸入における1996-2004年間の推移が第9-6表に示されている。それによると、サービス輸入総額は1996年に14.1兆円であったが、それ以降順調に増加しているわけではなく、2000年、2002年には1996年の水準より減少し、2004年にやっと1998年の水準にまで回復している。上述したサービス輸出総額と比べるとすぐにわかるとおり、日本のサービス収支は支払い超過であるが、サービス輸出が順調に伸びているのに対してサービス輸入が停滞しているため、赤字幅は縮小気味である（第2-6表に1995-2004年に亘るサービス収支の推移が示されている）。

　サービス輸入の主要な構成項目は輸送（シェアは約30％。そのうち海上輸送が、輸出の場合と同様、2/3を占める）、旅行（シェアは約25％）、「その他営利業務」の一項目であるその他業務・専門技術サービス（シェアは約15％）、「その他サービス」の中の特許等使用料（シェアは約10％）の四項目であり、これらで全体の約80％を占めている。このうち特許等使用料が

第9-6表　日本のサービス輸入構成

(%)

	1996	1998	2000	2002	2004
輸入総額（億円）	141,449	146,192	125,958	134,996	146,567
	100.0	100.0	100.0	100.0	100.0
輸送	25.8	25.4	30.0	29.2	31.5
海上輸送	16.4	17.7	18.0	18.8	21.6
旅行	28.5	25.7	27.3	24.6	28.2
その他サービス	45.6	48.8	42.7	46.2	40.3
通信	1.4	1.4	1.0	0.8	0.5
建設	3.7	4.9	3.4	3.3	3.5
保険	1.5	2.1	1.7	3.0	2.5
金融	2.3	1.9	1.6	1.5	2.0
情報	1.9	3.2	2.6	2.0	1.6
特許等使用料	7.6	8.0	9.4	10.2	10.1
その他営利業務	25.4	25.1	20.8	22.9	18.2
仲介貿易・その他貿易関連	6.8	7.3	5.4	5.7	4.2
その他業務・専門技術サービス	17.1	17.0	15.1	17.1	13.8
文化・興行	0.9	1.1	1.1	1.1	0.8
公的その他サービス	1.0	1.0	1.0	1.2	1.1

(出所：第9-5表と同じ)

7.6％から10.1％へ、輸送が25.8％から31.5％へと、それぞれ大きくシェアを伸ばしている。これに対して、その他業務・専門技術サービスのシェアは17％から14％へ減少しており、旅行も近年シェアを下げていたが2004年には1996年の水準にまで回復してきている。2002年の旅行支払いの減少と保険支払いの増加は、前年9月にニューヨーク市で起きた同時テロ事件の影響によるものと思われる。

　第9-5表で示した日本のサービス輸出構成と第9-6表のサービス輸入構成とを比較すると、各構成項目が輸出超過であるか輸入超過であるかがわかる。日本が1996-2004年の全期間に亘ってサービス収支赤字国であったことを考慮に入れると、この期間に輸入シェアが輸出シェアを常に上回っていた旅行、その他業務・専門技術サービスは輸入超過項目であったことがすぐにわかる。逆に、輸入シェアが輸出シェアより小さい項目は、その輸出シェ

ア／輸入シェア比率がサービスの輸入総額／輸出総額比率より大きいか小さいかに応じて、輸出超過項目か輸入超過項目になる。サービスの輸入総額／輸出総額比率は1985年で1.92、2004年で1.39であった。主要なサービス項目の中で輸送、特許等使用料、仲介貿易・その他貿易関連では、1996-2004年の全期間に亘って輸出シェアが輸入シェアを上回っていた。しかしそれらの輸出シェア／輸入シェア比率を計算すると、仲介貿易・その他貿易関連、特許等使用料が2004年に輸出超過になっているが、(その輸出シェア／輸入シェア比率は前者が2.9後者が1.6) 輸送は輸入超過になっている (その輸出シェア／輸入シェア比率は1.04)。

重要な専門用語

日本の商品輸出品目構成　　日本の商品輸入品目構成　　日本の商品輸出地域構成
日本の商品輸入地域構成　　日本のサービス輸出構成　　日本のサービス輸入構成

問　題

【1】　日本の輸出商品グループの中で、1985-2004年の間にシェアを最も増やしたグループとシェアを最も減らしたグループを計算して示せ。

【2】　日本の輸出地域の中で、1985-2004年の間にシェアを最も増やした地域とシェアを最も減らした地域を計算して示せ。

【3】　中国は日本にとって輸出超過国であるか輸入超過国であるか、第9-1表～第9-4表に基づいて判断せよ。

参考文献

週刊東洋経済臨時増刊『経済統計年鑑 2001 年版』東洋経済新報社、2001 年。
　　日本の主要商品通関輸出額、同輸入額、地域別・国別の通関輸出入額、に関する 1981-2000 年 20 年間の年次データが得られる。
日本貿易会月報臨時増刊『日本貿易の現状 2003 年版』日本貿易会、2003 年。
　　日本の商品別輸出構成比、同輸入構成比、地域別輸出構成比、同輸入構成比、に関する 1985-2002 年に亘る 5 年毎のデータが得られる。
日本銀行国際局『国際収支統計月報』ときわ総合サービス株式会社出版部。
　　発行年より前 5 年間のサービス収支年次データ、発行年月より前 3 年間の同月次データが得られる。
小浜裕久・渡辺真知子『戦後日本の経済発展と構造変化』②、経済セミナー、1995 年 5 月号。
　　1953-93 年に亘る日本の商品輸出構造の変化が、統計資料に基づいて詳しく述べられている。

第10章

貿易構造の決定 (1)
―― リカードーの比較生産費説

　前章の説明で日本の輸出商品構成と輸入商品構成がわかった。それによると、日本の輸出品の75％が加工型工業製品、残りの25％が素材型工業製品であり、日本の輸入品の40％が天然資源、残りの60％が工業製品であった。日本以外の世界の国々をまとめて外国と呼ぶことにすると、外国は日本と逆の貿易パターンを持つことになる。このように日本という一国のみを取り上げても、国によって貿易構造が著しく異なることがわかる。貿易理論の第一の任務は、そのような貿易構造がどのような要因によって決定されるのか、を明らかにすることである。この問題に対して貿易理論はこれまでに次の三つの解答を用意してきた。それらは、リカードーが比較生産費説によって解明した生産技術の国際間格差、ヘクシャー・オリーンが生産要素賦存説によって解明した資源賦存の国際間相違、クルグマンが産業内貿易論によって解明した規模の経済、である。

　この第Ⅱ部ではこれらの貿易構造決定理論を順番に取り上げていくが、まずリカードーの比較生産費説から始めていくことにする。以下ではリカードー貿易理論の枠組みを紹介し、次いで生産技術の絶対優位と比較優位について説明する。そして最後に貿易構造が絶対優位ではなく比較優位によって決まる、というリカードーの結論を明らかにする。

第1節　リカードー・モデル

　比較生産費説は19世紀イギリスの経済学者デービット・リカードーが、1817年に出版した著書「経済学及び課税の原理」の第7章において展開した優れた理論である。というのも、約190年たった現在でもその有効性が少しも衰えていないからである。

　経済社会はさまざまな構成要素から成り立ってる複雑な社会であるから、一つの経済現象でもいろいろな要因の影響を受けていると考えられる。したがって、商品の輸出・輸入とその決定要因との間の因果関係を明確に知るためには、現実の経済社会を構成している諸要素の中から、基本的に重要なもののみを取り出して議論する必要があるであろう。一つの経済から基本的要素のみを取り出して構成したものを経済モデルと呼ぶと、この経済モデルを用いて一つの経済や経済現象を分析するのがモデル分析である。リカードーも簡単な経済モデルを打ち建ててモデル分析を行っているので、彼の比較生産費説を理解するためには、まずそのリカードー・モデルを学ぶ必要がある。

　リカードー・モデルでは、一国経済及び国際経済は次の六つの条件から構成されている。そこでそれらの条件を順次紹介し、その経済的意義を説明していくことにする。

1　2財1生産要素

　各国には工業品（Xという記号で示す）と農産物（Mという記号で示す）という二財が存在し、それぞれ労働（Lという記号で示す）で生産される。リカードーのオリジナル・モデルでは、工業品はラシャ、農産物はブドウ酒と呼ばれていた。

　この条件が財に関して意味するところは、世界には工業品と農産物という二財しか存在しない、ということである。したがって、例えば貨幣としての金も存在しないので、各国経済は物々交換経済である。価値貯蔵手段である貨幣が存在しないので、この経済には貯蓄や投資も存在しない。物々交換経済は現代経済のような貨幣経済に比べると非能率的であるが、生産、消費、そして分業という経済社会の本質的要素は備えているので、経済の本質を分

析するにはこれで十分であろう。

　上の条件が生産要素に関して意味するところは、世界には一種類の労働しか存在しない、ということである。現実には、工業における熟練労働、農業における熟練労働、そして未熟練労働というように異なる種類の労働が存在するが、リカードー・モデルでは単純化のために、労働は一種類しか存在せず工業品生産にも農産物生産にも従事できる、と考える。また、労働以外の生産要素として、通常、資本と土地が考えられるが、リカードー・モデルでは、これらの生産要素は労働とある一定の割合で結合されているものと考える。したがって、労働をその代表として取り上げれば他の生産要素は無視することができる。

2　固定投入係数

　各財の生産量は投下労働量に比例する。

　この条件はそれぞれの財の生産技術を規定している。財1単位を生産するのに必要な労働量を労働投入係数と呼ぶが、各財の生産技術は定数の労働投入係数によって示される。工業品の単位をメートルで表し、農産物の単位をリットルで表すことにしよう。リカードーにならい、工業品の労働投入係数を100ph（a_{LX}という記号で示す。phはperson-hourの略で、1人の労働者が1時間働いたときの労働量を示す）、農産物の労働投入係数を120ph（a_{LM}という記号で示す）とする。工業品の生産量をY_Xという記号で、農産物の生産量をY_Mという記号でそれぞれ示し、工業品をY_Xメートル生産するのに必要な労働量をL_Xという記号で、農産物をY_Mリットル生産するのに必要な労働量をL_Mという記号で、それぞれ示すことにする。そうすると、定義により労働投入係数は

$$a_{LX} = L_X/Y_X \qquad a_{LM} = L_M/Y_M \qquad (10\text{-}1)$$

と書けるから、これを書き換えると工業品と農産物の生産関数[*1]がそれぞれ

$$Y_X = L_X/a_{LX} \qquad Y_M = L_M/a_{LM} \qquad (10\text{-}2)$$

[*1] 生産関数とは、生産要素の投入量とそれによって生産できる生産物の産出量との技術的関係を、関数の形で示したものである。

のように表すことができる。$a_{LX} = 100$、$a_{LM} = 120$ という定数であるから、各財の生産量はその投下労働量に比例する。このような生産技術は規模に関して収穫一定（constant returns to scale）の生産技術と呼ばれる。縦軸に生産量を、横軸に労働投入量を、それぞれ測って各財の生産関数を図示すると、第10-1図のような原点から出発する右上がりの直線になり、この直線と縦軸との間の角度が労働投入係数に等しい。第10-1図（A）には工業品の生産関数が描かれている。労働力を $L_X = 100$ph 投入すると工業品が $Y_X = 1$ メートル生産できる。労働投入量を2倍に増やして $L_X = 200$ph にすると生産量も2倍の $Y_X = 2$ メートルに増えるから、この技術は生産規模が拡大しても労働の単位あたり生産が一定という意味で、規模に関して収穫一定の生産技術である。第10-1図（B）には農産物の生産関数が描かれている。ここでは労働力を $L_M = 240$ph 投入すると農産品が $Y_M = 2$ リットル生産できる。労働投入量を半分に減らして $L_M = 120$ph にすると生産量も半分の $Y_M = 1$ リットルになるから、この技術も規模に関して収穫一定の生産技術である。

第10-1図

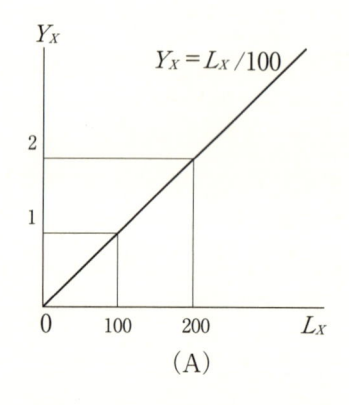

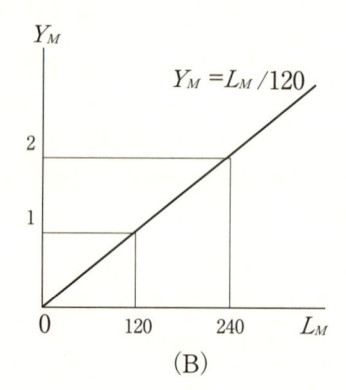

(A) $Y_X = L_X/100$

(B) $Y_M = L_M/120$

3　労働の産業間移動自由

労働者は工業及び農業という二産業間を自由に移動できる。
条件1の所で述べたように、労働は一種類しか存在せず、工業品の生産に

も農産物の生産にも同じ程度に適応可能であるので、労働者の産業間移動には何も抵抗がないものと考えられる。

条件3の下では、工業と農業という二産業間で、労働1phあたりの賃金（賃金率、Wという記号で示す。単位は円である）は等しくなる。その理由は、もしそうでなければどうなるかを考えることで見出すことができる。もし二産業間に賃金格差があって、工業における賃金率（W_Xで示す）が農業における賃金率（W_Mで示す）より高かったとしよう。そうすると、合理的な労働者は同じ量の仕事をするなら報酬の高いところで働こうとするから、いままで農業に従事していた労働者は工業へ転職しようとする。この結果、工業に労働者が集まって来るが、他の条件一定とすると工業部門の企業が雇用する労働量は不変であるので、この部門で労働の超過供給が発生する。他方、農業では労働者が離職していくが、他の条件一定とすると農家が雇用する労働量は不変であるので、ここでは労働の超過需要が発生する。労働の超過供給が存在する工業では、集まってきた労働者は職を得るために競争し、いままでの賃金率より低い賃金率でも働こうとするから、W_Xは低下する。他方、労働の超過需要が存在する農業では、農家が競い今までより高い賃金率でも労働者を雇おうとするから、W_Mは上昇する。W_Xの低下、W_Mの上昇という傾向はこの両者の間に格差がある限り続くので、結局最終的に格差は解消し、$W_X = W_M = W$が成立する。

このように、$W_X > W_M$である場合市場経済のメカニズムによって賃金格差が自動的に解消することが説明できたが、逆に$W_X < W_M$の場合にも、工業で賃金率が上がり農業で賃金率が下がるという逆向きの調整が働き、賃金格差が自動的に解消することが説明できる（問題1）。したがって、この場合も$W_X = W_M = W$が成立する。

4　労働市場の完全競争[*2]

労働力の市場は完全競争が支配している。

労働市場を構成しているのは、労働力の需要家である多数の企業とその供

[*2] 市場が完全競争であるための十分条件は、①市場の参加者が多数で、それぞれが価格支配力を持っていないこと、②市場で取引される商品あるいはサービスが同質であること、③市場の参加者はそこで唱えられる価格や売買量、市場参加者の動向などについて完全な情報を持っていること、④市場への参入や市場からの退出が自由であること、の四つである。

給者である多数の労働者である。もし労働者が労働組合を結成して企業側と賃金交渉を行う場合は、労働者が価格支配力を持つことになり、完全競争の前提条件が崩れる。したがって、リカードー・モデルでは労働組合は存在しないものと仮定されている。

　条件4の下では、労働の完全雇用が実現する。その理由は、もしそうでなければどうなるかを考えることによって見出すことができる。もし労働の供給が需要を上回ると、完全競争労働市場では労働者が職を得ようと競い合い、現在より低い賃金率でも働こうとするので賃金率が下がる。そうすると、企業は雇用を増やす。この傾向は失業が存在する限り続くので、結局最終的に失業は解消し完全雇用が実現する。逆に労働の超過需要が存在する場合には、賃金上昇という上のケースと逆向きの調整が働き、やはり市場メカニズムにより労働の超過需要が自動的に解消されて、完全雇用が実現する（問題2）。

　もし労働組合が存在するため労働市場が完全競争状態でない場合には、失業が存在しても労働組合が労働者の賃金切り下げに反対するから賃金率が下がらない。そのため企業側の労働需要増加という調整が起こらないので、完全雇用は実現しない。

5　生産物市場の完全競争

　工業品の市場及び農産物の市場で完全競争が支配している。

　この条件の下では、利潤の極大化を図ろうとする各企業の生産は、生産物の価格とその限界コスト（生産を1単位増やすために必要なコスト）とが等しくなる所で行われる。なぜそうなるかという理由は、もしそうでなければ生産量が決定されない、ということを示すことによって明らかにすることができる。工業品を例にとって説明しよう。もし工業品の価格（P_Xという記号で示す。単位は円である）がその限界コスト（MC_Xという記号で示す。単位は円である）より高いと、工業品を生産する企業では利潤（$P_X - MC_X$）がプラスになる。そうすると新たな企業が工業に参入してくるから、生産量は増加するであろう。すなわち $P_X > MC_X$ の状態では工業品の生産量は決まらないから、この状態は均衡でない。逆に、限界コストが価格を上回っている場合には、工業部門の企業は損失を蒙る。そのため一部の企業は工業から撤退するから、その生産量は減少するであろう。すなわち $P_X < MC_X$ の状

態も均衡ではない。したがって、工業品の生産量が決まる均衡は $P_X = MC_X$ のときでなければならない。農産物についても同様にして、その価格（P_M）がその限界コスト（MC_M）に等しいときにのみ生産量が決まることを示すことができる（問題3）。

均衡において、それぞれの財の価格はその限界コストに等しくなければならないことがわかったから、上の条件2で導入した労働投入係数を用いて、それぞれの価格がいくらになるかを示しておこう。工業品の限界コストは、その生産を1メートル増やすのに必要な労働量 $a_{LX} = 100\text{ph}$ に賃金率 W を掛けたものであるから、$MC_X = a_{LX}W = 100W$ で示される。条件3の下では両産業において賃金率が等しいから、農産物の限界コストは、その生産を1リットル増やすために必要な労働量 $a_{LM} = 120\text{ph}$ に賃金率 W を掛けたものに等しい。したがって、農産物の限界コストは $MC_M = a_{LM}W = 120W$ で示される。

均衡条件、価格＝限界コスト、を用いると、工業品1メートルの価格と農産物1リットルの価格は、それぞれ

$$P_X = a_{LX}W = 100W \qquad P_M = a_{LM}W = 120W \tag{10-3}$$

で示される。この式から直ちにわかることは、完全競争市場に直面している企業（完全競争企業という）では利潤がゼロになる、ということである。すなわち、工業品生産企業でも農産物生産企業でも利潤はゼロになっている。

6　同質の労働と異なる生産技術を持ち、国際労働移動がない2国

　この条件は国際経済の性格を規定している。リカードー・モデルでは、世界は二国で構成される。このうち一国は自国と呼びもう一国は外国と呼ぶことにすると、外国は世界における自国以外の残余の諸国をまとめたものである。条件6は、自国の労働と外国の労働は同質であるが、工業品の生産技術と農産物の生産技術はそれぞれ国によって異なっていること、両国間の経済交流は商品貿易のみで労働者の国際移動はないこと、を規定している。第1章で述べたように、国際社会では資本に比べて労働の移動は困難であるので、この条件はそのような現実を極限的な形でモデルに反映させたものである。

　上で述べた条件1～5は、一国経済の構造を規定するから、自国に対しても外国に対しても当てはまる。したがって、外国においても二財、工業品と

農産物、が労働によって生産され、それらの財の生産技術が a_{LX}^*（外国の記号には自国のものと区別するために＊印を付けることにする）と a_{LM}^* という固定係数で示される。1ph あたりの賃金 W^*（単位はドル）は工業と農業で共通であり、均衡において工業品と農産物の価格はそれぞれ

$$P_X^* = a_{LX}^* W^* \qquad P_M^* = a_{LM}^* W^* \qquad (10\text{-}4)$$

で示される。

第2節　比較生産費説

1　絶対優位

前節でリカード・モデルを説明したので、ここではそれを用いてリカードの比較生産費説を導き出していく。まず、絶対優位と比較優位の概念を数値例によって説明し、次いで、それぞれの国において貿易の商品構成が絶対優位ではなくて比較優位によって決まることを明らかにする。

リカード・モデルの条件3が規定しているとおり、各国の各財の生産技術は固定労働投入係数によって示される。上で紹介した $a_{LX} = 100$ と $a_{LM} = 120$ は、それぞれ自国の工業品と農産物の生産技術を示しているから、条件6の下では、外国の生産技術はこれと異なっていなければならない。そこでリカードが用いている例にならい、外国では工業品を1メートル作るのに労働量が90ph必要であり、農産物を1リットル作るのに労働量が80ph必要であるとしよう。そうすると、外国の工業品の労働投入係数は $a_{LX}^* = 90$、農産物の労働投入係数は $a_{LM}^* = 80$ と表される（第10-2表）。

第10-2表　労働投入係数

(ph)

	自国	外国
工業品（1メートル）	100	90
農産物（1リットル）	120	80

労働投入係数の逆数が労働の生産性を表していることからもわかるとおり、労働投入係数の値が小さいほど、労働の生産効率は高い。そこで自国と外国の間で工業品と農産物の労働投入係数を比べてみると、それぞれ$a_{LX}^* = 90 < 100 = a_{LX}$、$a_{LM}^* = 80 < 120 = a_{LM}$であるから、外国の労働は工業でも農業でも自国の労働より効率が高いことがわかる。このような状態のとき、外国は工業品の生産においても農産物の生産においても絶対優位を持つという。条件6で労働の質は二国間で同じであると仮定したから、外国が二財の生産に絶対優位を持つのは、外国の生産技術が二財共に優れているためである。

2 比較優位

比較優位（comparative advantage）は、貿易開始前、すなわち閉鎖経済下、における二国の財価格比率を比較することによって定義できる。自国における工業品価格と農産物価格の比率は、(10-3)式を用いると

$$\frac{P_X}{P_M} = \frac{a_{LX}W}{a_{LM}W} = \frac{100}{120} = 0.83 \qquad (10\text{-}5)$$

と表される。この式の最左辺P_X/P_Mは農産物で測った工業品の価格（工業品の相対価格という）を示している。例えば、工業品1メートルが10円（$P_X = 10$）、農産物1リットルが2円（$P_M = 2$）であれば、農産物5リットルと工業品1メートルが等価であるから、比率$P_X/P_M = 5$は、工業品1メートルの価格を農産物で表すとそれは5リットルである、ことを示している。この例からもわかるとおり、工業品の相対価格は、分母にある商品（ここでは農産物）の単位で表される。

(10-5)式の右辺にある三つの比率は、MC_X/MC_Mを変形したものであるから、コスト比率を示している。リカードーはこれを比較生産費と呼んでいるが、現代経済学の用語を使うと、これは農産物で表した工業品の機会費用（工業品1メートルを増産するために減産しなければならない農産物の量）である。このことは具体的な数値100/120を用いて説明するとわかり易いであろう。分子の100phは工業品の生産を1メートル増やすのに必要な労働量である。第1節の条件4により労働は完全雇用であるから、この100ph

は農産物を減産して調達しなければならない。どれだけの農産物を減産しなければならないかというと、それは、100×（農業における労働の生産性）、である。農業における労働生産性は1/120リットルであるから、100/120＝0.83リットルが必要な減産量になる。したがって、この比率は農産物で表した工業品の機会費用である。以上で説明してきたことをまとめると、(10-5)式は、工業品の相対価格はその機会費用に等しい、ことを示している。

貿易開始前の外国における工業品の相対価格は、(10-4)式を用いると

$$\frac{P_X^*}{P_M^*} = \frac{a_{LX}^* W^*}{a_{LM}^* W^*} = \frac{90}{80} = 1.125 \qquad (10\text{-}6)$$

と表される。この式は、農産物で測った工業品の相対価格はその機会費用 1.125 リットルに等しい、ことを表している。明らかにこの数値は自国工業品の機会費用 0.83 リットルより大きいから、工業品の機会費用を自国と外国の間で比べると、

$$P_X/P_M < P_X^*/P_M^* \qquad (10\text{-}7)$$

が成立する。この式は、**工業品が自国において外国よりコストが相対的に低い**、ことを示している。このとき、**自国は工業品に比較優位を持ち外国は農産物に比較優位を持つ**、という。すなわち、比率の小さい方の国は分子に来ている財に、比率の大きい方の国は分母に来ている財に、それぞれ比較優位を持つ。外国が農産物に比較優位を持つことは、(10-7)式両辺の分母と分子を逆転させると $P_M/P_X > P_M^*/P_X^*$ となることから、直ちに判明する。この式は農産物のコストが外国において自国より相対的に低いことを示している。実際に数値を当てはめてみると、$P_M/P_X = 1.2$ メートルに対して $P_M^*/P_X^* = 0.89$ メートルとなることで、このことが確かめられる。

3　比較生産費説

自国と外国における工業品と農産物の労働投入係数を第10-2表のように想定すると、(10-7)式で示したような二国間の比較優位の構造が決まる。これが両国の貿易構造を決定する。すなわち、**各国は比較優位を持つ財を輸出し比較優位を持たない財（比較劣位財）を輸入する**。

なぜそうなるのか、その理由を以下で説明しよう。自国の工業部門に属する企業は、工業品1メートルを国内で売ると、その相対価格が示すとおり0.83リットルの農産物と交換できる。しかしこの企業が工業品1メートルを外国に輸出すると、二国間の工業品輸送費がゼロであると仮定した場合、外国の相対価格の下で1.25リットルの農産物と交換できる。これは国内の工業品価格より高いから、自国の工業品生産企業はその製品を外国に輸出し、その代価として農産物を輸入するであろう。他方、外国の農家は農産物1リットルを国内で売ると工業品0.89メートルとしか交換できないが、貿易相手国（すなわち自国）へ輸出すると、二国間の農産物輸送費がゼロであると仮定した場合、1.2メートルの工業品と交換できる。したがって、この農家は農産物を自国へ輸出しその代価として工業品を受け取るであろう。このように、それぞれの国は比較優位財を相手国に輸出し、相手国から比較劣位財を輸入する。

この事実から直ちにわかることは、絶対優位は貿易構造の決定に何も関与しないということである。なぜなら外国は工業品にも農産物にも絶対優位を持っているのに、そのうちの一方を輸出するがもう一方を輸入するからである。さらにまた、**外国為替相場はここでの議論に出てこなかったし、各国の賃金水準は出てきたが議論を進めていく上で何も重要な役割を果たしていなかったので、それらを考慮しなくても、国際間の比較優位の構造さえ知れば貿易構造が決定できる**、ということもわかる。比較優位を生み出す要因としてリカードーは生産技術の国際間格差を挙げたが、他の要因、例えば、第14章で説明するような資源賦存状態の国際間差異によっても比較優位が発生する。

4 比較生産費説の実証分析

以上で説明してきたリカードーの比較生産費説が、各国の現実の貿易構造と合致しているかどうか、ということを検証する実証分析がこれまで内外で多数行われている。それらの分析から得られる結論は、比較生産費説は現実と矛盾しないということである。

例えば、クルグマン・オブズフェルドの教科書には、1951年のイギリスとアメリカの世界市場に対する製造品輸出と両国の労働生産性格差との関係が紹介されている。それによると、当時アメリカは全ての製造業でイギリス

に対して絶対優位を持っていたが、それでもなおイギリスは相対的に高い労働生産性を持つ財をアメリカより多く世界市場に輸出し、アメリカも相対的に高い労働生産性を持つ財をイギリスより多く世界市場に輸出していた。これは、両国の貿易パターン（貿易構造）が、労働生産性で測った絶対優位でなく比較優位によって決まることを意味している。

また、木村・小浜のテキストには、1970年の日本と韓国の世界市場に対する製造品輸出について、同様の結果が示されている。それによると、当時日本は全ての製造業で労働生産性で測って絶対優位を持っていたが、それでもなお韓国は相対的に高い労働生産性を持つ財を相対的に多く世界市場に輸出し、日本も相対的に高い労働生産性を持つ財を相対的に多く世界市場に輸出していた。これも、両国の貿易パターンが、労働生産性で測った絶対優位でなく比較優位によって決まることを意味している。

重要な専門用語

比較優位　　機会費用　　相対価格　　比較生産費説

問題

【1】 本文で述べた条件3（労働の産業間移動自由）の下では、農業における賃金率が工業における賃金率より高い場合、市場経済のメカニズムが働いてこの賃金格差が自動的に解消される。この調整過程を述べよ。

【2】 本文で述べた条件4（労働市場の完全競争）の下では、労働の超過需要が存在すると市場メカニズムが働いてこの超過需要が自動的に解消される。この調整過程を述べよ。

【3】 本文で述べた条件5（生産物市場の完全競争）の下では、各企業の生産は生産物価格と限界コストが等しくなる所で行われる。農産物を例にとってなぜそうなるかを説明せよ。

【4】 次のような七つの条件から構成される物々交換モデルを考える。（条件1）A国とB国からなる世界には、X財とM財が存在し、それぞれ労働によって生産される。（条件2）各財の生産技術は固定的な労働投入係数によって示される。具体的に、A国のX財1kg当たりの労働投入係数を$a_{LX}=70$ph、M財1kl当たりの労働投入係数を$a_{LM}=50$phとする。（条件3）X財部門とM財部門との間で労働者は自由に転職できる。（条件4）労働力の市場は完全競争が支配している。（条件5）生産物の市場も完全競争が支配している。（条件6）A・B両国の労働は同質であり、労働者は二国間を移動できない。（条件7）B国の生産技術はそれぞれの財についてA国の生産技術と異なる。具体的に、B国のX財の労働投入係数を$b_{LX}=90$ph、M財の労働投入係数を$b_{LM}=120$phとする。

① A国におけるX財の生産量をY_X、労働投入量をL_Xとして、この財の生産関数を数式と図で示せ。
② （条件3）の下では、労働賃金について何が言えるか論述せよ。
③ （条件4）の下では、労働の雇用について何が言えるか論述せよ。
④ （条件5）の下では、生産コストについて何が言えるか論述せよ。
⑤ A国及びB国はそれぞれどの財に比較優位を持っているかを示し、その理由を述べよ。
⑥ 両国間に自由な商品貿易が開始され輸送費がゼロの場合、各国の貿易パターンはどうなるかを示し、その理由を述べよ。

参考文献

P. R. クルグマン・M. オブズフェルド著　石井菜穂子・浦田秀次郎・竹中平蔵・千田亮吉・松井均訳『国際貿易　理論と政策第3版　Ⅰ国際貿易』新世社、1996年。
　第2章の最終セクション、リカードーモデルの経験的証拠、においてリカードーモデルの実証分析が紹介されている。

木村福成・小浜裕久『実証国際経済入門』日本評論社、1995年。
　第1章1リカードーモデルにおいて、これに関する多数の実証分析が紹介されている。

リカアドオ著　小泉信三訳『経済学及び課税の原理』上下　岩波文庫、1952年。第7章外国貿易論において比較生産費説が述べられている。

第11章

外国為替相場と貿易構造

　リカードーの比較生産費説によると、各国は比較優位財を輸出し比較劣位財を輸入すること、そしてこの結論は各国の賃金水準や外国為替相場に関係なく成立すること、がわかった。しかしこの結論は、第8章で学んだ結果の一つ、為替相場の変動は商品・サービスの輸出額と輸入額に影響を与える、すなわち円高は商品・サービスの輸出を困難にし輸入をし易くする一方、円安はこれと逆向きの影響を貿易額に与える、に矛盾しているように思われる。

　そこでこの章では、この矛盾を解決するために、二財一生産要素のリカードー・モデルを四財一生産要素モデルに拡張して、為替レートと貿易構造の関係を調べていくことにする。その結果わかることは、リカードーの比較生産費説も正しいし、第8章で説明した為替レート変動の輸出額及び輸入額に与える効果も正しい、ということである。以下ではまず、多数財モデルにおける比較優位の構造を設定し、次に為替レートと貿易構造の関係を調べることにする。そして最後に、比較優位の構造が為替レート変動幅の決定にも関係することを明らかにする。

第1節　比較優位の構造

1　多数財の生産費構造

　リカードー・モデルでは、工業品と農産物という二財が労働という一生産要素によって生産されていた。しかし現実には多数の財やサービスが生産さ

れているから、このような単純なモデルでは説明することができない事実が出てくる可能性がある。これから述べる為替相場の変動と貿易構造の関係もその一つであると考えられるので、この章ではモデルで取り扱う商品の数を増やすことにする。ただし、あまりに多数の財を取り入れても煩雑になるだけなので、ここでは第9章で学んだ日本の貿易構造を参考にして、工業品を加工型工業品と素材型工業品に、農産物を原料品と食料品にそれぞれ分けて、合計四つの財が労働という一生産要素で生産されているモデルを考えることにする。これはリカード・モデルの条件1（二財一生産要素）の拡張であるが、その他の条件（条件2～条件6）は前章のリカード・モデルと同じであると仮定する。

　これら四財の生産費構造を設定しよう。前章の条件2（固定投入係数）により、各財の生産技術は固定労働投入係数で表される。そして条件6（同質労働、異なる生産技術を持ち国際間労働移動がない二国）により、国際間で生産技術が異なっていなければならないので、四財の労働投入係数は第11-1表のように設定する。すなわち、丁度日本と同じように自国では労働生産性が加工型工業品の生産で最も高く、以下、素材型工業品、原料品、食料品の順に低くなっており、外国では食料品の生産で労働生産性が最も高く、以下、原料品、素材型工業品、加工型工業品の順に低くなっている。

第11-1表　4財の自国と外国における労働投入係数

(ph)

	自国	外国	記号
加工型工業品	80	110	a_{L1}
素材型工業品	100	90	a_{L2}
原料品	120	80	a_{L3}
食料品	150	60	a_{L4}

2　比較優位の構造

　四財の場合の比較優位の構造を、二財モデルにならって考えていくことにする。二財モデルの場合には、ある一財の他財で測った機会費用を二国間で

第 11 章　外国為替相場と貿易構造　129

比較するだけで、それぞれの国の比較優位の構造がわかった。前章の例を使うと、自国における工業品の機会費用は農産物で測って$a_{LX}/a_{LM}=0.83$リットルであり、外国における工業品の機会費用は$a_{LX}^{*}/a_{LM}^{*}=1.125$リットルであったから、工業品の機会費用は自国で低く外国で高い。このことから、自国が工業品に比較優位を持つことのみならず外国が農産物に比較優位を持つこともわかった。しかし四財モデルでは、ある一財の他財で測った機会費用は三通りあるので、その各々について二国間で比較する必要がある。そうすると、ある一つの国（例えば自国）を考えた場合、ある財（例えば素材型工業品）は一つの財で測った機会費用は他国より低いが、別の財で測った機会費用は他国より高いというケースが起こりうる。そこでさらに、四つの財それぞれについて自国はいくつの比較優位を持つかを調べ、比較優位の序列（例えば比較優位の数が多い順に）を作る必要がある。このようにして作成された序列が四財の場合の比較優位の構造であり、それを以下で検討していくことにする。

　まず加工型工業品からみていくことにしよう。加工型工業品の素材型工業品で測った機会費用は、これら二財の限界コストの比率で表される。MC_1を加工型工業品の限界コスト、MC_2を素材型工業品の限界コストとすると、加工型工業品の素材型工業品で測った機会費用はMC_1/MC_2という比率で表される。さらにリカードー・モデルの条件3（労働の産業間移動自由）の下では一国の労働1ph当たりの賃金は全ての産業で等しかったから、$MC_1/MC_2=a_{L1}/a_{L2}$というように機会費用は労働投入係数の比率に書き換えることができる。そしてさらにリカードー・モデルの条件5（生産物市場の完全競争）を考慮すると、各財の限界コストはその価格に等しい。P_1及びP_2を、それぞれ加工型工業品と素材型工業品の貿易開始前の自国における価格とすると、$MC_1/MC_2=P_1/P_2$であるから、結局、加工型工業品の素材型工業品で測った機会費用は$P_1/P_2=a_{L1}/a_{L2}$と表すことができる。外国の記号には＊印を付けて自国の記号と区別することにすると、外国における加工型工業品の機会費用も$P_1^{*}/P_2^{*}=a_{L1}^{*}/a_{L2}^{*}$で表すことができる。そこで第11-1表に掲げた数値をそれぞれ代入すると、

$$P_1/P_2 = 4/5 < 11/9 = P_1^{*}/P_2^{*} \qquad (11-1)$$

となる。左辺と右辺にある比率は共に素材型工業品の単位（例えばグラム）

で測られているので、比較が可能である。この式が示していることは、加工型工業品の素材型工業品で測った機会費用は自国で低く外国で高い、すなわち、自国は素材型工業品に比べて加工型工業品に比較優位を持つ、ということである。

次に加工型工業品の原料品で測った機会費用を二国間で比べてみよう。原料品の閉鎖経済下における自国の価格をP_3で表すことにすると、求める機会費用は比率P_1/P_3に等しいから、二国間で比較すると

$$P_1/P_3 = 2/3 < 11/8 = P_1^*/P_3^* \quad (11-2)$$

となる。したがって、自国は原料品と比べても加工型工業品に比較優位を持つ。(11-2) 式の両辺にある比率は原料品の単位（例えばリットルで測られている）。最後に、食料品の貿易開始前における自国の価格をP_4として、加工型工業品の食料品で測った機会費用を二国間で比べると、

$$P_1/P_4 = 8/15 < 11/6 = P_1^*/P_4^* \quad (11-3)$$

となる。したがって、自国は食料品と比べても加工型工業品に比較優位を持つ。以上三つの機会費用の比較結果から次のことが結論できるであろう：結論①自国はどの財と比較しても加工型工業品に比較優位を持つ。

素材型工業品についても同様に、自国の国際競争力を調べることができる。素材型工業品の加工型工業品で測った機会費用は$P_2/P_1 = a_{L2}/a_{L1}$で示されるが、これの国際比較は既に (11-1) 式で行われている。すなわち、この機会費用は自国において 5/4、外国において 9/11 であるので、自国の方が外国より高い。したがって、加工型工業品と比べると素材型工業品は自国の比較劣位財である。これに対して、残りの原料品あるいは食料品と比べると、素材型工業品は自国の比較優位財になることがわかる。まず同財の原料品で測った機会費用は$P_2/P_3 = a_{L2}/a_{L3}$で表されるので、第 11-1 表に掲げた数値を代入してその国際比較をすると

$$P_2/P_3 = 5/6 < 9/8 = P_2^*/P_3^* \quad (11-4)$$

となる。すなわち、原料品で測った素材型工業品の機会費用は自国で低く外国で高い。したがって、原料品と比較すると自国は素材型工業品に比較優位を持つ。また素材型工業品の食料品で測った機会費用は$P_2/P_4 = a_{L2}/a_{L4}$で

表されるので、その国際比較は

$$P_2/P_4 = 2/3 < 3/2 = P_2^*/P_4^* \qquad (11-5)$$

となる。これより食料品と比較すると自国は素材型工業品に比較優位を持つことがわかる。以上三つの機会費用の比較結果から次のことが結論できるであろう：結論②自国は原料品または食料品と比べると素材型工業品に比較優位を持つが、加工型工業品と比べるとこれに比較劣位を持つ。

　原料品について自国の国際競争力を調べると、食料品と比べた場合にしか比較優位を持たないことがわかる。原料品の加工型工業品で測った機会費用は $P_3/P_1 = a_{L3}/a_{L1}$ で表されるが、この国際比較は既に（11-2）式で行われている。そこでの結果を用いると、原料品の加工型工業品で測った機会費用は自国で3/2、外国で8/11となるから、自国の方が外国より高い。したがって、加工型工業品と比べると原料品は自国の比較劣位財である。原料品の素材型工業品で測った機会費用は $P_3/P_2 = a_{L3}/a_{L2}$ で表されるから、この国際比較は（11-4）式で行われている。その結果を用いると、原料品の素材型工業品で測った機会費用は自国で6/5、外国で8/9となるから、自国の方が外国より高い。したがって、自国は素材型工業品と比べた場合にも原料品に比較劣位を持つ。これに対して、食料品で測った原料品の機会費用は $P_3/P_4 = a_{L3}/a_{L4}$ で表されるから、第11-1表の数値を代入して国際比較すると

$$P_3/P_4 = 4/5 < 4/3 = P_3^*/P_4^* \qquad (11-6)$$

となり、自国の方が外国より機会費用が低い。したがって、食料品と比べると自国は原料品に比較優位を持つ。以上三つの機会費用の比較結果から、次の結論が得られるであろう：結論③自国は食料品と比べると原料品に比較優位を持つが、加工型工業品及び素材型工業品と比べるとこれに比較劣位を持つ。

　自国における食料品の国際競争力は既にこれまでの分析で明らかになっている。すなわち、（11-3）式より、食料品の加工型工業品で測った機会費用は自国で高く外国で低いことがわかるし、（11-5）式より食料品の素材型工業品で測った機会費用も自国で高く外国で低いことがわかる。同様に、（11-6）式から食料品の原料品で測った機会費用も自国で高く外国で低いことがわかるから、結局、食料品について次の結論を導くことができる：結論④

自国は全ての財と比べて食料品に比較劣位を持つ。以上の結論①〜④を総合すると、自国は、他の三つの財と比べたとき加工型工業品に比較優位を持ち、原料品と食料品という二つの財と比べたとき素材型工業品に比較優位を持ち、ただ一つの財、食料品、と比べたときにのみ原料品に比較優位を持ち、食料品には他のどの財と比べても比較優位を持たない、ことがわかる。これにより、自国は加工型工業品に最大の比較優位を持ち食料品に最大の比較劣位を持つ、ということができる。

外国の比較優位の構造は自国のものと逆になる。すなわち、外国は食料品に最大の比較優位を持ち、加工型工業品に最大の比較劣位を持つ。原料品に関しては、加工型工業品と素材型工業品と比べた場合比較優位財になるが、食料品と比べると比較劣位財になる。素材型工業品に関しては、加工型工業品と比べると比較劣位財になるが原料品及び食料品と比べると比較優位財になる。

第2節　外国為替相場と貿易構造

前節で説明した比較優位の構造を用いて、外国為替相場が四財に関する貿易構造に影響を及ぼすかどうか、そしてもしそうであればどのような影響を及ぼすか、をみていくことにする。そのためには各国の通貨単位を定め、労働力1単位あたりの賃金（賃金率）を適当に決めて、四財の価格を明示する必要がある。そこで、自国の通貨を円、外国の通貨をドルと定め、自国の賃金率を100円、外国の賃金率を1ドルと設定する。自国において各財を1単位生産するのに必要な労働量、すなわち労働投入係数、は第11-1表に示されているので、これに賃金率を掛けると各財の限界コスト＝価格が得られる。それをリスト・アップしたのが、第11-2表の左側第一欄である。外国においても第11-1表に各財の労働投入係数が示してあるので、これにその賃金率を掛けると各財の限界コスト＝価格が得られる。それをリスト・アップしたのが第11-2表の左側第二欄である。

第11-2表　4財の自国と外国における価格

	自国（円）	外国（ドル）	外国（円）		
			外国為替相場		
			$1 = ¥200	$1 = ¥130	$1 = ¥100
賃金	100	1			
加工型工業品	8,000	110	22,000	14,300	11,000
素材型工業品	10,000	90	18,000	11,700	9,000
原料品	12,000	80	16,000	10,400	8,000
食料品	15,000	60	12,000	7,800	6,000

　両国の通貨単位が異なっているので、このままでは各財の価格を二国間で比較することはできない。そこでこれを可能にするためにドルの円建て為替レートを導入する。為替レートが1ドル＝200円のときに、外国の各財のドル建て価格を円建て価格に換算した値が、第11-2表の右側第三欄に示してあり、為替レートが1ドル＝130円のときの外国商品円建て価格が同表の右側第二欄に、為替レートが1ドル＝100円のときの外国商品円建て価格が右側第一欄に、それぞれ示してある。

　この表に基づいて、為替レートと貿易構造の関係を調べると、次のようになるであろう。

①外国為替相場が1ドル＝200円のとき

　自国では加工型工業品（自国の価格8千円は外国の価格2万2千円より安い）、素材型工業品（自国の価格1万円は外国の価格1万8千円より安い）、原料品（自国の価格1万2千円は外国の価格1万6千円より安い）の三財が外国より安いから、自国はこれらを外国へ輸出する。外国では食料品（外国の価格1万2千円は自国の価格1万5千円より安い）が自国より安いから、外国はこの財を自国へ輸出する。

②外国為替相場が1ドル＝130円のとき

　自国では加工型工業品（8,000円＜14,300円）及び素材型工業品（10,000円＜11,700円）が外国より安いので、これら二財を外国へ輸出する。外国では原料品（10,400円＜12,000円）、食料品（7,800円＜15,000円）が自国より安いので、外国はこれら二財を自国へ輸出する。

③外国為替相場が1ドル＝100円のとき

自国では加工型工業品（8,000 円＜11,000 円）が相変わらず外国より安いから、この財を外国へ輸出する。外国では素材型工業品（9,000 円＜10,000 円）、原料品（8,000 円＜12,000 円）、食料品（6,000 円＜15,000 円）が自国より安いので、外国はこれら三財を自国へ輸出する。

以上で説明したことをまとめると、次のような三つの結論が得られるであろう。なお以下の結論は、ここで取り上げた三つの為替レート以外の為替レートでも成立する。ただしそれらの為替レートはある条件を満たさなければならないが、その条件は次節で説明する。

(1) 自国は常に加工型工業品を輸出し、食料品を輸入する。
(2) 為替レートが1ドル＝200円から130円、100円というようにドル安（円高）になるにつれて、自国の輸出商品数が減少し、外国の輸出商品数が増加する。
(3) 逆に、為替レートが1ドル＝100円から、130円、200円というようにドル高（円安）になるにつれて、自国の輸出商品数が増加し、外国の輸出商品数が減少する。

加工型工業品は自国の最大の比較優位財であり、食料品はその最大の比較劣位財であるから、結論(1)は、多数財モデルにおいても、為替レートに関係なく一国の最大の比較優位財は常に輸出され一国の最大の比較劣位財は常に輸入される、ことを示している。したがって、この意味で多数財モデルにおいても比較生産費説が貫徹している、ということができる。第10章で説明した二財モデルでの比較優位財は多数財モデルにおける最大の比較優位財と同じであり、そこでの比較劣位財は多数財モデルにおける最大の比較劣位財と同じである、と考えるならば、為替レートの水準が二財モデルにおいて貿易構造に影響を与えなかったことが理解できるであろう。したがって、為替レートの水準に関係なく各国は比較優位財を輸出し比較劣位財を輸入する、というリカードーの比較生産費説は正しい。他方、結論(2)と(3)は、貿易商品数で測って、円高が輸出抑制的・輸入促進的に働き、円安が輸出促進的・輸入抑制的に働くことを示しているから、第8章の結論、貿易額で測って、円高は輸出抑制的・輸入促進的に働き、円安は輸出促進的・輸入抑制的に働く、と通じるところがある。したがって、為替レートの水準が貿易に影

第3節　外国為替相場の決定

自国と外国の生産費構造が、第11-1表のように与えられると、外国通貨の為替レートが取りうる範囲が決まってくる。このことを説明しよう。第11-3表の左側二つの欄は第11-2表の左側二つの欄を再録したものである。すなわち、これらは自国の賃金率が100円のときの自国商品価格と外国の賃金率が1ドルのときの外国商品価格を示している。第11-3表の右側第二欄には為替レートが1ドル＝250円というドル高（円安）水準下での外国商品円建て価格が、右側第一欄には為替レートが1ドル＝800/11円（四捨五入すると72.72円になる）というドル安（円高）水準下での外国商品円建て価格が、それぞれ示されている。

第11-3表　上限為替レートと下限為替レート下の外国商品価格

	自国（円）	外国（ドル）	外国（円）	
			為替レート	
			$1 = ¥250	$1 = ¥880/11
賃金	100	1		
加工型工業品	8,000	110	27,500	8,000
素材型工業品	10,000	90	22,500	6,546
原料品	12,000	80	20,000	5,819
食料品	15,000	60	15,000	4,364

為替レートが1ドル＝250円のとき、食料品価格が二国間で同じになる他は全ての商品価格が自国で低く外国で高い。このことから、自国は食料品を除く全ての財を外国に輸出し外国からは何も輸入しない、と考える人が居るかも知れない。しかし本当はそうではなく、このような為替レートは外国為替市場で成立しない、というのが正解である。この答えは次のようにして導き出すことができる。もし1ドル＝250円という為替レートが外国為替市場で成立したとすると、外国の商品輸入需要はプラスであるから、その代金を

自国に支払うために外国為替市場でドルを売って円を買うというドル供給が生じる。他方、自国の商品輸入需要はゼロであるから、その代金支払いのために円を売ってドルを買う必要はない。すなわち、ドル需要はゼロである。そうすると外国為替市場ではドルの供給＞0＝ドルの需要であるから、ドルの超過供給が生じる。したがって、1ドル＝250円という為替レートは均衡レートではない。均衡レートは超過供給を解消しなければいけないから、この水準より低くなければならない。換言すれば、1ドル＝250円という水準は為替レートの上限である。

為替レートが1ドル＝800/11円のときは、第11-3表に示されているように、加工型工業品の価格が二国間で同じである他は全ての商品価格が外国で低く自国で高い。したがってこのとき、外国では自国産品に対する輸入需要がゼロになるのに対して、自国では外国産品に対する輸入需要が旺盛に存在する。この結果、外国為替市場では自国民からのドル需要が存在するのに対して外国人からのドル供給がゼロであるので、ドルの超過需要が発生し、1ドル＝800/11円という水準は均衡レートではない。均衡レートはこの水準より高くなければならないから、1ドル＝800/11円は為替レートの下限である。

以上の考察により、次のことがわかる。自国と外国の生産構造が第11-1表のように与えられているときには、為替レートは

$$800/11 < 為替レート < 250 \qquad (11\text{-}7)$$

という範囲内の値しか取り得ない。すなわち、世界の生産構造が為替レートの上限と下限を決める。前節で予告した為替レートが満たさなければならない条件というのは、正にこれである。このことから直ちにいえることは、どのような生産構造の下でも、無限に円高になることはないし無限に円安になることもない、ということである。なお、(11-7) 式で示された為替レートの上限値と下限値は自国と外国の賃金率に影響される。例えば、外国の賃金率は1ドルのままで自国の賃金率が10円（100円の10分の1）になったとすると、為替レートの上限値は25円下限値は80/11円と、共に10分の1に低下する。逆に、外国の賃金率が不変のままで自国の賃金率が1000円（100円の10倍）になったとすると、為替レートの上限値は2,500円下限値は8000/11円とそれぞれ10倍になる。

それでは実際に、為替レートがその上限と下限の間のどこで決まるかは、

両国の最大の比較優位財に対する貿易相手国における需要の強さによる。もし自国の最大の比較優位財である加工型工業品に対する外国の需要が強いと、外国では輸入需要を賄うためにドル売りが強まり、ドル・レートを引き下げる。逆に、外国の最大の比較優位財である食料品に対する自国の需要が強いと、自国では輸入需要を賄うためにドル買いが強まり、ドル・レートを引き上げる。したがって、自国の最大の比較優位財に対する外国人の需要が強いときは、そうでないときに比べて自国の輸出商品数が減り輸入商品数が増える。逆に外国の最大の比較優位財に対する自国民の需要が強いときは、そうでないときに比べて外国の輸出商品数が減り輸入商品数が増える。

以上で述べてきたことをまとめると、多数財モデルにおける貿易構造は次のようになる。**各国は最大の比較優位を持つ財を輸出し、最大の比較劣位を持つ財を輸入する。それ以外の財の輸出・輸入は各国の最大の比較優位財に対する貿易相手国の需要の強さによる。**

重要な専門用語

| 最大の比較優位財 | 外国為替相場と貿易構造の関係 |
| 最大の比較劣位財 | 生産構造と外国為替相場の関係 |

問　題

【1】　①自国の賃金率が100円、外国の賃金率が1ドル、為替レートが1ドル＝130円のときの自国と外国の貿易構造は本文の説明で明らかになっている。同じ為替レートと自国の賃金率の下で、外国の賃金率が（A）1.5ドル（B）0.75ドルのとき、（A）（B）それぞれのケースで両国の貿易構造はどうなるか計算して示せ。②賃金水準と貿易構造の関係について、問①の結果から導き出せる結論はどういうことか論述せよ。

【2】 自国と外国の四財の労働投入係数が第 11-1 表で与えられているとき、自国の賃金率が 200 円外国の賃金率が 1 ドルであれば、為替レートの上限と下限は幾らになるか計算して示せ。

第12章

貿易の効果 (1)
貿易利益

　前の二つの章ではリカードー・モデルを用いて、各国の貿易構造が生産技術の相対的優位さに基づいて決定されること、為替相場の変化が貿易構造に影響を与えること、をそれぞれ学んだ。そこでこの章ではリカードーの二財モデルを使って、比較優位の原理に基づいて発生した貿易が各国の経済にどのような効果を与えるか、について考えていくことにする。リカードー・モデルで容易に考察できる貿易の効果は二つある。一つは、各国がその比較優位財の生産に資源を集中するという生産の特化であり、もう一つは、各国が生産量の増加あるいは消費の可能性の拡大という形で受ける貿易利益の発生である。以下では、第1節で生産の特化について述べ、第2節で貿易利益について説明する。

第1節　生産の完全特化

　工業品と農産物という二財の生産量を、貿易が始まる前とそれが始まった後で比べることによって、貿易が一国の生産構造に与える効果を明らかにすることができる。その結果わかることは、貿易当事国の経済規模がほぼ同じであれば各国は貿易によりその比較優位財の生産に完全に特化する、ということである。

1　閉鎖経済下の生産

　第10章で用いたリカードー・モデルと同じように、ここでも世界に自国と外国という二国が存在し、工業品と農産物という二財が労働という一生産要素で生産されているものとする。各国の二財の生産技術は固定労働投入係数で示されるが、その数値は第10章のものと同じであると仮定し、第12-1表に再録する。さらにこの表には、一定期間における各国の労働供給量も示されている。その規模が両国においてそれほど違っていないことに注意してほしい。リカードー・モデルのその他の条件はここでもそのまま成立している。すなわち、①労働の産業間移動が自由であるので、農業と工業という二産業間に賃金格差は存在しない。②労働市場は完全競争状態であるので、労働者の完全雇用が実現している。③生産物市場も完全競争状態であるので、各財の価格はその限界コストに等しい。

　それぞれの国において供給された労働量が二財の生産にどのように配分されるかは、生産可能性境界によって示される。生産可能性境界とは、与えられた生産技術と資源の下で生産される二財の最大生産量の組み合わせ、である。各国の生産可能性境界は、その労働市場における完全競争条件を用いることによって、導き出すことができる。

第12-1表　労働投入係数と労働供給量

(ph)

	自国	外国
工業品（1メートル）	100	90
農産物（1リットル）	120	80
労働供給量	4,400	3,400

　まず自国の生産可能性境界を考えよう。自国の工業品生産量を Y_X で、農産物生産量を Y_M で、それぞれ表すことにする。工業品を1メートル作るのに必要な労働量は第12-1表が示すとおり100phであるから、工業における労働需要量は $100Y_X$ になる。農産物を1リットル作るのに必要な労働量は120phであるから、農業における労働需要量は $120Y_M$ になる。経済全体の

労働需要は二部門の労働需要の合計量であるから、$100Y_X + 120Y_M$ で示される。労働の完全雇用が実現しているから、この需要量は供給量 4,400ph に等しくなければならない。したがって

$$100Y_X + 120Y_M = 4400 \qquad (12-1)$$

という式が成立する。これが自国の生産可能性境界を示す式である。

この式を用いると、生産可能性境界を描くことができる。横軸に工業品の生産量を、縦軸に農産物の生産量をそれぞれ測り、(12-1) 式を Y_M に関して整頓すると

$$Y_M = -\frac{5}{6} Y_X + 36\frac{2}{3} \qquad (12-2)$$

という式が得られる。これは縦軸の切片が 36 と 2/3、勾配が -5/6 の右下がりの直線であるから、第12-2図左側の図のように描ける。

この生産可能性境界は二つのことを示している。①この境界の勾配の絶対値 5/6 は農産物で測った工業品の機会費用 MC_X/MC_M とその相対価格 P_X/P_M に等しい。なぜなら、自国の賃金率を W で示すことにすると、各財の価格＝その限界コストの関係から $P_X = MC_X = 100W$、$P_M = MC_M = 120W$ であるので、$P_X/P_M = 100W/120W = 5/6$ となるからである。②生産可能性境界上のどの点も、工業品の相対価格が 5/6 リットルのときに、与えられた生産技術と労働供給量の下で生産できる二財の最大生産量の組み合わせを示している。なぜこの境界上の生産組み合わせが最大なのかというと、生産可能性境界の内側の点は全て境界上の点より非効率な生産の組み合わせを示しており、生産可能性境界の外側の点は全て与えられた生産技術と労働供給量の下では不可能な生産の組み合わせを示しているからである。現実の生産点がこの生産可能性境界上のどこに来るかは、消費者の需要条件によって決まる。次節で考えるように、消費者がその所得を工業品と農産物の消費に等分する場合は、生産点はこの線上の中点に来る。

第12-2図　自国と外国の生産可能性境界

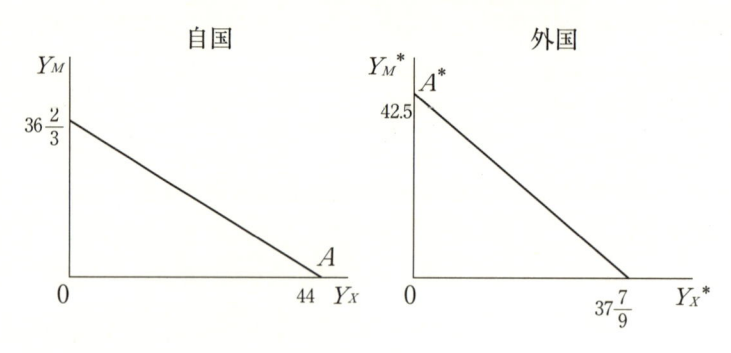

自国: 縦軸 Y_M 切片 $36\frac{2}{3}$、横軸 Y_X 切片 44（点 A）

外国: 縦軸 Y_M^* 切片 42.5（点 A^*）、横軸 Y_X^* 切片 $37\frac{7}{9}$

　外国の生産可能性境界も自国の場合と同じようにして求めることができる。第12-1表によると、外国の工業における労働投入係数は90phであるから、その生産量を Y_X^* で表すと、工業における労働需要量は $90Y_X^*$ になる。外国の農業における労働投入係数は80phであるから、その生産量を Y_M^* で表すと、農業における労働需要量は $80Y_M^*$ となる。経済全体の労働需要はこれら二部門の労働需要の合計量であり、これは完全雇用条件により労働供給量3,400phと等しくなければならないから、

$$90Y_X^* + 80Y_M^* = 3400 \qquad (12\text{-}3)$$

が成立する。これは外国の生産可能性境界を示す式である。この式を展開して Y_M^* に関して整頓すると

$$Y_M^* = -\frac{9}{8}Y_X^* + 42.5 \qquad (12\text{-}4)$$

という式が得られる。これは縦軸の切片が42.5、勾配が−9/8の右下がりの直線であるから、第12-2図右側の図のように描くことができる。この生産可能性境界の勾配の絶対値は、自国の場合と同じように考えると、外国における工業品の機会費用＝その相対価格に等しい。そしてこの境界上の点は全て工業品の相対価格が9/8リットルのときに、外国の生産技術と労働供給量の下で可能な二財の最大生産量の組み合わせを示している。

2 開放経済下の生産量

　自国と外国の間に自由な貿易が開始されたとしよう。そして議論を簡単化するために、両国間の輸送費はゼロであると仮定しよう。このとき各国の貿易パターンはリカードーの比較生産費説によって決定される。すなわち、自国における農産物で測った工業品の機会費用は 5/6 リットル、外国における工業品の機会費用は 9/8 リットルであるから、明らかに工業品の機会費用は自国の方が外国より低い。したがって、自国は工業品に比較優位を持つからこれを輸出し、外国は農産物に比較優位を持つからこれを輸出する。

　このようにして二国間で貿易が始まると、工業品の国際市場価格が決定される。この価格がどのような値になるかは、自国と外国の工業品と農産物の供給と需要によって決まる。したがって、市場価格を求めるためには両国の二財に対する需要条件を導入しなければならないが、市場価格の取りうる範囲は、次のようにして需要条件を導入しなくても求めることができる。いま、工業品の国際市場価格を q_X 円、農産物の国際市場価格を q_M 円で表すことにしよう。そうすると工業品の相対価格 q_X/q_M リットルは、自国の工業品機会費用 5/6 リットルと外国の工業品機会費用 9/8 リットルの間に来なければならない。なぜそうなるかという理由は、市場価格がこの条件を満たさないと仮定した場合には矛盾が生じる、ということを示すことにより明らかにできる。もし市場価格 q_X/q_M が二国の機会費用のうちで低い方の機会費用である 5/6 を下回っていると仮定すると、自国の工業品生産企業も外国の工業品生産企業も、この価格でその製品を市場で売ると確実に損をするから、生産をストップする。そうすると、国際市場で工業品の供給はゼロになるが、他方、需要は存在するから超過需要が発生する。したがって、5/6 を下回っている価格は均衡価格でない。逆に、市場価格 q_X/q_M が二国の機会費用のうちで高い方の機会費用である 9/8 を上回っていると仮定すると、自国の工業品生産企業も外国の工業品生産企業も、この価格でその製品を市場で売ると確実にプラスの利潤を挙げることができるから、それを見てそれぞれの国で新しい企業が工業品生産に参入してくる。そうすると、工業で労働需要が増えるので、労働者は農業から工業へ転職する。企業の新規参入に伴う労働者のこの転職がいつまで続くかというと、農業における労働雇用がゼロにな

るまで続く。したがって、q_X/q_M が 9/8 を上回っているときには、農産物の国際市場への供給はゼロになる。一方、農産物に対する需要は存在するのでこの価格の下では超過需要が発生し、したがって、これも均衡価格でないことがわかる。すなわち、工業品の国際市場価格 q_X/q_M は 5/6 と 9/8 の間に来なければならない。このことを式で表すと

$$5/6 \leqq q_X/q_M \leqq 9/8 \qquad (12\text{-}5)$$

となる。

　この結果を利用すると、**規模がほぼ同じ国々の間では貿易により各国はその比較優位財の生産に完全に特化する**、ということを導き出すことができる。いま、話をわかりやすくするために、q_X/q_M を特定の値に定めることにしよう。その値は (12-5) 式の上限値（$9/8 \fallingdotseq 1.125$）と下限値（$5/6 \fallingdotseq 0.83$）の間に来る限りどのような値でもよいが、簡単化のために $q_X/q_M = 1$ と定めることにしよう。明らかにこの値は、(12-5) で示した値域内に入っている。自国では貿易開始後もその輸出財である工業品が生産されなければならないから、工業で価格・限界コスト均等条件 $q_X = 100W$ が成立している。これより自国における開放経済下の賃金率が $W = q_X/100$ 円のように得られる。もし自国で農業部門が存在しているとすれば、労働の産業間移動自由の条件により、農業でもこの賃金率で労働者が雇用されなければならない。そうすると、農産物の限界コストは $MC_M = 120W = 120q_X/100 = 1.2q_X$ 円となる。仮定により、$q_X = q_M$ であるから、$MC_M = 1.2q_M > q_M$ となり、農産物の限界コストはその市場価格より高くならざるを得ない。したがって実際には、貿易開始後賃金率が上昇したために、自国の農家は農産物の生産を維持することができない。すなわち $Y_M = 0$ である。完全雇用条件の下では、自国の全ての労働者は工業に雇用されるから、自国は工業品、すなわち比較優位財、の生産に完全特化する。開放経済下の工業品生産量は、(12-1) 式に $Y_M = 0$ を代入することにより、$Y_X = 4400/100 = 44$ メートルのように求めることができる。

　外国における開放経済下の生産状況も自国と同様に求めることが出来る。外国では貿易開始後もその輸出財である農産物が生産されなければならないから、農業で価格・限界コスト均等化条件 $q_M = 80W^*$ が成立している。これより外国における開放経済下の賃金率が $W^* = q_M/80$ 円として得られる（外国では通貨ドルが用いられているが、いま為替レートは 1 ドル = 1 円と仮定

している)。もし外国で工業部門が存在しているとすると、労働の産業間移動自由の条件により、工業でもこの賃金率で労働者が雇用されなければならない。そうすると、工業品の限界コストは $MC_X^* = 90W^* = 9q_M/8$ 円となる。仮定により $q_X = q_M$ であるから、$MC_X^* = 9q_X/8 > q_X$ となり、工業品の限界コストはその市場価格より高くならざるを得ない。したがって実際には、貿易開始後外国の賃金率が高くなったため、外国の企業は工業品生産を維持することができない。すなわち $Y_X^* = 0$ である。完全雇用条件の下では、外国の全ての労働者は農業に雇用されるから、外国はその比較優位財の生産に完全特化する。開放経済下の農産物生産量は、(12-4) 式に $Y_X^* = 0$ を代入することにより直ちに $Y_M^* = 42.5$ リットルと求めることができる。

これまで貿易開始後の工業品国際市場価格 q_X/q_M が (12-5) 式の上限値と下限値の間に来ている場合を考えてきたが、このようなケースは第12-1表に示されているように、貿易当事国の経済規模がほぼ同じであるときに生じる。もし自国の経済規模が外国の経済規模より著しく大きい場合、すなわち自国が大国で外国が小国の場合には、外国の工業品と農産物の生産量はそれぞれ自国の生産規模に比べて著しく小さい。そのため工業品の国際市場価格は、貿易開始前の自国における生産条件と需要条件によって決まってしまう。すなわち、自国における閉鎖経済下の価格 ((12-5) 式の下限値) に等しくなる。逆に、自国が小国で外国が大国の場合には、工業品の国際市場価格は貿易開始前の外国における生産条件と需要条件で決まるので、外国における閉鎖経済下の価格 ((12-5) 式の上限値) に等しくなる。いずれの場合でも、貿易開始後小国はその比較優位財の生産に完全特化するが、大国は比較優位財と共に比較劣位財の生産も維持し続ける。このことを自国が大国で外国が小国である場合を例にとって説明しよう。

自国が大国である場合、工業品の国際市場価格は自国における閉鎖経済下の価格に等しくなるから、$q_X/q_M = 5/6$ である。このとき開放経済下の外国の賃金率は $W^* = q_M/80$ 円となり、自国の賃金率は $W = q_X/100$ 円となるが、これは上で考えたケースと同じである。したがって、外国における工業品の限界コストは $MC_X^* = 9q_M/8$ のままであるが、$q_M = 6q_X/5$ を代入すると $MC_X^* = 27q_X/20$ となり、その市場価格 q_X より高くなる。したがって、小国である外国は比較劣位財である工業品を生産することができない。他方、自国では農産物の限界コストは $MC_M = 1.2q_X$ のままであるが、これに $q_X =$

$5q_M/6$ を代入すると $MC_M = q_M$ となる。したがって、大国である自国では、開放経済下でも工業品と共に農産物の生産が可能である。外国が大国である場合には、工業品の国際市場価格は外国における閉鎖経済下の価格に等しくなる。すなわち $q_X/q_M = 9/8$ となるが、この場合も同じ考え方により、自国がその比較優位財の生産に完全特化し外国が二財の生産を維持する、という結果を導き出すことができる。

第2節 貿易利益

前節の説明により、経済規模がほぼ同じ国々の間では、貿易の効果として各国はその比較優位財の生産に完全特化することがわかった。貿易のもう一つの効果は貿易利益の発生である。この**貿易利益**は、**世界全体の生産量**が増えるという形で示すことができるし、また**各貿易当事国の消費の可能性**が拡大するという形で表すこともできる。以下でこれらの効果を順次説明していこう。

1 世界全体の生産量

貿易の生産効果を調べるには、閉鎖経済下における各財の生産量と開放経済下における各財の生産量を比較すればよい。まず経済規模がほぼ同じ国々の間の貿易について考えることにしよう。開放経済下ではそれぞれの国はその比較優位財の生産に完全特化するので、各財の生産量は需要条件を考慮に入れなくても知ることができる。しかし各国における閉鎖経済下の生産量は、需要条件を知らなければ決めることができないから、需要条件として、各国の消費者はその所得を二財の消費に等分するものと仮定する。

この需要条件の下では、各国の消費均衡点は、第12-2図に描いたそれぞれの国の生産可能性境界の中点に来る。そして貿易開始前には各国の消費均衡点はまた生産均衡点でもあるから、自国の工業品生産量は22メートル、農産物生産量は18と1/3リットル、閉鎖経済下における外国の工業品生産量は18と8/9メートル、農産物生産量は21.25リットルとなる。したがって、このときの世界全体の生産量は工業品が40と8/9メートル、農産物が39と

7/12 リットルになり、これらの結果は開放経済下の世界全体の生産量と共に、第 12-3 表にまとめてある。

第 12-3 表　貿易の生産効果

		工業品（メートル）	農産物（リットル）
閉鎖経済	自国	22	$18\frac{1}{3}$
	外国	$18\frac{8}{9}$	21.25
	合計	$40\frac{8}{9}$	$39\frac{7}{12}$
開放経済	自国	44	0
	外国	0	42.5
	合計	44	42.5

　貿易が始まると、自国は工業品の生産に完全特化するので、工業品の世界全体の生産量＝自国の生産量＝44 メートルである。外国は農産物の生産に完全特化するので、農産物の世界全体の生産量＝外国の生産量＝42.5 メートルである。工業品の生産量を貿易開始前後で比較すると、40 と 8/9 メートルから 44 メートルに増加していることがわかる。また農産物の生産量を貿易の前後で比較すると、39 と 7/12 リットルから 42.5 リットルに増えていることがわかる。各国の生産技術と労働供給量は、第 12-1 表に示してあるとおり貿易開始の前後で不変であるので、これらの生産量の増加は全く貿易による効率の増加によって引き起こされたと考えざるを得ない。したがって、各財の世界全体の生産量の増加は貿易がもたらした利益である。なお、貿易当事国間で経済規模が著しく差がある場合には、第 1 節で説明したように、工業品の国際市場価格は大国の閉鎖経済下の価格と同じであるから、大国では二財の生産量が変化せず貿易利益は発生しない。小国では、貿易以前より輸出財が高く売れ輸入財が安く買えるから、貿易利益が発生する。例えば、自国が大国で外国が小国であるケースでは、外国の輸出財である農産物の価格は、貿易開始以前は $P_M^*/P_X^* = 8/9$ メートルであったのに対して、貿易開始後は $q_M/q_X = 6/5$ メートルとなるから、外国の農産物の輸出価格は高くな

る。一方、外国の輸入財である工業品の価格は、貿易開始前は P_X^*/P_M^* = 9/8 リットルであったのに対して、貿易開始後は q_X/q_M = 5/6 リットルとなるから、外国の工業品の輸入価格は安くなる。

2 消費の可能性

次に、各国の消費可能性が貿易のない場合より貿易がある場合に拡大していることを示すことによって、貿易利益の存在を確かめることにしよう。

一国の消費者全体、すなわち国民、の合理的な消費行動は、与えられた所得を自分たちの満足の程度が最高になるように各財の消費に振り分けることである。このことを経済学の専門用語を用いて表すならば、予算制約条件の下で満足を最大にするように消費を決める、ということである。ここで考えている二財モデルでは、予算制約条件は予算線で示される。工業品の消費量を D_X、農産物の消費量を D_M、国民所得を Y、でそれぞれ表すことにすると、国民の二財の消費額 $P_X D_X + P_M D_M$ はその国民所得を超えてはならないから、予算制約条件は

$$P_X D_X + P_M D_M = Y \tag{12-6}$$

で表される。この式を D_M について整頓すると

$$D_M = -(P_X/P_M)D_X + Y/P_M \tag{12-7}$$

が得られるが、これが予算線を示す式である。これからわかるとおり、その勾配は相対価格に-1をかけた値であるから予算線は右下がりの直線であり、その切片は実質国民所得である。消費均衡点はこの予算線上のどこか一点に決まる。貿易が行われていないときには、国民は国内で生産された財しか消費することができないから、消費均衡点は生産均衡点に一致しなければならない。したがって、閉鎖経済下の予算線は生産可能性境界に一致する。第12-4図に描かれた生産可能性境界の勾配は工業品の機会費用に-1をかけたものであるが、これは予算線の勾配でもある。生産可能性境界が縦軸上に作る切片は、全労働供給を農産物の生産に配置したときの農産物生産量=農産物で測った実質国民所得、を示している。

貿易が開始されると、自国と外国の経済規模がほぼ同じという前提条件の

下では、各国はその比較優位財の生産に完全特化する。したがって、自国の生産点は横軸上の $Y_X = 44$ の点（A 点）に移るが、これは工業品で測った自国の実質国民所得である。したがって、自国の予算線は、この点を出発して工業品の国際相対価格 q_X/q_M に-1 をかけた値を勾配とする左上がりの直線になる。第12-4 の左図でこの予算線は A 点から出発した点線で示されている。開放経済下における外国の生産点は縦軸上の $Y_M^* = 42.5$ の点（A^* 点）に移るが、これは農産物で測った外国の実質国民所得であるから、その予算線は A^* 点から出発して農産物の相対価格 q_M/q_X に-1 をかけた値を勾配とする右下がりの直線になる。第12-4 図の右図でこの予算線は A^* 点から出発した右下がりの点線で示されており、自国の開放経済下の予算線と平行である。

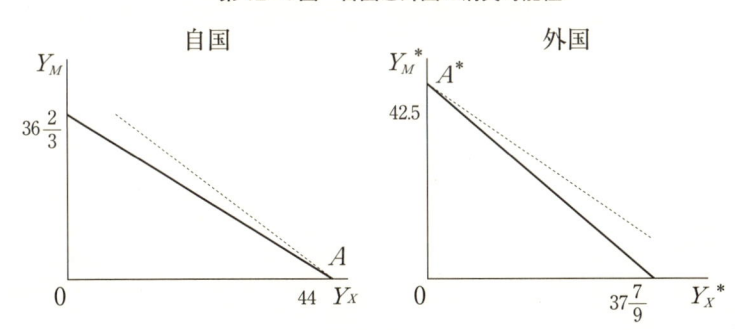

第12-4図　自国と外国の消費可能性

開放経済下の消費均衡点はこの予算線上になければならない。図から明らかなとおり、貿易開始後の自国の予算線は開始前の予算線の外側にあるから、A 点以外のどの消費均衡点においても、二財の消費量は貿易開始前の消費量より拡大していることがわかる。すなわち、貿易は自国の消費可能性を拡大している。同様に貿易開始後の外国の予算線も開始前の予算線の外側にあるから、貿易は外国の消費可能性を拡大しているということができる。これが消費可能性の拡大という形で表した両国の貿易利益である。

自国と外国の経済規模が著しく異なる場合も、この方法で両国の貿易利益を測ることができる。大国では貿易開始後も二財の生産が続行されるから、この国の消費者が直面する予算線は、貿易開始の前後をとおして生産可能性

境界と一致している。したがって、大国では消費の可能性が拡大しないから貿易利益は発生せず、その経済厚生は貿易の開始前後で不変である。小国では、上で述べた二国の経済規模がほぼ同じケースと同様に、貿易開始後はその比較優位財の生産に完全特化する。したがって、このとき消費者が直面する予算線は、生産点から出発する貿易相手国の生産可能性境界と平行な直線となり、小国の生産可能性境界の外側を通る。すなわち、小国では消費の可能性が拡大し、貿易利益が存在することが確認できる。

重要な専門用語

生産の完全特化　　生産可能性境界　　貿易利益　　消費の可能性

問 題

【1】　外国が大国で自国が小国である場合について、次の問に答えよ。
　①貿易開始後も外国は工業品と農産物の二財を生産するが、自国はその比較優位財の生産に完全特化する。このことを論証せよ。
　②外国では貿易利益が発生しないが自国では貿易利益が発生する。このことを論証せよ。

【2】　リカードー・モデルにおいて、工業品1メートルと農産物1リットルの労働投入量、各国の労働供給量が次のようであったとする。ただし、単位は ph。

	A国	B国
工業品（X 財）	70	90
農産物（M 財）	50	120
労働供給量	2,800	3,960

自由貿易下の国際価格比率が $q_X/q_M = 1$ であるとすると、貿易利益はどうなるか。世界全体の生産量と各国の消費の可能性の両方で示せ。

第13章

貿易構造の決定 (2)
ヘクシャー・オリーンの生産要素賦存説

　貿易構造決定理論の一つとして、リカードーの比較生産費説を第10章で学んだが、この章では、その第二の理論としてヘクシャー・オリーンの生産要素賦存説を取り上げる。リカードーの理論が説く所によると、貿易構造を決定する要因は生産技術の国際間格差であったが、これは我々の常識に合致するものであった。これに対して、20世紀の前半に活躍したスエーデンの経済学者エリー・ヘクシャーと1977年にこの業績によりノーベル経済学賞を受賞した同じくスエーデンの経済学者バーティル・オリーンは、生産要素賦存の国際間相違が貿易構造を決めると主張した。これも我々の常識に合った考えであろう。ただしここでいう生産要素賦存とは、一時点の資本ストックや労働人口を示すストック量を示すのではなく、一定期間の資本供給や労働力供給を意味している。

　以下では、まずヘクシャー・オリーンの理論の枠組みを紹介し、次いで生産要素賦存と財の生産量との関係を考え、そして生産要素賦存説の結論、各国は豊富に持つ生産要素を集約的に生産に用いる財を輸出する、を導き出し、最後に、生産要素賦存説に関する実証分析の結果であるレオンチェフ逆説を紹介する。

第1節　ヘクシャー・オリーン・モデル

　ヘクシャー及びオリーンが考える一国経済及び国際経済は次の九つの条件で構成されている。このうち一国経済を規定する五つの条件を、要素集約

性という標題を付けた第1セクションで説明し、国際経済を規定する四つの条件を、要素賦存比率と題した第2セクションで説明する。

1　要素集約性

①2財2生産要素

各国には工業品と農産物という二財が存在し、それぞれ労働と資本（Kという記号で示す）という二生産要素で生産される。

ここで新たに登場する資本とは、機械や建物のような資本財が提供するサービスを意味している。例えば、われわれがレンタカーを借りるとすると、レンタカーが資本財であり、それにより遠方へ速く且つ快適に行くことができることがレンタカーの提供するサービスである。

世界に二財のみが存在することはリカードー・モデルと同じであるが、それが一生産要素でなく二生産要素で生産される点がリカードー・モデルと異なっている。二生産要素モデルの長所は、次章で明らかになるように、貿易の所得分配効果を分析できる所にある。

②労働と資本の産業間移動自由

労働も資本も工業及び農業という二産業間を自由に移動できる。

リカードー・モデルでも想定したように、労働者は工業にも農業にも同じように働くことができるので、両産業間の転職は自由にできる。資本も、例えば、トラックや組み立て式の倉庫のように、普遍的にどの産業にも使用可能であると想定する。そうすると、資本財の所有者は工業と農業の二産業どちらにも資本財を貸すことができるので、資本も産業間の移動が自由である。この条件の下では、リカードー・モデルで学んだのと同じ市場メカニズムにより、労働者の賃金は工業と農業の二産業間で等しくなる。資本の価格は資本財のレンタル（賃貸料）であるが、これも同じ市場メカニズムにより二産業間で等しくなる。

③生産要素市場の完全競争

労働の市場及び資本の市場はそれぞれ完全競争が支配している。

リカードー・モデルで想定したのと同じく、労働組合は存在せず労働市場は完全競争状態にあると考える。他方、資本の市場は資本財の賃貸市場である。資本の供給者、すなわち資本財の貸し手、は資本財の所有者であり、資

本の需要者、すなわち資本財の借り手、は工業品や農産物を生産している企業である。この資本市場も完全競争状態にあると想定する。

この条件の下では、リカードー・モデルと同じ市場メカニズムにより労働の完全雇用が実現する。また、資本についても同じ市場メカニズムによりその完全雇用、すなわち、遊休設備ゼロ、が実現する。

④生産物市場の完全競争

工業品の市場及び農産物の市場では完全競争が支配している。

この条件の下では、リカードー・モデルで学んだのと同じ市場メカニズムにより、各産業で生産物価格は限界コストに等しい。リカードー・モデルで使ったのと同じ記号を用いることにすると、工業において、$P_X = MC_X$ が、農業において、$P_M = MC_M$ が、それぞれ成立している。

⑤要素集約性

二財はその生産技術により資本集約財と労働集約財に区別される。

ここで資本集約財というのは、他財と比べて資本を労働より相対的に多く生産に用いる財のことであり、労働集約財というのは、他財と比べて労働を資本より相対的に多く生産に用いる財のことである。ヘクシャー・オリーン・モデルにおいて各財の生産技術は労働投入係数と資本投入係数（財1単位を生産するのに必要な資本の量）で表すことが出来る。そこでこれを用いると、資本集約財とは、この財の資本投入係数／労働投入係数比率、すなわち要素集約性、が他財の比率より大きい財のことであり、労働集約財とは、それが他財の比率より小さい財のことである。以下では、工業品を資本集約財、農産物を労働集約財と特定して話を進めて行くことにする。

各財の要素集約性は、投入係数に具体的な数値を入れて例示すると理解し易いであろう。そこで、第13-1表にまとめたように、資本を馬力で測ることにして資本投入係数を工業品で $a_{KX} = 3$ 馬力、農産物で $a_{KM} = 4$ 馬力とし、労働投入係数を工業品で $a_{LX} = 2$ ph、農産物で $a_{LM} = 5$ ph とする。このとき各財の要素集約性は 1ph 当たりの馬力で測られるから比較が可能になる。そこで工業品と農産物に関して比較すると

$$a_{KX}/a_{LX} = 3/2 > 4/5 = a_{KM}/a_{LM} \qquad (13\text{-}1)$$

のように、工業品の比率が農産物の比率より大きいことがわかる。すなわち上の要素集約性の仮定が満たされている。なお、このとき各財の生産関数は、

リカード・モデルと同様に規模に関して収穫一定の性質を持つ。

　ここでは各産業の投入係数は定数であるから、常に工業品は資本集約的であり農産物は労働集約的である。しかし一般には、投入係数は定数ではない。実際、各財の要素集約性は、要素価格が変化すると、それが相対的に高くなった生産要素の使用を節約して相対的に安くなった生産要素で代替する、という方向で変化する。例えば、賃金が高くなれば機械化、すなわち資本の投入、を進めて労働投入を節約するから、各財の資本・労働投入比率は上昇する。資本レンタルを示す記号を R とすると、いま述べたことは、W/R 比率が上昇すると a_{KX}/a_{LX} も a_{KM}/a_{LM} も大きくなり、W/R 比率が下落すると a_{KX}/a_{LX} も a_{KM}/a_{LM} も小さくなる、と言い換えることができる。このことは更に、要素投入係数は要素価格比率の関数である、と一般化できる。生産要素賦存説では、そうであっても二財の要素集約性は逆転することはない、と仮定される。すなわち、ある要素価格比率の下で、工業品が資本集約財、農産物が労働集約財であれば、要素価格比率がこれよりどんなに高くなってもあるいは低くなっても、工業品は資本集約財で農産物は労働集約財のままである、と仮定される。

第13-1表　2財の資本投入係数と労働投入係数

	工業品	農産物
K（資本）（馬力）	3 (a_{KX})	4 (a_{KM})
L（労働）（ph）	2 (a_{LX})	5 (a_{LM})
K/L（馬力/ph）	3/2	4/5

2　要素賦存比率

生産要素賦存説の国際経済を規定する条件は次のとおりである。
⑥生産要素同質
　労働の質及び資本の質はそれぞれ二国間で同じである。
　労働の質、すなわち労働効率、が二国間で同じであることはリカード・モデルでも仮定されたが、ヘクシャー・オリーン・モデルでは資本の質も二

国間で同じであると仮定する。

　この条件を置くと、国際間で生産要素の賦存状態、すなわち一定期間の供給量、を比較することが可能である。そこで、第3-2表に掲げたように、ある一定期間、例えば一日、に自国は資本を $K = 120$ 馬力、労働を $L = 94$ ph 供給することができ、外国は同一期間に資本を $K^* = 120$ 馬力、労働を $L^* = 122$ ph 供給することができるものと想定する。このとき資本・労働賦存比率を取ると、自国では $120/94 = 1.28$ 馬力（1ph 当たり）、外国では $120/122 = 0.98$ 馬力（1ph 当たり）となり

$$K/L > K^*/L^* \tag{13-2}$$

という関係が成立する。このとき、自国は資本豊富国、外国は労働豊富国であるという。ここで注意すべき点は、各国の要素賦存状況を規定するものは要素賦存の絶対量ではなく相対量である、ということである。第13－2表の例では、自国と外国は資本供給の絶対量で見ると同じであるが、資本・労働賦存比率で見ると自国で大きく外国で小さい。

第13-2表　各国の要素賦存比率

	自国	外国
K（馬力）	120	120
L（ph）	94	122
K/L（馬力/ph）	1.28	0.98

　要素賦存比率の例として、日本、アメリカ、ドイツという先進工業国の要素賦存状況を第13-3表に示す。数字は少し古いがそのことが三国間の相対関係に影響することはないであろう。これで見ると、日本とドイツはアメリカと比べて要素賦存状況が似ている。すなわち、土地と労働で測ると、アメリカは土地豊富国であるのに対して、日・独両国は労働豊富国である。石油・ガスと労働で測るとアメリカはエネルギー資源豊富国であるが、日・独は労働豊富国である。なお、表には出ていないが、同じエネルギー源でも石炭で測ると、日本は相変わらずエネルギー資源稀少国であるが、ドイツはアメリカと共にエネルギー資源豊富国になる。また資本と労働で測ると、日・独両

第13-3表　日本・アメリカ・ドイツの要素賦存

		日本	アメリカ	ドイツ
耕地／労働力人口（ha/人）	1989年	0.08	3.48	0.60
石油・ガス産出高／労働力人口（トン／人）	1990年	0.04	6.69	0.53
資本ストック／労働力人口（千ドル／人）	1986年	62.51	55.56	68.70

(出所:『通商白書平成5年版』)

国は資本豊富国であるのに対してアメリカは労働豊富国である。

⑦生産技術同一

工業品と農産物の生産技術はそれぞれ二国間で同一である。

比較生産費説では各財の生産技術が二国間で異なっていたから、生産要素賦存説の技術の捉え方はそれと異なっている。これは、生産要素賦存説が貿易構造決定に対して国際間の要素賦存比率の差が重要であって、生産技術の格差はそれほど重要でないと考え、議論の錯雑化を避けるために生産技術の国際間格差を無視したためであろう。この条件の下では、自国の技術条件は外国にもあてはまるから、外国でも工業品は資本集約財で農産物は労働集約財である。

⑧国際間で生産要素の移動なし

国際間で労働移動も資本移動も存在しない。

リカード・モデルにおいても、国際間の労働移動がないことが仮定されたが、ヘクシャー・オリーン・モデルでは労働と共に資本も国際間を移動しないと仮定される。これは、資本財を外国に立地している企業に貸すことはない、ということを意味している。

⑨嗜好同一

自国国民と外国国民の嗜好は同一である。

個人の嗜好がその無差別曲線で示すことができるように、国民の嗜好も社会的無差別曲線で示すことができる。個人の無差別曲線とは、個人がある一定の満足の水準（厚生水準ともいう）を維持するために必要な二財（ここでは工業品と農産物）の消費量の組み合わせを描いた曲線であるが、社会的無差別曲線はこの個人の無差別曲線を集計したものである。そのような集計ができるためには幾つかの条件が必要であるが、ここではそれらの条件が満たされているものと仮定して話を進めていく。そうすると、この嗜好同一の条件は、

自国国民の社会的無差別曲線と外国国民の社会的無差別曲線とは互いに交わらない、と言い換えることができる。社会的無差別曲線の性質及びそれが存在するための十分条件についてはこの章の補論で詳しく述べることにする。

第2節　要素賦存と生産量

1　生産可能性境界

前章で学んだように、二財の生産は技術と要素賦存量によって決まる。このとき得られる最大の生産量、すなわち効率的な生産量、の組み合わせが生産可能性境界であるが、それはリカード・モデルでは労働の完全雇用条件から求めることができた。この章でも、生産可能性境界は生産要素の完全雇用条件から導き出すことができる。ただし、ヘクシャー・オリーン・モデルでは二つの生産要素が存在するから、完全雇用条件も二つ存在する。そして今ここで考えているような固定投入係数の場合には、生産技術は硬直的であるので、各生産要素の完全雇用条件のグラフは、リカード・モデルと同じく右下がりの直線になる。与えられた技術と資源賦存の下で最大の生産量を得るためには、当然、失業や遊休設備があってはならないから、生産可能性境界は二本の右下がりの直線の交点でなければならない。すなわち、このモデルでは、生産可能性境界は一つの点になる。以下でこのことを自国のケースから述べていこう。

リカード・モデルと同じように、ある一定期間において生産される自国の工業品生産量を Y_X メートル、農産物生産量を Y_M リットルで表すことにする。このとき経済全体の資本需要量は、第13-1表に示されている資本投入係数を用いると、$(3Y_X + 4Y_M)$ 馬力となり、資本の供給量は第13-2表で示されているように120馬力であるから、資本の完全雇用条件は(13-3)の第①式で表される。同様に考えると、経済全体の労働需要量は $(2Y_X + 5Y_M)$ ph でありその供給量は94phであるから、労働の完全雇用条件は(13-3)の第②式で表される。

$$\begin{array}{ll} 3Y_X + 4Y_M = 120 & ① \\ 2Y_X + 5Y_M = 94 & ② \end{array} \quad (13\text{-}3)$$

第13-4図のように、縦軸に Y_M を、横軸に Y_X を、それぞれ取った座標平面において、資本の完全雇用条件は縦軸の切片が30、横軸の切片が40である右下がりの直線で表すことができる。図の直線①がこれである。労働の完全雇用条件は縦軸の切片が18.8、横軸の切片が47である右下がりの直線で示される。図の直線②がこれである。両直線の交点をSとすると、このS点が求める効率的な生産点であり、またヘクシャー・オリーン・モデル固定投入係数ケースでの生産可能性境界である。以下でこのことを説明しよう。

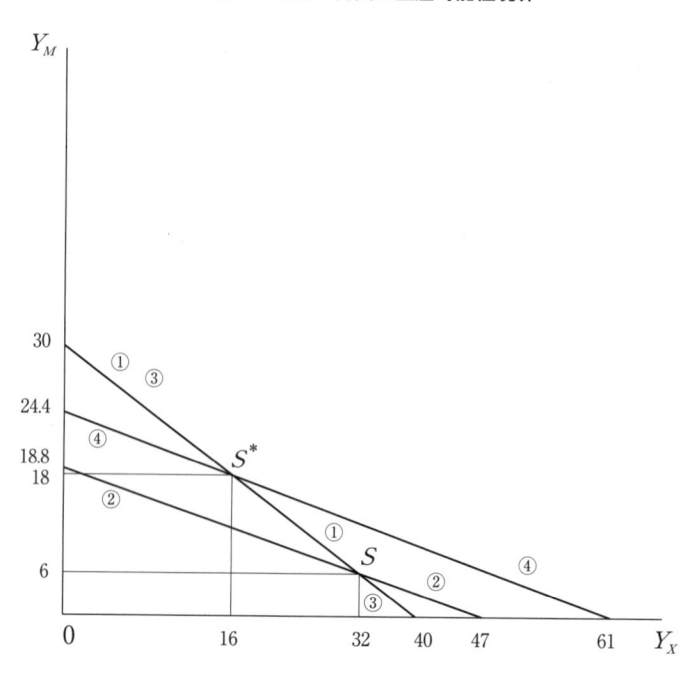

第13-4図　自国の生産可能性境界

　資本の完全雇用条件から見ていくことにする。直線①の上方の領域は、ここで二財の生産を行おうとすると資本が不足するので、生産が不可能な点の集合、すなわち生産不可能領域、である。直線①の下方の領域は、ここでは二財の生産は可能であるがこれを実行すると遊休設備が発生するので、非効率な生産点の集合、すなわち非効率的生産領域、である。そうすると、資本に関して効率的な生産点の集合は直線①上のみになる。労働の完全雇用条件

についても同じように考えることができる。直線②の上方は労働力不足のために生産が不可能な領域であり、その下方は生産は可能であるがそれを実行すると労働者の失業が発生するために非効率的になる生産の領域である。したがって、直線②の線上のみが労働に関する効率的生産点の集合になる。しかしこの線上でもその切片 $Y_M = 18.8$ と S 点で挟まれた部分（S 点は含めない）は直線①の下方の領域を通っているから、労働は完全雇用であっても資本は失業しており、したがって、資本と労働の両方を考えるならば非効率的な生産点の集合になる。また同じ線上の S 点と切片 $Y_X = 47$ で挟まれた部分（S 点は含めない）は直線①の上方の領域を通っているから、ここでは労働は完全雇用であるが資本がボトル・ネックになって生産が不可能になる点の集合である。したがって、労働と資本の両方を考えるならば、直線②上で生産可能で且つ非効率的でない生産点は S 点しかないことがわかる。同じことを資本について吟味すると、直線①上で生産可能で非効率的でない生産点は S 点のみであることもわかるから、最初に結論付けたように、効率的生産点は S 点のみである。

　S 点が自国の効率的生産点であることがわかったので、次にここでの各財の生産量を求めよう。これは (13-3) 式の二式を解くことによって求めることができる。(13-3) 式は連立二次方程式であり、左辺の係数が作る行列式はゼロでないから、解が存在する。それを求めると、$(Y_X, Y_M) = (32, 6)$ となる。すなわち、与えられた生産技術と資本・労働の供給量の下で得られる最大の生産量は工業品が 32 メートル、農産物が 6 リットルである。

　外国の生産可能性境界も自国と同様に求めることができる。外国の記号には＊印を付けて自国のものと区別し、各財の生産技術は自国でも外国でも同じであることに注意すると、外国資本の完全雇用条件は、その供給量が120馬力であるから、(13-4) の③式で示される。外国労働の供給量は 122ph であるから、その完全雇用条件は (13-4) の④式で示される。

$$3Y_X^* + 4Y_M^* = 120 \quad ③$$
$$2Y_X^* + 5Y_M^* = 122 \quad ④ \qquad (13\text{-}4)$$

　自国の場合と同じように、外国の生産可能性境界は③式と④式の交点である。③式は左辺の係数も右辺の与件も①式と全く同じであるから、第13-4図では①式のグラフである直線①と一致する。そこで、直線①にはさらに③

という番号も付けることにする。④式のグラフは、縦軸との切片が24.4、横軸との切片が61の、右下がりの直線である。この図では直線④で示されている。この直線は自国労働の完全雇用条件を示す直線②と平行でそれより上方を通っている。直線③と直線④の交点を S^* とすると、これが外国の生産可能性境界である。この点における各財の生産量は（13-4）の連立二次方程式を解くことにより、$(Y_X^*, Y_M^*) = (16, 18)$ のように求めることができる。

このように生産技術が硬直的な場合、各国の生産可能性境界は生産要素の完全雇用条件を表す二つの直線の交点のみになる。しかし生産技術が弾力的で規模に関して収穫一定のときは、要素価格の変化に応じて投入係数が変化し、それに応じてこれらの直線の勾配と切片が動くから、その交点、すなわち生産点、は無数にできる。実際は、生産可能性境界は曲線になる。例えば、工業品の相対価格 P_X/P_M が上昇すると、コスト条件が不利で今まで生産していなかった企業が工業品生産に参入し始め、農業ではコスト条件が不利な企業の退出が起こるから、生産比率 Y_X/Y_M も上昇するであろう。そして逆に、P_X/P_M が下落すると Y_X/Y_M も下落するであろう。詳しい説明は第22章で行うことにするが、この場合の生産可能性境界は右下がりの曲線になることが予想される。さらにこの曲線の勾配は農産物で測った工業品の限界変形率に等しいが、これは P_X/P_M が上昇するにつれて逓減するので、生産可能性境界は右下がりである上に原点に対して凹型の曲線になると予想される。

2 要素賦存と生産量

自国と外国の二財生産量と、資本と労働の賦存量とを比べると、この両者の関係を規定する法則を見出すことができる。この二国における一日当たりの資本供給量は、第13-2表に示されているように、$K = K^* = 120$ 馬力であり、労働供給量が $L = 94$ph < 122ph $= L^*$ と外国の方が大きい。このとき両国の二財の生産量は、労働集約財の農産物が $Y_M = 6$リットル < 18リットル $= Y_M^*$ と外国で大きく、資本集約財の工業品が $Y_X = 32$メートル > 16メートル $= Y_X^*$ と自国で大きい。そして両国で生産技術はそれぞれの財で同一であるから、この結果は、一国内で資本供給量が一定で労働供給量のみが変化したときの生産量の変化を示していると解釈することも可能である。第13-4図において労働の完全雇用条件が直線②から直線④に移るケースは労働供給増加のケースであり、逆方向に

移るケースは労働供給減少のケースである。このように解釈すると、要素賦存と生産に関して次のような法則が得られる。

資本の供給が一定で労働供給のみ増加し、労働供給増加の前後で各財の生産技術が不変であるならば、労働集約財の生産が増え資本集約財の生産が減る。逆に、労働供給が減少する場合には、労働集約財の生産が減り資本集約財の生産が増える。

労働供給が増加すると労働集約財である農産物の生産が増えることは予想がつくが、それと同時に、資本集約財である工業品の生産が減ることは予想に反しているかも知れない。

しかしこの事実は次のような市場メカニズムによって簡単に説明がつく。すなわち、供給が増加した労働を雇用するために農業生産が増えると、当然、農業では資本の需要も増加しなければならない。ところが資本の供給量は不変で完全雇用状態にあるから、農業で必要とされる資本は工業から引き抜く以外に調達することができない。資本投入係数は一定であるので、工業から農業へ資本が移動すると、工業生産は減少せざるを得ない。したがって、他の条件一定の下で労働供給が増加すると、労働集約財の生産が伸びて資本集約財の生産が減ることになる。しかも工業から農業へ資本が移動して工業生産が減少すると、それに伴って要らなくなった労働も農業に移動するから、農業生産で使用される労働量は労働供給の増加分より多くなる。したがって、農産物生産の増加率は労働供給増加率を上回ると予想される。実際、上で学んだケースについてそれぞれの増加率を計算すると、農産物生産の増加率は$(18-6)/6=2$倍であるのに対して、労働供給の増加率は$(122-94)/94=0.3$であるから、やはり、農産物生産増加率＞労働供給増加率となっていることがわかる。

労働供給の増減による生産効果と同じことが資本供給の増減についてもいえる。すなわち、**労働の供給が一定で資本供給のみ増加し、資本供給増加の前後で各財の生産技術が不変であるならば、資本集約財の生産が増え労働集約財の生産が減る。逆に、資本供給が減少する場合には、資本集約財の生産が減り労働集約財の生産が増える。**

以上の労働供給が変化する場合と資本供給が変化する場合とをまとめると、要素賦存と生産量の関係は次のように一般化できるであろう。**ある一つの生産要素の供給のみが増加し、その前後で財の生産技術が不変であるなら**

ば、増加要素を集約的に用いる財の生産が増加し、そうでない財の生産が減少する。なお、この法則は発見者の名前を取って、リプチンスキー定理と呼ばれている。

第3節　生産要素賦存説

第1節と第2節で考えてきたことを活用すると、生産要素賦存説を導き出すことができる。以下でそれを説明しよう。

第13-5図は貿易開始前の自国と外国の経済を示している。図のS点は第13-4図で得られた自国の生産点に対応している。したがって、その座標は$(Y_X, Y_M) = (32, 6)$である。貿易開始前、すなわち自国が閉鎖経済のときには、その消費者は国内で生産した財しか消費することができないから、このS点は消費点でもある。そうすると、この点を通る自国の社会的無差別曲線が存在し、しかもS点で価格線と接している。いまこの社会的無差別曲線をU_0U_0で示し、価格線を直線ABで示すことにすると、この直線の勾配は自国の閉鎖経済下の工業品相対価格P_X/P_Mに等しく、OBは農産物で測った自国の国民所得に等しい（これらの詳しい説明は本章の補論に委ねることにする）。したがって、直線ABは自国の貿易開始前の予算線でもある。

同じ図のS^*点は第13-4図で得られた外国の生産点に対応している。したがって、その座標は$(Y_X^*, Y_M^*) = (16, 18)$である。そしてこの生産点はまたこの国の貿易開始前の消費点でもあるから、この点を通る社会的無差別曲線が存在し、しかもこの点で貿易開始前の価格線と接している。いまこの社会的無差別曲線をU_1U_1で表すと、自国と外国の嗜好同一の条件により、U_1U_1はU_0U_0と交わることはない。すなわち、この二本の社会的無差別曲線は自国の社会的無差別曲線であると同時に外国の社会的無差別曲線でもある。閉鎖経済下の外国の価格線を直線$A'B'$で示すことにすると、この勾配はそのときの工業品相対価格P_X^*/P_M^*に等しく、OB'は農産物で測った外国の国民所得に等しい。したがって、直線$A'B'$は外国の貿易開始前の予算線でもある。

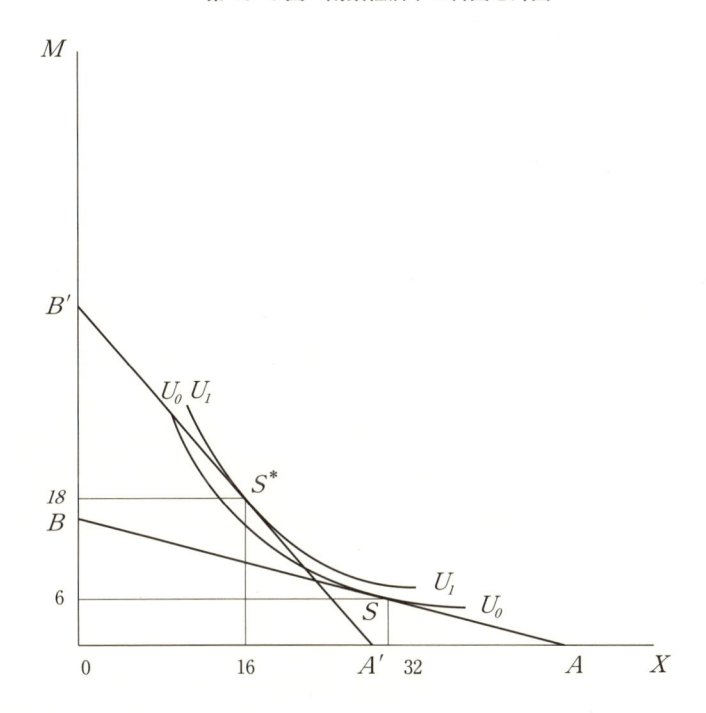

第13-5図 閉鎖経済下の自国と外国

[図: 縦軸 M、横軸 X。直線 $B'A'$ と直線 BA。B' から始まる急な直線、B(=18)から A(=32)への緩い直線。無差別曲線 U_0, U_1 が S^* で接し、U_0, U_1 が S(=6)で接する。A' は横軸上。]

閉鎖経済下の両国の工業品相対価格を比較すると、第13-5図から明らかなとおり、直線 AB の方が直線 $A'B'$ より傾斜が緩いから、

$$P_X/P_M < P_X^*/P_M^* \tag{13-5}$$

がいえる。生産物市場の完全競争条件から、この価格比率はそれぞれ工業品の農産物で測った機会費用に等しいので、(13-5) から自国は工業品に比較優位を持ち外国は農産物に比較優位を持つ、ということがわかる。自国が資本豊富国、外国が労働豊富国、工業品が資本集約財、農産物が労働集約財であることを思い起こすと、この結果は、資本豊富国は資本集約財に比較優位を持ち、労働豊富国は労働集約財に比較優位を持つ、と言い換えることができる。これにより、ヘクシャー・オリーンの生産要素賦存説、すなわち、**条件①〜⑨の下では、資本豊富国は資本集約財に、労働豊富国は労働集約財に、それぞれ比較優位を持つ**、という結論が導き出された。

第4節　レオンチェフ逆説

　生産要素賦存説は現代国際経済学に大きな影響を与えた理論であるので、その説く所が現実に適合しているかどうかを検証することは興味深い事柄である。これについて最初に実証分析を行ったのは、産出・投入分析で有名なアメリカの経済学者ワシリー・レオンチェフであるが、彼は後にレオンチェフ逆説と呼ばれるようになった結論、すなわち、生産要素賦存説の現実適合性を否定する結論を得た。以下でそれを簡単に紹介しよう。

　レオンチェフは192部門から成るアメリカの1947年産出・投入表を用いて、その輸出100万ドル当たりの生産に必要な資本投入量（すなわち、輸出の資本投入係数）と労働投入量（すなわち、輸出の労働投入係数）を求めた。その結果は第13-6表の左欄に示してあるとおりである。同時に彼は、アメリカの輸入財がアメリカの技術を用いて生産された場合（これを競争的輸入という）、その競争的輸入100万ドル当たりに必要な資本投入量と労働投入量を求めた。その結果は第13-6表の右欄に示してあるとおりである。このレオンチェフの仮定は、自国と外国で生産技術同一というヘクシャー・オリーン・モデルの条件と合致しているので、問題はない。このようにして得られた資本投入量と労働投入量からアメリカの輸出と競争的輸入の資本・労働投入比率を求めると、第13-6表から明らかなとおり、輸出が輸入より労働集約的であるという結果が得られた。生産要素賦存説に従うと、この結果はアメリカが労働豊富国で残余の諸国が資本豊富国であることを示しているが、これはアメリカが資本豊富国であるという一般的通念に矛盾している。そこでこの結果はレオンチェフ逆説と呼ばれるようになった。

第13-6表　アメリカの輸出及び競争的輸入の資本投入係数と労働投入係数

	輸出100万ドル当たり	競争的輸入100万ドル当たり
資本投入（ドル）	2,084,600	2,243,900
労働投入（人・年）	179.42	164.28
資本・労働投入比率	11,618	13,659

第 1 節で学んだように、生産要素賦存説がいえるためには九つの条件が必要であるが、現実にはそれらが全て成立しているとは限らない。もしそれらの条件の一つでも成立していなければ生産要素賦存説はいえなくなるから、この場合にはこの学説とレオンチェフ逆説との両立が可能になる。その方向で両者を調和させようとする試みが多数行われているが、ここではその代表として、レオンチェフ自身が行った試みを紹介しよう。それは資本と労働というヘクシャー・オリーンが考えた二要素に、自然資源という他の一要素を加えて貿易構造を説明しようとする試みである。レオンチェフ逆説の導出に使われた 192 部門の中から、アメリカ国内では生産されない輸入部門（すなわち、非競争的輸入部門）である 19 の資源産業を除いて同様の計算を行うと、第 13-7 表に示されているように、今度はアメリカの輸出が資本集約的、アメリカの競争的輸入が労働集約的となり、レオンチェフ逆説は消滅する。このような結果が得られた理由は、アメリカの資源輸入はその海外投資によって開発されたものが多く、資本と補完的に結びついていると解釈できるためである。したがって、資源産業を除いてアメリカの競争的輸入部門の要素集約性を計算すると、資源と結びついている資本投入も除かれるので、アメリカの競争的輸入は労働集約的になり、それと共にその輸出は資本集約的になる。

第 13-7 表　アメリカの輸出及び競争的輸入の資本投入係数と労働投入係数
（資源産業 19 部門を除いた場合）

	輸出 100 万ドル当たり	競争的輸入 100 万ドル当たり
資本投入（ドル）	2,274,700	1,853,900
労働投入（人・年）	224.63	199.62
資本・労働投入比率	10,127	9,287

重要な専門用語

要素集約性　　要素賦存比率　　リプチンスキー定理　　生産要素賦存説
レオンチェフ逆説

問題

【1】 ヘクシャー・オリーン・モデルにおいて、工業品と農産物の生産技術は第13-1表で示されているものとする。このとき自国と外国の資本と労働の供給量が

	自国	外国
資本（馬力）	146	132
労働（ph）	130	130

であると仮定する。
① 各国の資本・労働賦存比率を求め、どの国が資本豊富国でどの国が労働豊富国であるか示せ。
② 二国の生産可能性境界を一つの図に図示せよ。
③ 各国の工業品と農産物の生産量を求めよ。
④ 自国において初期の要素賦存が上の表の外国の要素賦存と同じであり、次期の要素賦存が表の自国のものと同じであるとして、リプチンスキー定理が成立するかどうか検討せよ。
⑤ 各国の貿易パターンを求めよ。

参考文献

鈴木克彦『貿易と資源配分』有斐閣、1987年。
　第3章においてレオンチェフ逆説の紹介とそれを巡る様々な研究について整理している。

第13章

補論

1 相対価格の図示

第13A-1図のように、横軸に工業品（X財）の生産量と消費量を、縦軸に農産物（M財）の生産量と消費量をそれぞれ測った座標平面において、工業品の相対価格P_X/P_Mは右下がりの直線の勾配で表すことができる。このことを説明しよう。

第13A-1図

いま、$0A$で表された量の工業品と$0B$で表された量の農産物が等価であったとすると、

$$P_X \cdot 0A = P_M \cdot 0B$$

という等式が成立する。この両辺を $P_M \cdot 0A$ で割っても等号関係は変わらないから

$$P_X/P_M = 0B/0A$$

が成立する。直角三角形 $0AB$ において、その正接は $0B/0A$ であるから、

$$tan \angle 0AB = 0B/0A = P_X/P_M$$

である。すなわち、工業品の相対価格は右下がりの直線 BA の勾配で示すことができる。

2　社会的無差別曲線存在のための十分条件

本文でも述べたとおり、社会的無差別曲線は個人の無差別曲線を集計したものである。しかし個人の間では嗜好が相違しており所得格差も存在するから、その無差別曲線を無条件で社会的無差別曲線に集計できるわけではない。このことが可能であるための十分条件としてこれまで考えられてきているのは、次の三つの二者択一的な条件である。

①代表的個人

　各個人の嗜好が同一でその所得も同一であれば、多数の個人がいても彼等は消費面では同一であるから、その無差別曲線も同一である。したがって、それを集計して社会的無差別曲線を得ることが可能である。個人の無差別曲線はその厚生（効用）関数で表すことができるから、個人間で嗜好同一ということは各個人の厚生関数が同じ、ということでもある。

②各個人が相似拡大的な同一の厚生関数を持つ。

　相似拡大的な厚生関数は多数財の下でも存在しうるが、単純化のために二財の世界で定義すると次のようになる。すなわち、相似拡大的な厚生関数とは、二財の価格比率が同じときに所得がどのように変化しても二財の消費比率が変わらないような厚生関数、である。したがって、相似拡大的な厚生関数の無差別曲線は、平行な幾つかの価格線との接点が原点から出発した放射線上に並んでいる、という性質を持つ。各個人がこのような厚生関数を持ちしかもそれらが同一であるときは、個人間に所得格差が存在しても個人の無差別曲線を社会的無差別曲線へ集計することが可能である。

③各個人が同一の所得と相似拡大的な厚生関数を持つ。

このときは、各個人の所得が同一であるので、厚生関数が相似拡大的である限り個人間で異なっていても、社会的無差別曲線への集計が可能である。

3　社会的無差別曲線の性質

社会的無差別曲線の基になる社会的厚生（効用）関数を

$$U = U(D_X, D_M)$$

と表すことにしよう。ここでUは社会全体の厚生、D_M及びD_Xはそれぞれ農産物と工業品の社会全体の消費量を示している。関数UはD_MあるいはD_Xが増加するとき増加し、それが減少するときに減少する。そして消費者としての国民は、同じ値の(D_X, D_M)に対して異なるUの値を付けることはない、という意味で合理的であると仮定する。

D_Xが微少量$\varDelta D_X$だけ増加したときのUの増加量を$\varDelta U$とすると、D_X1単位当たりの厚生増加分、$\varDelta U/\varDelta D_X$、は工業品の限界効用と呼ばれる。農産物についても同様で、$\varDelta U/\varDelta D_M$がその限界効用を示している。いずれの財の限界効用も次の二つの性質を持つ。①限界効用はプラスの値を持つ。②限界効用は逓減する。①の性質は、各財が国民にとって有用であることを意味し、②の性質は、各財の有用性がその消費量が増えるにしたがって減っていくことを意味している。

このような社会的厚生関数の性質に基づいて、社会的無差別曲線は次のような四つの性質を持つ。いずれも個人の無差別曲線が持っているのと同じ性質である。

①右下がりの曲線

第13A-2図のように、D_Xを横軸に、D_Mを縦軸に、それぞれ取った座標平面において、社会的無差別曲線は右下がりの曲線である。その理由は、財の限界効用はプラスであるので一財の消費量が増えれば社会的厚生が増え、同一の社会的無差別曲線上に留まるためには他財の消費量を減らさなければならないからである。

②互いに交わらない。

厚生Uの値が異なるのに応じて社会的無差別曲線も異なるが、このとき

第13A-2図　社会的無差別曲線

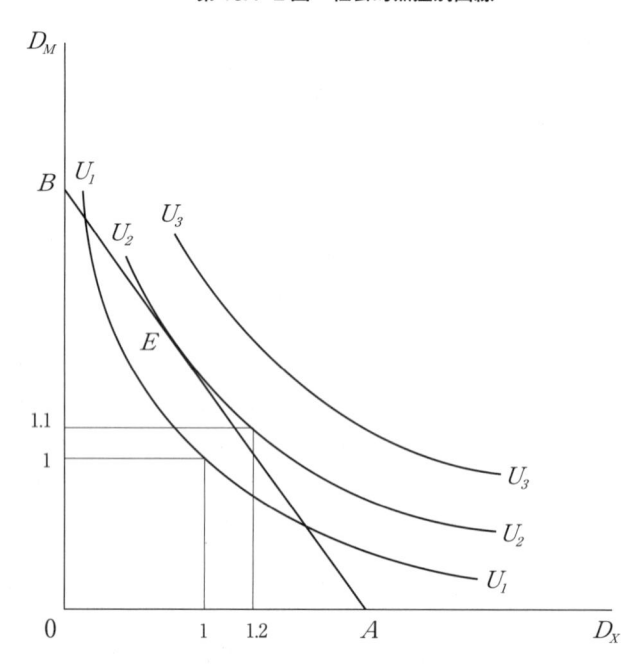

それらは互いに交わることがない。その理由は、もしそうでなければ矛盾が生じることを示すことにより、明らかにすることができる。$(D_X, D_M) = (1, 1)$ の消費の組み合わせにより国民が得る社会的厚生を U_1 とし、$(D_X, D_M) = (1.2, 1.1)$ の消費の組み合わせにより国民が得る社会的厚生を U_2 とすると、明らかに、(1.2, 1.1) は (1, 1) より二財の消費量が共に多いから、U_2 は U_1 より選好されなければならない。したがって、第13A-2図に描かれているように、これらの点の近辺では U_1 の社会的無差別曲線は U_2 の社会的無差別曲線より原点に近い所を通っている。もしこれらの社会的無差別曲線がどこか一点、例えば、$(D_X, D_M) = (0.7, 1.8)$ で交わっていたとすると、国民はこの消費の組み合わせに対して U_1 と U_2 という二つの異なる社会的厚生を付けることになる。しかしこれは消費者としての国民の合理性の仮定に矛盾している。したがって、このようなことはあり得ない。

このことの論理的帰結として直ちに明らかになることは、U_2 が U_1 より選好されるならば U_2 に対応する社会的無差別曲線は常に U_1 に対応する社会

的無差別曲線より原点から遠い所を走っている、ということである。換言すれば、社会的無差別曲線は等高線のように無数に存在し、原点から近いほどその社会的厚生の選好度は低く、原点から遠ざかるほどその社会的厚生の選好度は高い。

③予算線(右下がりの直線で、その勾配が工業品の相対価格に等しく、その縦軸との切片が農産物で測った国民所得に等しい直線)が与えられると、これと接する社会的無差別曲線が必ず存在する。このときの接点が、与えられた相対価格と国民所得の下で最も望ましい社会的厚生を達成する消費点(効率的消費点)となる。

第13A-2図において、右下がりの直線 BA の勾配は所与の工業品相対価格 P_X/P_M に等しく、その縦軸との切片 $0B$ は農産物で測った所与の国民所得に等しいものとすると、直線 BA はこの国の予算線である。このとき曲線 U_2U_2 のように BA に接する社会的無差別曲線が必ず存在し、それと予算線との接点 E が効率的消費点になる。その理由は次のとおりである。U_2U_2 より上方にある社会的無差別曲線、例えば U_3U_3 は U_2 より選好される社会的厚生を示しているが、予算線 BA と交わったり接したりすることはないから、その社会的厚生は与えられた価格と所得の下では達成不可能な社会的厚生である。また U_2U_2 より左下方にある社会的無差別曲線、例えば U_1U_1 は予算線 BA と二点で交わるから、達成可能な社会的厚生を示している。しかし U_1 は U_2 より選好されない社会的厚生を示しているから、これらの交点は効率的な消費点ではない。したがって、与えられた予算線 BA の下では、社会的無差別曲線 U_2U_2 との接点 E のみが効率的消費点になる。

効率的消費点では消費の均衡条件

$$\text{工業品の農産物で表した限界代替率} = P_X/P_M$$

が成立している。このことを以下で説明しよう。

社会的無差別曲線の上で工業品の消費を微少な量 $\varDelta D_X$ だけ増やすと、上の①で述べたように、農産物の消費を減らさなければならない。この量を $-\varDelta D_M$ (ここでは $\varDelta D_M$ はマイナスの値を取っているからこれをプラスの値に直して表示している)とすると、両者の比 $-\varDelta D_M/\varDelta D_X$ は工業品の消費を1単位増やしたときに減らさなければならない農産物の消費量を示しており、これを工業品の農産物で表した限界代替率という。そして工業品の消費1単位をごく小

さい量に取ると限界代替率は社会的無差別曲線の接線の勾配に等しくなる。限界代替率の定義式の分子・分母をΔUで割ってもその値は変わらないから

$$\text{工業品の農産物で表した限界代替率} = \frac{-\Delta D_M / \Delta U}{\Delta D_X / \Delta U} = \frac{\text{工業品の限界効用}}{\text{農産物の限界効用}}$$

と表すことができる。効率的消費点では社会的無差別曲線は予算線に接しているから、その接線の勾配＝予算線の勾配である。したがって、上の消費の均衡条件が成立している。

④原点に対して凸

第13A-2図に描かれているように、それぞれの社会的無差別曲線は原点に対して凸の曲線である。これは上で述べた限界効用逓減の性質による。以下でそれを説明しよう。

社会的無差別曲線U_2U_2上の点Eにおいて右下方あるいは左上方に移動すると、この無差別曲線の接線の勾配は変化する。それに応じて限界代替率も変化する。例えば、右下方へ移動したとすると、D_Xが増加するから工業品の限界効用は低下する。これと同時に社会的無差別曲線上ではD_Mが減少しなければならないから、農産物の限界効用は増大する。したがって、社会的無差別曲線上を右下方へ移動すると、工業品の農産物に対する限界代替率は低下するから、無差別曲線の接線の勾配も小さくならざるを得ない。逆に、社会的無差別曲線上を左上方に移動すると、今度はその接線の勾配が大きくならなければならないことも、同じようにして説明することができる。したがって、各財の限界効用が逓減するとき、社会的無差別曲線は原点に対して凸でなければならない。

第14章

貿易の効果 (2)
所得分配の変化

　前の章では、ヘクシャー・オリーンの生産要素賦存説を学んだ。それによると、各国の比較優位の構造は生産要素の賦存比率によって決まり、各国はその豊富要素を生産において集約的に用いる財に比較優位を持つことがわかった。そこでこの章では、生産要素賦存説に基づいて貿易が始まったとき、どのような貿易効果が生まれるかを考える。当然、ヘクシャー・オリーン・モデルにおいても、比較生産費説が説いたような貿易利益が発生し、各国の資源配分が比較優位財の生産に集中する動きが起こりうる。この章ではまず貿易利益の存在を確認し、そしてこの貿易利益の分配が、輸出財生産に集約的に用いられている生産要素の所有者に有利に、そうでない生産要素の所有者に不利に行われることを明らかにする。実際、分析の結果明らかになることであるが、所得分配が不利になる生産要素の所有者は、貿易利益の分け前を受け取るどころか、現状の所得水準を維持することすら困難になる。以下では、第1節で貿易利益の存在を示し、第2節で貿易開始前の所得分配状態を、第3節で貿易開始後の所得分配状態を、それぞれ考え、その後この両者を比較して貿易の所得分配効果に関する結論を導き出す。

第1節　貿易利益

1　閉鎖経済下の社会的厚生

　貿易開始前の自国と外国の社会的厚生と貿易開始後の両国の社会的厚生を比較して、貿易利益の存在を明らかにしよう。

　自国と外国は、前章第1節で示したヘクシャー・オリーン・モデルの九つの条件を満たしているものとする。そして自国と外国の工業品と農産物の生産技術は、それぞれ第13-1表で示した資本投入係数と労働投入係数で表され、両国の生産要素賦存は、第13-2表で示した資本供給量と労働供給量で表されるものとする。したがって、工業品は資本集約財、農産物は労働集約財であり、自国は資本豊富国、外国は労働豊富国である。

　前章の第2節で明らかにしたように、自国の生産量は $(Y_X, Y_M) = (32, 6)$ であり、外国の生産量は $(Y_X^*, Y_M^*) = (16, 18)$ である。工業品の生産量と消費量を横軸に、農産物の生産量と消費量を縦軸に、それぞれ取った平面図（第14-1図）にこれらの生産点を描くと、自国の生産点は S 点に、外国の生産点は S^* 点に来る。

　閉鎖経済においては、各国の消費点は生産点に一致しなければならないから、S 点は自国の消費点でもあり S^* 点は外国の消費点でもある。したがって、S 点を通る社会的無差別曲線 $U_0 U_0$ が貿易開始前の自国の社会的厚生を示し、S^* 点を通る社会的無差別曲線 $U_0^* U_0^*$ が貿易開始前の外国の社会的厚生を示している。

2　開放経済下の社会的厚生

　生産要素賦存説により、自国は工業品に比較優位を持ち、外国は農産物に比較優位を持っている。自国における工業品の相対価格を P（すなわち、$P = P_X/P_M$ リットル）、外国における同財の相対価格を P^* とすると、この比較優位の構造は

$$P < P^* \qquad (14\text{-}1)$$

第14章　貿易の効果 (2)　177

第14-1図　貿易利益

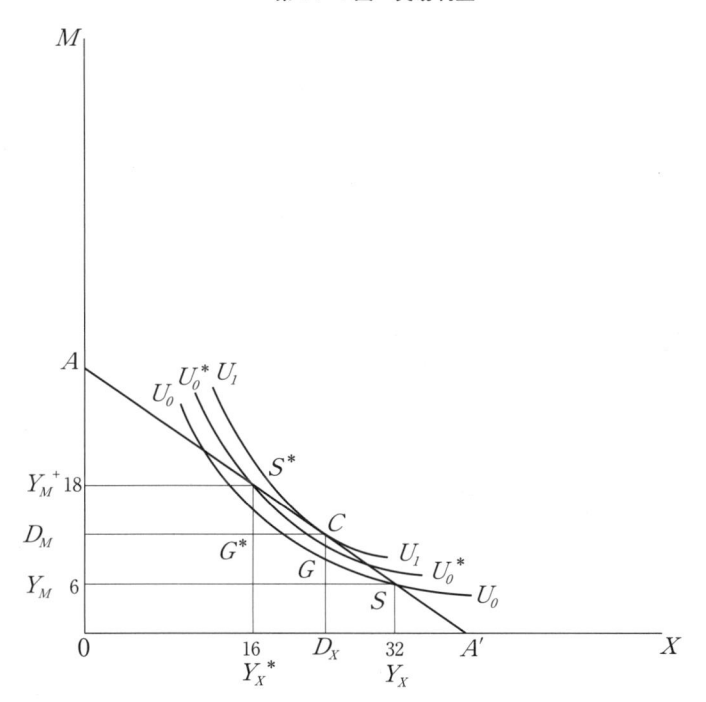

で表される。

　いま工業品の国際市場価格を q_X 円、農産物の国際市場価格を q_M 円、そして工業品の国際市場相対価格を q（$q = q_X/q_M$ リットル）で表すことにすると、第12章第1節で考えたように、$P \leqq q \leqq P^*$ となり、国際市場価格は両国の貿易開始前の価格の間に来なければならない。このことはまた、貿易が開始されると各国の輸出財の相対価格が高くならなければならない、すなわち、各国の交易条件が有利化しなければならない、ことを意味している。

　作図を簡単にするために、第14-1図において S 点と S^* 点を結んでいる右下がりの直線 AA' の勾配が、工業品の国際市場価格に等しいものとしよう。そうすると、直線 AA' は自国と外国の生産点を通り勾配が q であるから、貿易開始後の両国における予算線である。図から明らかなとおり、AA' は S^* 点における社会的無差別曲線の接線（この勾配は P^* に等しい）より緩やかであり、S 点における社会的無差別曲線の接線（この勾配は P に等しい）よ

りきついから、$P \leqq q \leqq P^*$の条件を満たしている。

　縦軸上の切片OAは農産物で測った自国と外国の実質国民所得であり、横軸上の切片OA'は工業品で測った両国の実質国民所得である。作図を簡単にするために、両国の実質国民所得は、したがって名目国民所得も、互いに等しくなっている。しかしこれは結論を得るために必要不可欠な前提条件ではなく、自国と外国の名目国民所得がそれぞれ異なっていても以下の議論は成立する。ただし、作図が複雑になる。

　自国と外国における貿易開始後の消費点は、この予算線上に位置する。そして両国の嗜好同一というヘクシャー・オリーン・モデルの仮定により、自国と外国で同一な社会的無差別曲線と予算線との接点でなければならない。さらに、国際市場価格qが成立するとき国際市場が均衡していなければならないが、それは工業品に関していうと、自国輸出量＝外国輸入量が成立している、ということである。第14-1図において求める消費点をC、自国と外国の工業品消費量をD_X、農産物消費量をD_Mで表すことにすると、自国の工業品輸出量は線分$Y_X D_X$で、外国の輸入量は$D_X Y_X^*$でそれぞれ示されるから、消費点CはAA'上で$Y_X D_X = D_X Y_X^*$となるように取られなければならない。図において、垂直線CD_Xと水平線SY_Mとの交点をG、垂直線$S^* Y_X^*$と水平線CD_Mとの交点をG^*とすると、三角形CGSと三角形$S^* G^* C$は合同でなければならない。したがって、C点は線分SS^*の中点でなければならない。このとき$D_M Y_M = D_M Y_M^*$であるから、農産物の国際市場も均衡している。

　この消費点Cで予算線AA'に接する社会的無差別曲線を$U_1 U_1$とすると、これは貿易開始後の自国と外国の社会的厚生を示している。図から明らかなとおり、$U_1 U_1$は貿易開始前における外国と自国それぞれの社会的厚生を示す無差別曲線$U_0^* U_0^*$及び$U_0 U_0$より右上方にある。したがって、貿易により両国の社会的厚生は増大している。これが求める貿易利益である。

　このような貿易利益が発生する原因は、貿易により各国の交易条件が有利化したためである。ここでは話を簡単にするために、各国の生産は一定と仮定したので貿易の生産効率化による利益は出て来ていない。もしこの仮定をはずして各財の生産は価格の変化に応じて変化するというように一般化するならば、リカード・モデルと同様に、貿易により各国は比較優位財の生産を拡大し比較劣位財の生産を縮小するので、生産効率化による利益も発生す

る。したがって、貿易利益は交易条件の有利化と生産の効率化が合計されたものになり、ここで示した利益以上に大きなものになるはずである。

第2節　閉鎖経済下の所得分配

1　賃金・レンタル比率と財価格比率との関係

　第10章で学んだ比較生産費説は二財一生産要素モデルに基づいていたから、工業品の相対価格 P と1ph当たりの賃金 W との間には、生産が完全特化するときを除いて、何も関係がなかった。ところが二財二生産要素モデルであるヘクシャー・オリーン・モデルでは、資本集約財である工業品の相対価格と資本の相対価格であるレンタル・賃金比率の間には、前者の値が増えると後者の値も増えるという一対一の関数関係がある。以下でこのことを説明しよう。

　前章の第13-1表で示したように、工業品の資本投入係数（a_{KX}）が3馬力、労働投入係数（a_{LX}）が2ph、農産物の資本投入係数（a_{KM}）が4馬力、労働投入係数（a_{LM}）が5phであるものとすると、工業品の資本・労働投入比率は労働1ph当たり1.5馬力、農産物の資本・労働投入比率は労働1ph当たり0.8馬力であるから、既に述べたように、工業品が資本集約財、農産物が労働集約財である。

　第12章と同じように、自国の1ph当たり賃金を W 円、外国の1ph当たり賃金を W^* ドルで表すことにし、さらに自国の1馬力当たりレンタルを R 円、外国の1馬力当たりレンタルを R^* ドルで表すことにする。ただし話を簡単にするために、為替レートは1円＝1ドルであると仮定する。自国における要素価格と財価格との関係は、生産物市場の完全競争条件に基づく限界費用＝価格の関係から導き出すことができる。生産要素の投入係数が定数のときには、どの財についても限界費用＝平均費用であるから、工業品の限界費用は（$2W+3R$）円、農産物の限界費用は（$5W+4R$）円でそれぞれ示される。したがって、工業品と農産物の限界費用＝価格の関係は

$$\begin{aligned} 2W + 3R &= P_X \\ 5W + 4R &= P_M \end{aligned} \quad (14\text{-}2)$$

という二次方程式で表される。

　ヘクシャー・オリーン・モデルでは、外国の生産技術はそれぞれの財について自国の生産技術と同じであるから、外国の工業品と農産物に関する限界コスト＝価格の関係式も自国のものと同じ係数を持つ。すなわち、それらは

$$2W^* + 3R^* = P_X^*$$
$$5W^* + 4R^* = P_M^* \quad (14-3)$$

である。

　(14-2) 式を W と R に関して解くことにより、自国における賃金及びレンタルと工業品の相対価格との関係式が次のように得られる。

$$W = P_M(-4P+3)/7$$
$$R = P_M(5P-2)/7 \quad (14-4)$$

この二式からレンタル・賃金比率 R/W（単位は ph）を求めると

$$\frac{R}{W} = \frac{5P-2}{-4P+3} \quad (14-5)$$

のように、P の関数として表される。この両者の関数関係はグラフに描くとより理解しやすくなると思われるので、そのグラフを描くことにする。そのためにはまず、P の取りうる範囲を決める必要がある。なぜなら、レンタル・賃金比率はマイナスの値を取ることはないので、$R/W \geqq 0$ でなければならないからである。(14-5) 式の両辺に $(-4P+3)^2$ というプラスの値（ただし $P=3/4$ を除く）を掛けてもその等号関係は変わらないから、それを両辺に掛けると、レンタル・賃金比率がプラスかゼロであるためには、$(5P-2)(-4P+3) \geqq 0$ でなければならない。そこでこの条件を満たすような P の領域を考える。P の値と $(5P-2)$ の符号及び $(-4P+3)$ の符号との間には第14-2表に示したような関係があるから、これより P の値域が $2/5 \leqq P \leqq 3/4$（単位はいずれもリットル）でなければならないことがわかる。

　工業品の相対価格 P の値域がわかったので、いまやレンタル・賃金比率のグラフを描くことが可能である。P が丁度 2/5 リットルのときは (14-5) 式右辺にある分数の分子がゼロで分母が 7/5 になるから、この分数はゼロになり、レンタル・賃金比率もゼロになる。P の値が 2/5 リットルより増加すると、それにつれて (14-5) 式右辺にある分数の分母の値が小さくなり分子の値が大きくなるから、レンタル・賃金比率は増加する。そして P が丁度 3/4 リットルに等しくなったときこの比率は無限大へと発散するから、そのグラフは第 14-3

第14-2表　相対賃金と工業品相対価格との関係

P	$0<P<$	2/5	$<P<$	3/4	$<P$
$5P-2$	−	0	+	+	+
$-4P+3$	+	+	+	0	−
R/W	−	0	+	∞	−

第14-3図　要素価格比率と財価格比率の関係

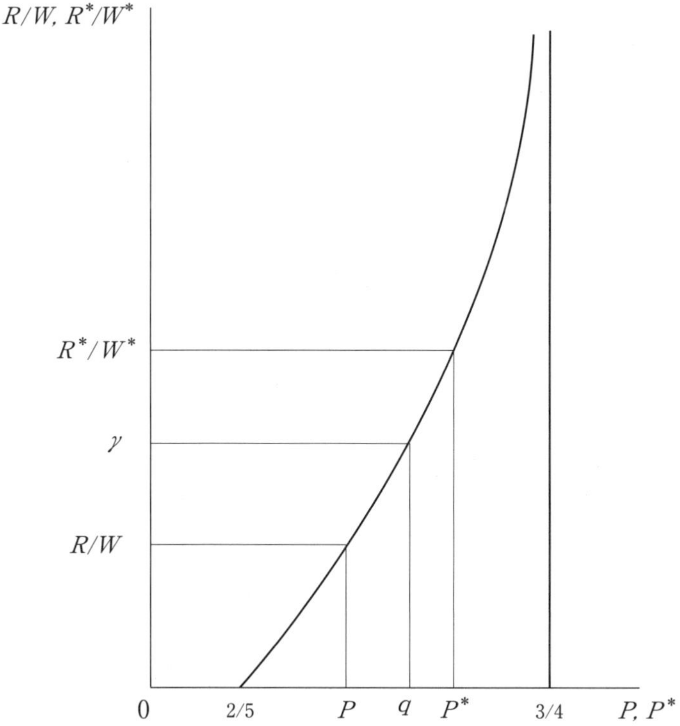

図に描かれたような右上がりの曲線になる。この曲線が意味するところは、工業品、すなわち資本集約財、の相対価格が上昇するとレンタル・賃金比率が上昇する、ということである。農産物、すなわち労働集約財、の相対価格は P の逆数であるから、P が3/4 リットルから2/5 リットルへ下落することは労働集約財の相対価格が上昇することを意味する。このときはレンタル・賃金比率が下落するから、この左下がりの曲線が意味するところは、労働集約財の相対価

格が上昇すると賃金・レンタル比率も上昇する、ということである。したがってこれをまとめると、次のようになる。ヘクシャー・オリーン・モデルでは、資本集約財の相対価格が上昇するとレンタル・賃金比率が上昇し、労働集約財の相対価格が上昇すると賃金・レンタル比率が上昇する。すなわち、ある財の相対価格が上昇するとその財に集約的に使われている生産要素の報酬が相対的に上昇する。

外国におけるレンタル・賃金比率と工業品相対価格との関数関係も自国の場合と同じように求めることができる。(14-3) 式を W^* と R^* に関して解くと

$$W^* = P_M^*(-4P^* + 3)/7$$
$$R^* = P_M^*(5P^* - 2)/7 \qquad (14-6)$$

が得られる。直ちにわかるとおり、変数の右肩に＊印が付いている以外は自国の対応する関係式 (14-4) と同じである。これよりレンタル・賃金比率 R^*/W^* と工業品相対価格との間の関係式を求めると

$$\frac{R^*}{W^*} = \frac{5P^* - 2}{-4P^* + 3} \qquad (14-7)$$

となり、これも変数の右肩に＊印が付いている以外は自国のものと同じである。したがって、工業品相対価格の取りうる範囲とレンタル・賃金比率のグラフも自国のものとそれぞれ同じになる。すなわち、P^* の値域は $2/5 \leq P^* \leq 3/4$ となり、R^*/W^* のグラフは第14-3図の自国のグラフに完全に重なる。したがって、自国と外国で各財の生産技術が同一である場合には、要素価格比率と財価格比率との間の関係式及びそのグラフは二国間で全て同一になる。すなわち、自国の場合に導き出された要素価格比率と財価格比率に関する結論は外国についてもそのままあてはまる。

それぞれの国におけるこの要素価格比率と財価格比率の関数関係は、ここでは資本投入係数と労働投入係数が固定的であるという条件の下で導き出されているが、これは両投入係数が可変的な場合でも同じように導き出すことができる。その理由は、それぞれの国で工業あるいは農業に属する企業が効率的な生産を行っているからである。このとき、例えば自国の工業品生産企業は単位当たりコスト $a_{KX}R + a_{LX}W$ を最小にするように資本投入係数と労働投入係数を決めているので、レンタルあるいは賃金が微小に変化しても単位コストの最小値は変化せず、したがって、それぞれの投入係数も変化しないかのように取り扱うことができるからである。

2 閉鎖経済下の所得分配

貿易がない場合の資本豊富国と労働豊富国の所得分配がそれぞれどうなっているかを次に考えてみよう。これは前のセクションで説明したレンタル・賃金比率と工業品の相対価格との間の関数関係を利用することにより解明することができる。

第1節で仮定したように、自国は資本豊富国で外国は労働豊富国であるから、閉鎖経済下では工業品の相対価格は資本豊富国で安く労働豊富国で高い。それは（14-1）式に示されているとおりである。工業品の価格のこの大小関係を第14-3図に描いたのが、横軸に記された自国の P と外国の P^* である。図に示されているとおり、P が P^* より低い。これに対応した各国のレンタル・賃金比率を求めると、縦軸に R/W 点と R^*/W^* 点が得られる。図から明らかなとおり、R/W 点は自国の P に対応しているから、これは貿易開始前の自国のレンタル・賃金比率を示しており、R^*/W^* 点は外国の P^* に対応しているから、外国における貿易開始前のレンタル・賃金比率を示している。明らかに自国の比率が外国の比率より低いから、貿易開始前には

$$R/W < R^*/W^* \qquad (14-8)$$

であることがわかる。そしてこの不等式は $W/R > W^*/R^*$ ということも意味しているから、これより、**自国ではレンタルが相対的に安く賃金が相対的に高いのに対して、外国では賃金が相対的に安くレンタルが相対的に高い**、ということが導き出される。自国が資本豊富国で外国が労働豊富国であることを想起すると、このことは、**閉鎖経済下の所得分配は、各国において豊富要素の報酬が相対的に低く稀少要素の報酬が相対的に高い**、と一般化することができる。

第3節　貿易の所得分配効果

前の節では貿易開始前の所得分配状況を考えたので、この節では貿易開始によりそれがどのように変化するかを調べ、貿易の所得分配効果を明らかに

する。

　貿易が開始されると、各国において輸出財に対する需要が増えるからその相対価格が上昇し、輸入財に対する供給が増えるからその相対価格は下落する。したがって、自国においては工業品の相対価格が上昇し農産物の相対価格が低下する。他方外国においては、輸出財である農産物の相対価格が上昇し輸入財である工業品の相対価格が低下する。

　このような財価格比率の変化は、第14-3図から明らかなとおり、レンタル・賃金比率の変化をもたらす。すなわち、自国ではPが横軸上右方へ移動するにつれて曲線上でレンタル・賃金比率が上昇し、外国ではP^*が横軸上左方へ移動するにつれて曲線上でレンタル・賃金比率が下落する。しかも自国と外国における要素価格と工業品相対価格との関係を示す (14-4) 式及び (14-6) 式から明らかなとおり、農産物価格は不変で工業品の価格のみが上昇するものとすると、どの国でも共通して賃金が下落しレンタルが上昇する。しかもレンタルの上昇率は工業品価格上昇率よりも高い。このことは(14-2)式の第一式から容易に導き出すことができる。W, R, P_Xの変化分をそれぞれ$\varDelta W$, $\varDelta R$, $\varDelta P_X$という記号で表わし、それぞれの変化率を$\hat{W}=\varDelta W/W$, $\hat{R}=\varDelta R/R$, $\hat{P}_X=\varDelta P_X/P_X$で表すことにすると、(14-2) の第一式より、これらの間には $(2W/P_X)\hat{W} + (3R/P_X)\hat{R}=\hat{P}_X$ という関係がある。この式の左辺の係数 $(2W/P_X)$ と $(3R/P_X)$ はそれぞれ1より小さい正数で足せば1になることと、今みたとおり$\hat{W}$がマイナスの値を取ることに留意すると、$\hat{R}$は$\hat{P}_X$より大きくなければならないことがわかる。逆に、農産物価格は不変で工業品価格のみが下落すると、どの国でも賃金が上昇しレンタルが工業品価格下落率以上に下落する。

　これまで考えてきた貿易の所得分配効果をまとめると、次のように表されるであろう。P_Mが一定であると仮定すると、貿易により自国ではP_Xが上昇するから

$$\hat{R} > \hat{P}_X > \hat{P}_M = 0 > \hat{W}$$

である。これは、貿易により財価格が変化すると、生産要素価格のうちで上昇するものは財価格以上に上昇し、下落するものは財価格の下落率以上に下落する、ということを示しているから、これを貿易の増幅効果という。そしてR/P_X比及びW/P_X比はそれぞれ工業品で測ったレンタルと賃金であり、

R/P_Mドル及びW/P_Mドルはそれぞれ農産物で測ったレンタルと賃金であることに注意すると、貿易の増幅効果は、貿易により自国ではいずれの財で測ってもレンタルが上昇し賃金が下落する、と言い換えることができる。また外国の貿易増幅効果は

$$\hat{W}^* > \hat{P}_M^* = 0 > \hat{P}_X^* > \hat{R}^*$$

のように表すことができるから、外国ではいずれの財で測っても賃金が上昇しレンタルが下落する、ということができる。

さらに自国と外国の間において商品の輸送費はゼロであると仮定すると、自由貿易の結果、それぞれの財の価格は二国間で等しくなる。いま自由貿易下の工業品の価格をq_X農産物の価格をq_M工業品相対価格をqとおくと、$q=q_X/q_M$であると同時に、$P=q=P^*$が成立する。この自由貿易価格に対応するレンタル・賃金比率をγ（ガンマ）というギリシャ文字で表すことにすると、自由貿易下では$R/W=\gamma=R^*/W^*$となる。すなわち、自由貿易によって要素価格比率は国際間で均等化する。さらにこのとき、それぞれの生産要素の価格自体も二国間で均等化する。その理由は次のとおりである。自国における賃金と工業品相対価格との関係式（(14-4)の第一式）と外国における賃金と工業品相対価格との関係式（(14-6)の第一式）に$P_M=P_M^*=q_M$と$P=P^*=q$を代入すると

$$\begin{aligned} W &= q_M(-4q+3)/7 \\ &= W^* \end{aligned} \quad (14\text{-}9)$$

となるから、自由貿易により確かに1ph当たりの賃金が二国間で均等化する。同様に、両国におけるレンタルと工業品相対価格との関係式（(14-4)の第二式と(14-6)の第二式）に$P_M=P_M^*=q_M$と$P=P^*=q$を代入すると

$$\begin{aligned} R &= q_M(5q-2)/7 \\ &= R^* \end{aligned} \quad (14\text{-}10)$$

が求まるから、自由貿易により確かに1馬力当たりのレンタルも二国間で均等化する。

以上の説明により、ヘクシャー・オリーン・モデルでは、**自由貿易がそれぞれの生産要素の価格を国際間で均等化する**、という**要素価格均等化定理**が得られることがわかった。この定理のインプリケーションは、労働の国際間移動や資本の国際間移動がなくても、商品の自由貿易だけで賃金及びレンタ

ルが国際間で均等化する、ということである。そしてそのための必要条件は、国際間で各産業の生産技術が同一であるということである。したがってこの条件の下では、自由な商品貿易と自由な国際資本移動あるいは自由な国際労働移動は完全な代替物となる。以上の結果をまとめると、ヘクシャー・オリーン・モデルにおける国際貿易の所得分配効果は次のとおりである。**貿易により資本豊富国ではいずれの財で測っても1馬力当たりのレンタルが上がり1ph当たりの賃金が下がるのに対して、労働豊富国ではいずれの財で測っても1ph当たりの賃金が上がり1馬力当たりのレンタルが下がる。すなわち、貿易は各国の豊富要素の実質報酬を上げ稀少要素の実質報酬を下げる。そして自由貿易は国際間で要素報酬を均等化する。**

　第1節で学んだように、貿易を開始するとその利益により一国全体の経済厚生が向上する。しかしこの節で学んだように、貿易は所得分配効果を持ち各国の豊富要素所有者の分配は有利化するが、稀少要素所有者の分配は不利化する。すなわち、稀少要素所有者は貿易利益の分け前を得るどころか、かえって経済厚生の悪化を蒙る。したがって、稀少要素所有者達は圧力団体を結成して政府に貿易制限政策の発動を働きかけるであろう（第21章参照）。このように貿易を行うと必ず分配面で不利になるグループが発生するので、国全体として貿易利益が存在するにもかかわらず、貿易に反対するグループが生まれ往々にして貿易摩擦を発生させる。

　要素価格均等化定理によると、自由貿易に従事する国々では、賃金は均等化するはずであるが、現実は必ずしもそうではない。2003年において製造業に雇用されている労働者の賃金を見ても、日本の水準を100.0とした場合に、デンマーク119.2、スイス110.8、イギリス86.3、アメリカ82.1、ドイツ81.1、スエーデン71.8、オランダ68.6、カナダ68.2、シンガポール60.7、フランス58.4、韓国55.0、スペイン39.5となっており、先進工業国に限っても賃金は国際的に均等化しているとはいえない（矢野恒太記念会編集『世界国勢図会2005/06』）。これは要素価格均等化定理が前提にしている諸条件が、現実には必ずしも成立していないために起こっている現象である。実際、多くの財の輸入には関税がかけられているから、現実の貿易は自由貿易ではない。このとき同一商品の価格は国際間で異なるから、、要素価格比率均等化すらいえなくなる。輸送費がゼロという仮定も現実には成立しないから、かりに自由貿易であったとしても国際間で同じ商品の価格が同一ではなくな

り、要素価格均等化を妨げる。さらにまた、各産業の生産技術が国際間で異なっている可能性も高いが、もしそうであれば、第14-3図において自国の曲線と外国の曲線は異なるから、財価格が同一であっても要素価格は均等化しなくなる。以上の例示からわかるとおり、現実はヘクシャー・オリーン・モデルの九つの前提条件のうちの幾つかが満たされていないので、要素価格均等化定理はなかなか成立しない。

重要な専門用語

要素価格比率と財価格比率の関係　　貿易の所得分配効果
要素価格均等化定理

問　題

【1】　ヘクシャー・オリーンモデルにおいて、自国と外国の工業品と農産物の要素投入係数が以下のとおりであると仮定する。

	工業品	農産物
資本（馬力）	4	3
労働（ph）	5	2

さらに、自国は資本豊富国、外国は労働豊富国であり、両国間で各財の生産技術は同一であるものと仮定する。このとき、以下の問に答えよ。
①賃金・レンタル比率と財価格比率の関係を求めよ。
②賃金・レンタル比率と財価格比率のグラフを描け。
③外国の賃金・レンタル比率と財価格比率の関係とグラフはどうなるか、示せ。
④これより得られる閉鎖経済下の所得分配について結論を述べよ。
⑤自由貿易により各国の所得分配はどのように変化するか論述せよ。

【2】　ヘクシャー・オリーンモデルにおいて、自国と外国の工業品と農産物の要素投入係数が以下のとおりであると仮定する。

	工業品	農産物
資本（馬力）	6	5
労働（ph）	7	3

さらに、自国が資本豊富国、外国が労働豊富国であると仮定すると、自由貿易による所得分配効果はどうなるか論証せよ。

第15章

貿易構造の決定 (3)
クルグマンの産業内貿易論

　貿易構造の決定要因を解明する理論として、これまでにリカードーの比較生産費説とヘクシャー・オリーンの生産要素賦存説を学んだ。そこでわかったことは、これらの理論は共通する二つの特徴を持っている、ということである。すなわち、その一つは、工業品、例えば繊維製品、と農産物、例えばミカンジュース、の貿易のような産業間貿易を考察の対象にしていることであり、さらにもう一つは、規模に関して収穫一定の生産技術と完全競争市場に基づいて理論を打ち立てていることである。

　これに対して、この章で学ぶクルグマンの産業内貿易論は、産業内貿易、例えば日本製の乗用車とドイツ製の乗用車の貿易、を考察の対象に取り上げ、規模に関して収穫逓増の生産技術と独占的競争市場に基づいて理論を構築する。第9章で学んだように、現代日本の商品貿易において輸出は100％工業品であり、輸入も60％が工業品であるから、工業品の貿易は日本と世界の貿易において重要な地位を占めている。そして工業品の生産は規模の利益を生むような技術によって行われることが多いから、クルグマンの産業内貿易論のモデル設定は、日本と世界の貿易の現状を解明するのにより適しているといえるであろう。

　そこで以下では、まず産業内貿易とはどのような貿易を指すのかを産業間貿易と対比させながら説明し、次いで産業内貿易を工程間分業によるものと差別化された消費財に関するものに区別する。そしてこの後者の産業内貿易が規模の経済、嗜好の多様さ、独占的競争という複合した要因によって発生することを説明し、最後に差別化された消費財の産業内貿易が生む利益を考えることにする。

第1節　産業間貿易と産業内貿易

1　産業内貿易

　産業間貿易は各国が異なる産業の商品を相互に交換するタイプの貿易であり、上に例示した繊維製品とミカンジュースの貿易とか、日本がメキシコに鉄鋼を輸出しメキシコが日本に豚肉を輸出するような貿易である。これに対して、産業内貿易は各国が同一の産業の商品を相互に交換するタイプの貿易であり、例えば、上に挙げたように、日本がドイツやアメリカに日本製の乗用車を輸出するのと同時に、ドイツは日本やアメリカにドイツ製の乗用車を輸出し、アメリカは日本やドイツにアメリカ製の乗用車を輸出するような貿易である。産業内貿易は二種類に分けられる。その一つは、差別化された消費財の貿易である。いま例に挙げた日・米・独間の乗用車についてみると、日本製の乗用車、ドイツ製の乗用車、アメリカ製の乗用車は、それぞれ基本的な性能が同じであるにもかかわらず、車の走り方や内装などの点で各国の消費者はそれぞれが互いに異なっていると考えるので、乗用車は差別化された消費財であるとみなされる。もう一つの種類の産業内貿易は、製造品の工程間分業に基づくものである。例えば、コンピュータに関して、日本がその部品・付属品を中国に輸出し、中国が最終製品としてのコンピュータを日本に輸出する貿易、あるいはまた家庭用電気機器に関して、日本が半導体等電子部品を中国に輸出し中国が最終製品としての家庭用電気機器を日本に輸出する貿易、がこれに当てはまる。

2　産業内貿易の尺度

　一国の貿易は産業間貿易と産業内貿易に二分されるので、全体の中で産業内貿易がどのくらいの割合を占めているかは、1から産業間貿易の割合を差し引いた次のような産業内貿易度指数で測られる。
　いま、一国の貿易においてX_iを第i産業の輸出額、M_iを第i産業の輸入額とすると、この国の全貿易額は$\sum_{i=0}^{n}(X_i+M_i)$で示される。ただしnは産

業に付けられた番号の内で最高位のものを示し、例えば、国連の標準国際貿易分類（SITC）の二桁分類によると、$n=89$ である。そしてその中で $i=00$ は生きている食用動物、$i=67$ は鉄鋼、$i=77$ は電気機器、$i=78$ は自動車を指している。また $\sum_{i=0}^{n} |X_i - M_i|$ は産業間貿易額を表しているから、産業内貿易度指数は

$$1 - \frac{\sum_{i=0}^{n} |X_i - M_i|}{\sum_{i=0}^{n} (X_i + M_i)}$$

と定義される。この指数は当然、0と1の間の値を取り、全体の中で産業内貿易の割合が高くなるほど値は大きくなる。もし一国の貿易において、$i=00$ から $i=k$ までの産業に属する商品は全く輸出が無く（すなわち、$X_{00} = X_{01} = \cdots = X_k = 0$）、$i=k+1$ から $i=n$ までの産業に属する商品は全く輸入がなければ（すなわち、$M_{k+1} = M_{k+2} = \cdots = M_n = 0$）、$\sum_{i=0}^{n} |X_i - M_i| = \sum_{i=0}^{n} (X_i + M_i)$ が成立し指数の値は0となる。この値は丁度、産業内貿易が無くて産業間貿易のみが存在している貿易パターンと対応している。

逆に、全ての商品について $X_i = M_i$ $(i=0, \cdots n)$ であれば、$\sum_{i=0}^{n} |X_i - M_i| = 0$ が成立するから、指数の値は1となる。この値は丁度、産業間貿易が無くて産業内貿易のみが存在している貿易パターンと対応している。

日本の産業内貿易の実情は既に第9章で述べたので、ここでは簡単に触れるだけにする。すなわち、日本では化学製品、事務用機器、半導体等電子部品で産業内貿易の割合が高く、食料品、原料品、鉱物性燃料、自動車で産業内貿易の割合が小さい。

3 産業内貿易の原因

産業内貿易の原因は工程間分業による産業内貿易と差別化された消費財に関する産業内貿易で異なる。工程間分業による産業内貿易は、輸送費が小さい商品において産業間貿易と同じ原因、すなわち、生産技術の国際間格差と

要素賦存比率の国際間相違よって起こる。上で例示したコンピュータや家庭用電気機器では、資本豊富国である日本で部品生産という資本集約的な工程が行われ、労働豊富国である中国で労働集約的な工程である組み立てが行われている。これに対して、差別化された消費財に関する産業内貿易は、規模の経済を持つ生産技術、多様な嗜好を持つ消費者、独占的競争市場という三つの要因によって生じる。これらの要因については詳しい説明が必要であるので、節を改めて述べることにする。

第2節　差別化された消費財に関する産業内貿易の原因

1　規模の経済

　規模の経済は、企業内で収穫逓増を生み出す生産技術を指す。すなわち、ある企業の生産量が増加するにつれてその平均費用が逓減するとき、規模の経済があるという。

　平均費用が逓減するケースは二つ考えられる。一つは、かりに固定費用がゼロであっても限界費用が生産拡大と共に逓減するときに生じるケースであり、もう一つは、かりに限界費用が一定であってもプラスの固定費用が存在するために生じるケースである。膨大な固定費用の存在は、近代工業の特徴である。すなわち、コンピュータ、自動車、電気機器、鉄鋼、化学製品、薬品、繊維製品などを生産するためには、まず多額の研究開発費を投じて新製品を開発し、その後設備投資を行って生産設備を整えなければならない。これらの初期コストは生産がどんな量であっても同一額だけ必要であるから固定費である。そこでここでは、固定費用がプラスで限界費用が一定であるケースについて規模の経済の発生を検証していくことにする。

　綿布（Xで表す）を生産するのに資本と労働並びに固定費がF円必要であるものとする。そして綿布1メートル (m) を生産するときの資本投入係数が1馬力 (hp)、労働投入係数が1パーソン・アワー (ph) であり、資本賃借料が1馬力当たりR円、労働賃金が1ph当たりW円であるものとすると、第15-1表に示したように、綿布1mの総コスト（TC_X）は $(F + W + R)$ 円、平均コスト（AC_X）も $(F + W + R)$ 円、限界コスト（MC_X）は（W

$+R$) 円になる。生産量 1m のときの MC_X がこのように表されるのは、綿布の生産量がゼロのときでも TC_X は F 円かかるためである。

第 15-1 表　綿布の生産量と生産コスト

K_X (馬力)	0	1	2	3
L_X (ph)	0	1	2	3
生産量 (m)	0	1	2	3
TC_X (円)	F	$F+W+R$	$F+2(W+R)$	$F+3(W+R)$
AC_X (円)		$F+W+R$	$F/2+(W+R)$	$F/3+(W+R)$
MC_X (円)		$W+R$	$W+R$	$W+R$

綿布の生産量が 2m になると、資本は 2 馬力、労働は 2ph 必要になるから、総コストは $TC_X = F + 2(W+R)$ 円となる。このとき限界費用は $MC_X =$ (生産量 2m の TC_X) − (生産量 1m の TC_X) であるから、$MC_X = W+R$ となり限界コスト一定という条件を満たしている。平均費用は $AC_X = F/2 + W + R$ となり、明らかに生産量 1m のときの AC_X より低い。綿布生産量が 3m になると、資本は 3 馬力、労働は 3ph 必要であるから、総費用は $TC_X = F + 3(W+R)$ 円、限界費用は $MC_X = W+R$、平均費用は $AC_X = F/3 + W + R$ となり、生産量 2m の AC_X より小さくなる。さらに綿布の生産量を増やしていくと、これまでと同様に、平均費用が減少していくことを示すことができる。したがって、**固定費用がプラスで限界費用が一定のとき、平均費用が生産規模拡大と共に逓減し規模の経済が発生する**、と結論することができる。

このようにして検証された、固定費用に基づく規模の経済を図示すると、第 15-2 図のようになる。この図において、横軸に綿布の生産量 Y_X が測られ、縦軸にその総コストが測られている。綿布の生産量は連続的に分割可能であると仮定すると、縦軸の F から出発した水平線は固定費を示している。縦軸上の同じ F 点から出発して点 $(1, F+W+R)$ 及び点 $(2, F+2(W+R))$ を通る直線 TC_X は総コストを示す直線であり、その勾配は限界コストを示している。平均費用は各生産量において TC_X/Y_X であるから、綿布生産量が 1m のときは原点と点 $(1, F+W+R)$ とを結んだ直線 AC^1 の勾配がその平均費用を示し、生産量が 2m のときは原点と点 $(2, F+2(W+R))$ とを結んだ直線 AC^2 の勾配がその平均費用を表している。図から明らかなと

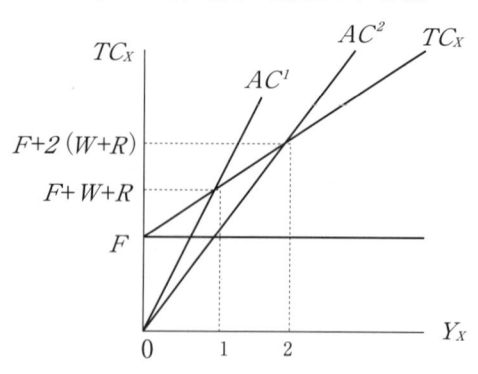

第 15-2 図　綿布の生産量と平均費用

おり、AC^2 の勾配は AC^1 の勾配より小さいから、これによって規模の経済の存在が示される。

　ある工業品の生産に規模の経済が存在すると、大企業ほど単位当たりコストが安くなるから、小企業は合併して生産規模を拡大しようと努めるであろう。したがって、この製品を生産する企業数は減少し、もしそれが一になったとすれば独占が生じ、二になれば複占になる。企業数が二より大きくなってもなお少数であれば、寡占が生じる。例えば、ビールはアサヒビール、キリンビール、サッポロビール、サントリーという四社による寡占市場であり、店舗販売の化粧品は資生堂、花王、コーセーという三社による寡占市場である。さらに企業数が多くなっても生産している商品が差別化財であれば、これらの企業は独占的競争状態を形成する。したがって、規模の経済と完全競争は両立しない。

2　多様な嗜好

　消費者が一つの商品を消費するのは、自分の欲望を満たすためである。したがって、個々の商品はそれぞれ消費者の欲望を満たすための基本的機能を持っている。さらに商品は色、形、生産地などの付属的機能及び付属的特性も持っている。そしてある種類に属する商品は基本的機能は同じであっても、付属的な機能や特質は様々に異なるのが普通である。この付属的な機能や特性の相違に消費者が全く無関心であるとき、二つの異なる付属的な機能や特

性を持つ商品間の代替弾力性（一つの付属的な機能や特性を持つ商品に対する需要の変化率÷他の付属的な機能や特性を持つ商品の価格変化率）は無限大、すなわち完全な代替、であるので、この商品は同質財と呼ばれる。逆に、消費者が付属的な機能や特質の相違にこだわるとき、二つの異なる付属的な機能や特質を持つ商品間の代替弾力性はプラスの有限値を取るので、この商品は差別化財と呼ばれる。例えば、キャベツやトマトなどの緑黄野菜は、その基本的機能として、ビタミンCやその他の栄養素を持ち繊維質を含んでいるから、消費者はこれを消費することによって健康を維持したいという欲望を満たすことができる。そしてキャベツあるいはトマトの形、色、生産地はそれぞれに異なっているはずであるが、消費者はその相違には無関心であるので、ある産地のキャベツあるいはトマトの価格が少しでも他の産地のものより高ければ消費は全て別の産地の価格が安いキャベツあるいはトマトに流れる。すなわち、キャベツあるいはトマトの代替弾力性は無限大であるから、これらは同質財である。これに対して、消費者の多様な好みを反映して、差別化財はその付属的な機能や特性の相違に応じて様々な銘柄（ブランド）に分けられる。差別化財の一つとして乗用車を例にとり、その性質をより詳しく見ていこう。

　消費者は、自分や家族そしてその荷物を速く安全且つ快適に目的地に運びたい、という欲望を満たすために、乗用車を購入する。したがって、乗用車の基本的機能は、ある排気量のエンジンを持ち、運転操作が簡単で（オートマチックのギアチェンジ）、エアコンディショナーとCDプレーヤーを標準装備した上で、リーズナブルな価格で買える、ということである。このような基本的機能を満たした乗用車について、消費者が関心を持つ付属的機能は、前輪駆動であるか（2WD）全輪駆動であるか（4WD）ということであり、さらにまた3ドア車であるか5ドア車であるか、ということである。そこでまず、これらの付属的機能の相違に基づいて乗用車は4タイプに区別できる。さらに消費者は乗用車のメーカーにも関心を持つ。例えば、排気量1300ccのエンジンを持つコンパクトカーを例に取ると、国産車に限っても、次のような7社17ブランドに区別することができる（2006年6月現在）。それらは、トヨタ（ヴィッツ、パッソ、イスト、ラクティス、bB、ポルテ、ベルタ）、日産（マーチ（1200cc）、キューブ（1400cc）、キューブ[3]（1400cc））、ホンダ（フィット）、マツダ（デミオ）、三菱（コルト）、スズキ（ス

イフト、ソリオ、シボレー)、ダイハツ (ブーン)、である。このそれぞれのブランドについて、先に述べた付属的機能4タイプが揃っているものとすると (実際には、ブランドによっては4WD車が無いものもある)、エンジン排気量1300ccのコンパクトカーは $4 \times 17 = 68$ タイプに分類される。このとき2WD車の価格は91万円から165万円の範囲内にあり、4WD車の価格はこれより10万円から20万円高い。実際には更に、各ブランドに複数のグレードが存在し、そしてまた車体の色やシートの色も一色でなく幾つかの色から選択できるから、消費者が直面するコンパクトカーの選択肢は68タイプよりもっと多くなる。このように差別化財は、同一の基本的機能を持つ商品であっても消費者の多様な嗜好に対応して多数のタイプに細分化される。そして消費者はそれぞれのタイプの中でどれかのタイプに強い好みを持つから、そのタイプの車の価格が多少高くてもその車を購入する。すなわち乗用車では各タイプ間の代替性は高いけれども完全ではない。

3 独占的競争

独占的競争とは、各タイプの差別化財を生産する企業は独占企業であるが、差別化財各タイプ間の代替性が高いために新企業の参入が容易で、独占企業の超過利潤がゼロになるまで参入が続くような市場の競争状態、をいう。独占的競争を行っている産業としては、乗用車、米、食堂あるいはレストランなどを挙げることができる。乗用車が差別化財であることは上で詳しく述べたが、米は澱粉などエネルギー源が豊富であるという基本的機能は同じでも、銘柄・味・香り・産地などの付属的機能によって魚沼産コシヒカリ、宮城産ササニシキのように差別化され、食堂あるいはレストランは食事を提供するという基本的機能は同じでも、味・サービス・消費者からの距離などの付属的機能によって差別化される。

それぞれのタイプの差別化財を生産する企業は、規模に関して収穫逓増的な生産技術を持っているものとすると、各企業はそれを生かすために一タイプの差別化財のみを生産する。乗用車について見たように、一つの産業には多数のタイプの差別化財が存在するから、一産業内にはタイプの数だけの企業が存在する。そしてタイプAの差別化財を生産する企業はこの製品の市場で独占企業であり、タイプB、タイプC、……の差別化財をそれぞれ生産

する企業もそれぞれの製品市場で独占企業である。

4 差別化された消費財の産業間貿易

　前のセクションで述べたように，消費者の嗜好が多様であると，基本的機能は同じであるが付属的な機能や特質が異なる多くのタイプの差別化財が，独占企業によって生産される。これらの財には大規模生産の利益があるので，各企業は一タイプの差別化財の生産に特化し，国内市場へ出荷するのみならず海外市場へも輸出する。外国でもそこの独占企業によって，同一の基本的機能を持った財ではあるが自国産の財とは異なった付属的な機能や特質を持つ差別化財が生産・出荷・輸出されているので，ここに産業内貿易が成立する。

　乗用車の中でエンジン排気量が1800ccのセダンを例に取ると，日本の自動車メーカーはカローラ，ブルーバード，シビック，……を生産し，ドイツの自動車メーカーはVWゴルフ，ベンツAクラス，BMW1シリーズ，……を生産している。日本とドイツの消費者の嗜好は多様なので，日本の消費者は国産車を好む人もあればドイツ製の車を好む人がいるし，ドイツの消費者も国産車を好む人もあれば日本製の車を好む人もいる。自動車生産には規模の経済が存在するので，外国への輸出による生産規模拡大はそれぞれの自動車メーカーにとって利益になる。そこで日本の自動車メーカーはその製品をドイツへ輸出し，ドイツの自動車メーカーはその製品を日本へ輸出して生産規模の拡大を図るから，ここに自動車の産業内貿易が発生する。現に，2004年の日本の対ドイツ乗用車（1000cc～2000cc）輸出額は1,693億円（前年の輸出額もこれとほぼ同じ）であり，日本の対ドイツ乗用車（3000cc以下）輸入額は2,272億円（前年の輸入額とほぼ同じ）である。注意すべきことは，この産業内貿易は両国の要素賦存比率が同一であっても生じる，ということである。第13章第1節で学んだように，日本とドイツの（資本ストック／労働力人口）比率はほぼ同じでアメリカと比較して両国共に資本豊富国であるが，日本とドイツの間では乗用車の産業内貿易が生じている。

第3節　差別化された消費財に関する産業内貿易の利益

　第12章と第14章で学んだように、産業間貿易の利益は、輸出財の価格が上がり輸入競争財の価格が下がるという交易条件の有利化と、各国が比較優位財の生産に専門化できるという生産の効率化、の二点であった。産業内貿易も、消費者の多様な嗜好を満たすための選択肢を増やすという消費面の利益と、規模の利益による平均コストの下落という生産面の利益を生み出す。さらに注意すべきことは、産業間貿易は国内分配を変化させ、有利になるグループと不利になるグループを生み出すという副作用を持っていたのに対して、産業内貿易はそのような所得分配の変化を引き起こさない、ということである。これは、産業間貿易では貿易に反対するグループが生じるため必ずしも貿易利益が完全には実現されないのに対して、産業内貿易では貿易に反対するグループは生まれないので貿易利益が完全に実現される、ということを意味する。したがって、これも一つのメリットであろう。以下でこれらの利益を詳しく説明しよう。

1　消費者の選択範囲の拡大

　産業内貿易は各国の消費者が選択できる差別化財のタイプの数を増やすから、消費者はその多様な嗜好をより満たし易くなる。例えば、前節で例示した乗用車についてこのことを考えると、貿易がなければ日本の消費者はカローラ、ブルーバード、シビック等々の日本製乗用車しか購入することができないのに対して、貿易開始後はVWゴルフ、ベンツAクラス、BMW1シリーズなどのドイツ製の乗用車も購入することが可能になるから、消費者は選択の範囲を拡げて多様な嗜好をよりたやすく満たすことができる。ドイツの消費者も同様に、貿易がなければ国産の乗用車しか購入することができなかったのに、貿易開始後は日本製の乗用車も購入できるから、やはり消費選択の範囲を拡大することができる。これは産業内貿易の一番目のメリットである。

2　生産効率の上昇

　産業内貿易が開始されると、各国の企業は国内市場でその製品を販売するのみならず海外市場へも輸出できるから、各企業が直面する市場は拡大する。この結果、各企業は生産規模を拡大することが可能になる。規模の拡大は製品の平均コストの低下をもたらすから、産業内貿易により生産効率が向上する。これは産業内貿易の第二のメリットである。

3　貿易による国内分配の変化

　第14章で学んだように、産業間貿易は国内分配に変化をもたらし、貿易利益を享受するグループと貿易以前より実質所得を悪化させるグループを生み出した。すなわち、産業間貿易は、例えば資本集約財の輸出と労働集約財の輸入というように、要素集約性が異なる財の間の貿易であるから、輸出財に集約的に使われる生産要素の所有者は所得分配面で有利になるが、輸入競争財に集約的に使われる生産要素の所有者は所得分配面で不利化し、貿易開始前より暮らし向きを悪化させた。このように貿易により分配が不利になったグループは貿易に反対して貿易制限政策の発動を政府に要求するので、その要求が通れば貿易利益の実現は部分的になる。これに対して、産業内貿易は同一産業内での差別化財の貿易であるから、要素集約性は輸出国の製品でも輸入国の製品でも同じである。したがって、産業内貿易によって生産要素所有者間の所得分配の変化は起こりえないから、自由貿易が維持され貿易利益が完全に実現される。これも産業内貿易ならではの利益である。

重要な専門用語

規模の経済　　差別化財　　独占的競争　　産業内貿易

問題

【1】 貿易は産業間貿易と産業内貿易の2タイプに分けることができる。このときそれぞれのタイプの貿易パターンが何によって決まるか説明せよ。

参考文献

鈴木克彦『独占的競争と国際貿易』、大山道広編『国際経済理論の地平』第17章、東洋経済新報社、2001年。
　独占的競争と産業内貿易についてより詳しい理論的説明を行っている。

第16章 自由貿易の効率性

　これまで第Ⅱ部では、各国の貿易構造がいかなる要因によって決まるかを説明する貿易構造決定論、すなわち、比較生産費説、生産要素賦存説、産業内貿易論について学んだ。さらに、それらの要因によって国際貿易が始まった場合、それが各国に与える効果、すなわち、比較優位財生産への特化、貿易利益、所得分配の変化についても学んだ。この章では、第Ⅱ部の最後として、貿易により各国の交易条件（第8章第2節参照）がどのようにして決まるかを考える。交易条件は国際市場で決まった輸出財の価格と輸入財の価格との比率であるから、その決定を考えることは国際市場価格の決定、すなわち、国際市場の均衡、を考えることでもある。さらにここでは、自由貿易の下で実現する市場均衡の重要な性質として、その効率性も考えることにする。

　以下では、まず分析手段として、各国の貿易量と価格の関係を示すオファー曲線を導入し、次いでこれを使って、二国間の貿易により取引される財の価格が国際市場でどのように決まるかを考える。その後、このようにして決まった自由貿易均衡がパレート効率的であること、すなわち、他国を害することなく自国を有利にすることができないような無駄のない資源配分を実現していることを示す。

第1節　オファー曲線（Offer Curve）

1　オファー曲線の定義

オファー曲線は、貿易収支（第2章第2節参照）を均衡させながら、一国が外国と取引しようとする貿易量と交易条件との関係を示す曲線、と定義される。オファー曲線を考えるためにはその図を描く必要があるので、このセクションではまずそのための予備的考察を行うことにする。

一国において各財の貿易量は、輸出財であれ輸入財であれ、国内生産と国内消費に依存する。そして交易条件は上で述べたとおり国際市場で決まった輸出財価格と輸入財価格の比であるから、一国の貿易量と交易条件の関係は第16-1図のように描くことができる。この図はヘクシャー・オリーン・モデルにおける貿易利益を考えた第14-1図に似ている。

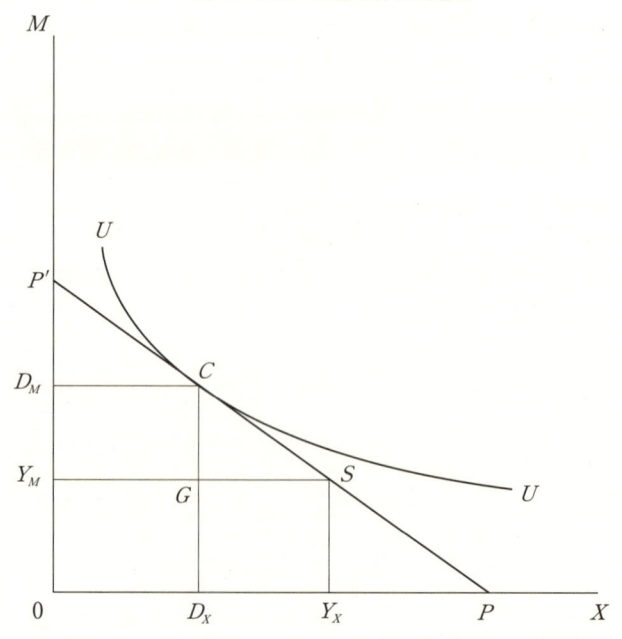

第16-1図　交易条件と貿易量

第16-1図において、横軸には工業品（X財）の生産量と消費量が、縦軸には農産物（M財）の生産量と消費量が、それぞれ測られている。S点は固定的生産点であり、Y_Xが工業品の生産量、Y_Mが農産物の生産量を示している。生産点の位置は労働や資本の賦存量と生産技術によって決まるが、これについては既に第13章で学んだ。S点を通る右下がりの直線PP'は価格線であり、その横軸から見た勾配は国際市場で決まった工業品の相対価格を示している。比較生産費説（第10章参照）あるいは生産要素賦存説（第13章参照）により、この国（自国とする）の輸出財が工業品で輸入財が農産物に決まったとすると、PP'の勾配はこの国の交易条件を表している。価格線PP'は生産点Sを通っているから消費者全体の予算線でもあり、国民所得は工業品で測ると$0P$（単位はメートル）で示され、農産物で測ると$0P'$（単位はリットル）で示される。消費者は予算線PP'で示される二財の価格と国民所得の下で、D_Xの工業品とD_Mの農産物を消費するものとすると、図のC点が消費点となり、ここで消費者の社会的無差別曲線UUが予算線PP'に接している。

これより工業品の輸出量は$Y_X - D_X = SG$で示され、農産物の輸入量は$D_M - Y_M = CG$で示される。なおG点は水平線SY_Mと垂直線CD_Xとの交点である。そして社会的無差別曲線UUは、このときの社会的厚生を示している。生産点Sと消費点Cを価格線PP'で結ぶと直角三角形CGSができるがこれを貿易三角形という。この三角形は貿易収支が均衡していることを示している。なぜなら、工業品の価格をP_X、農産物の価格をP_Mで表すと、三角関数の正接の定義から、$P_X/P_M = (D_M - Y_M)/(Y_X - D_X)$が成立しているからである。この式を展開すると$P_X(Y_X - D_X) = P_M(D_M - Y_M)$となり、これは工業品の輸出額＝農産物の輸入額、すなわち貿易収支均衡を示している。

2　オファー曲線の導出

工業品を輸出し農産物を輸入している自国のオファー曲線を描くことにする。これを行っているのが第16-2図であるが、この図は第16-1図に基づいて作られている。すなわち、この図の原点0は第16-1図の生産点Sに対応し、縦軸$0M$と横軸$0X$は、第16-1図のS点を通る垂直線及び水平線に、それぞれ対応している。したがって第16-2図において、農産物の輸入量は

原点から上方へ行くほど大きくなるように測られ、工業品の輸出量は原点から左方へ行くほど大きくなるように測られている。また、原点から発する左上がりの放射線は第16-1図の予算線と対応している。したがって、この放射線の横軸から見た勾配は、国際市場で決まった工業品の相対価格を示している。

第16-2図　オファー曲線

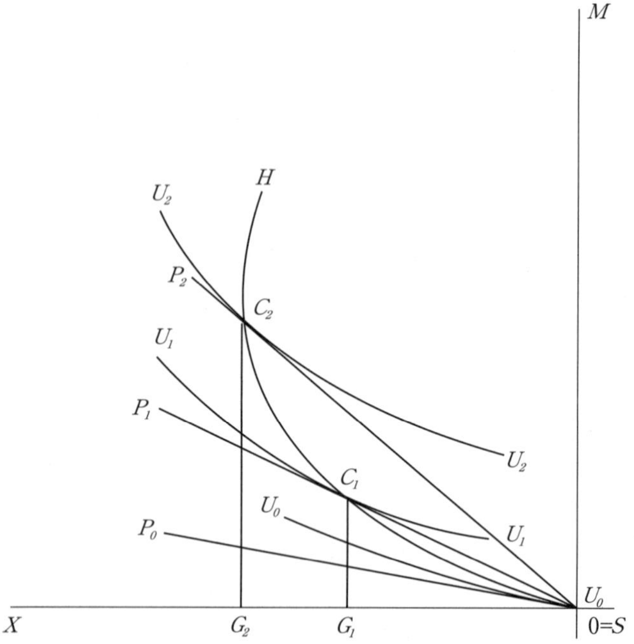

工業品の相対価格が国際市場で非常に低く決められて第16-2図の予算線 $P_0 0$ の勾配に等しいとき、自国の消費者は第16-1図の予算線 PP' のときより工業品の消費を増やし農産物の消費を減らす。このようにして、工業品の消費が丁度 Y_X まで増え農産物の消費が丁度 Y_M にまで減ったために、消費点が丁度生産点 S 上に来たものとしよう。このとき消費点を通る社会的無差別曲線 $U_0 U_0$ は、第16-2図では丁度0点で予算線 $P_0 0$ に接する。したがってこのような工業品の相対価格の下では自国の工業品の輸出量はゼロ、農産物の輸入量もゼロになる。明らかに貿易収支は均衡しているから、自国のオファー曲線は原点を通る。

次に、工業品の相対価格が国際市場でやや高く決まり、第16-2図の予算線$P_1 0$の勾配で示されるものとすると、交易条件有利化による所得効果（工業品消費の増加）より価格上昇による代替効果（工業品消費の減少）が強く働いて、自国の消費者は原点0で消費していたときよりも工業品の消費を減らし農産物の消費を増やす。ということは、このとき自国の工業品の輸出量と農産物の輸入量は共にプラスにならなければならないことを意味している。いま工業品の輸出量が$0G_1$、農産物の輸入量が$C_1 G_1$で示されるものとすると、このとき予算線$P_1 0$上のC_1点が消費点になり、社会的無差別曲線$U_1 U_1$がこの点で予算線に接する。このとき三角形$0C_1 G_1$は貿易三角形であり、自国の貿易収支が均衡していることを示している。したがって、自国のオファー曲線はC_1点を通る。第16-2図の作図から明らかなとおり、自国の社会的厚生は図の左下から右上へ行くほど、すなわち農産物の輸入量が増え工業品の輸出量が減るほど高くなるから、C_1点を通る社会的無差別曲線$U_1 U_1$が示す厚生は原点を通る社会的無差別曲線$U_0 U_0$が示す厚生より優れている。C_1点では貿易が存在し原点では貿易が存在しないから、これは貿易利益を示している。

さらに工業品の相対価格が国際市場で高く決って第16-2図の予算線$P_2 0$の勾配で示されるものとすると、所得効果より代替効果がより強く働いて、自国の消費者はC_1点で消費していたときよりもさらに工業品の消費を減らし農産物の消費を増やす。したがって、自国の工業品の輸出量は$0G_1$より増え、農産物の輸入量も$C_1 G_1$より増えなければならない。いま工業品の輸出量が$0G_2$で、農産物の輸入量が$C_2 G_2$で示されるものとすると、このとき予算線$P_2 0$上のC_2点が消費点になり、社会的無差別曲線$U_2 U_2$はこの点で予算線$P_2 0$に接する。このとき三角形$0C_2 G_2$は貿易三角形であり、自国の貿易収支が均衡していることを示している。したがって、自国のオファー曲線はC_2点を通る。図から明らかなとおり、工業品の輸出量も農産物の輸入量も消費点がC_1点にあるときより増加しているが、輸出量の増加率に比べて輸入量の増加率の方が大きい。これは自国の交易条件が有利化していることを示している。これを反映して自国の社会的厚生はC_1点におけるよりもC_2点において向上している。このことは社会的無差別曲線$U_1 U_1$が社会的無差別曲線$U_2 U_2$より左下方にあることで示される。

このような工業品相対価格の変化を連続的に続けて自国の貿易量の変化を

たどっていくと、連続なオファー曲線を描くことができる。それは第16-2図において曲線OHとして描かれている。これまでの議論で示したとおり、自国のオファー曲線は原点Oを出発してC_1点、C_2点を通っている。そして図から明らかなとおり、このオファー曲線は自国の輸出財を測った軸、すなわち横軸、の方向に突出している。そして工業品の相対価格が上昇するにつれて、すなわち自国の交易条件が有利化するにつれて、貿易量が増加し自国の社会的厚生が向上していく。ただし交易条件が著しく有利化した状態では、所得効果が代替効果より強く働いて、農産物の消費と共に工業品の消費も増加し、農産物の輸入量が増えても工業品の輸出量が減る可能性も考えられる。

外国のオファー曲線も自国のオファー曲線と同様に描くことができる。ただし、外国では工業品が輸入財で農産物が輸出財であるから、そのオファー曲線は、第16-3図の曲線OFのように、原点Oを出発して縦軸に向かって突出した形を取る。

第2節　国際市場の均衡

1　国際市場の均衡

前節では、自国の交易条件が外部から与えられたものとして議論を進めてきた。すなわち、自国の交易条件が、第16-2図の予算線$P_0 0$、$P_1 0$、$P_2 0$というように外部から与えられたとき、貿易収支均衡条件を満たす工業品と農産物の貿易量がどう決まるかを考えて自国のオファー曲線を描いた。そこでこの節では、それらの交易条件がどのようにして決定されるかを考えることにする。交易条件が決まるのは、自国の工業品生産企業が外国の消費者にその製品を販売し、外国の農産物生産農家が自国の消費者にその作物を販売する国際市場で均衡が成立したときである。そこでまず、国際市場の均衡とはどういうことかから説明していく。

一般に、市場の均衡とは、そこで取引されている商品やサービスの需要と供給が丁度等しくなっている状態をいう。そして均衡が成立して初めてその商品やサービスの価格が決まる。なぜなら、もし商品やサービスの需要が供給を超過していれば、買い手は競ってより高い価格を付けようとするから価

格はいつまでも決まらない。逆に、商品やサービスの供給が需要をオーバーしているときは、売り手は競ってより安い価格を付けようとするからこのときも価格は決まらない。したがって、商品やサービスの価格が決まるのは需要と供給が丁度一致する均衡しかないことになる。ある商品やサービスの国際市場では、需要は国内市場の超過需要、すなわち輸入で示され、供給は国内市場の超過供給、すなわち輸出で示されるから、**国際市場の均衡とは、そこで取引されている商品やサービスの輸入と輸出が丁度等しくなっている状態を指す。そしてこのとき商品やサービスの価格が決定される**。前節で学んだように、自国と外国の輸出と輸入はそれぞれの国のオファー曲線で示されるから、国際市場の均衡は自国と外国のオファー曲線の交点で成立する。そこで以下では、オファー曲線を使って国際市場の均衡、特に、自由貿易均衡を図示し、その経済的意義を考えることにする。

2　国際市場均衡の図示

第16-2図で導き出したオファー曲線を使って、国際市場の均衡を示したのが第16-3図である。この図において、横軸には工業品の貿易量が原点0から左へ行くに従って大きくなるように測られ、縦軸には農産物の貿易量が原点から上へ行くほど大きくなるように測られている。第1節と同じように、自国の輸出財は工業品であり、外国の輸出財は農産物であると想定すると、X軸方向に突出している曲線OHが自国のオファー曲線であり、M軸方向に突出している曲線OFが外国のオファー曲線である。

　この二本のオファー曲線の交点をRとすると、この点で工業品と農産品の国際市場が均衡している。このことを以下で確認しよう。R点は自国のオファー曲線上の一点であるから、ここからX軸上に垂線を下ろしてその足をQ点とすると、OQは自国の工業品輸出量であり、QRはその農産物輸入量である。R点はまた外国のオファー曲線上の一点であるから、ここからM軸上に水平線を下ろし交点をVとすると、OVは外国の農産物輸出量であり、VRはその工業品輸入量である。このとき四角形$OVRQ$ができるが、作図から明らかなとおり、その四つの内角はいずれも直角であるからこの四角形は長方形である。したがって、$OQ = VR$であり$OV = QR$であるから、工業品に関して自国の輸出＝外国の輸入であり、また農産物に関して外国の輸

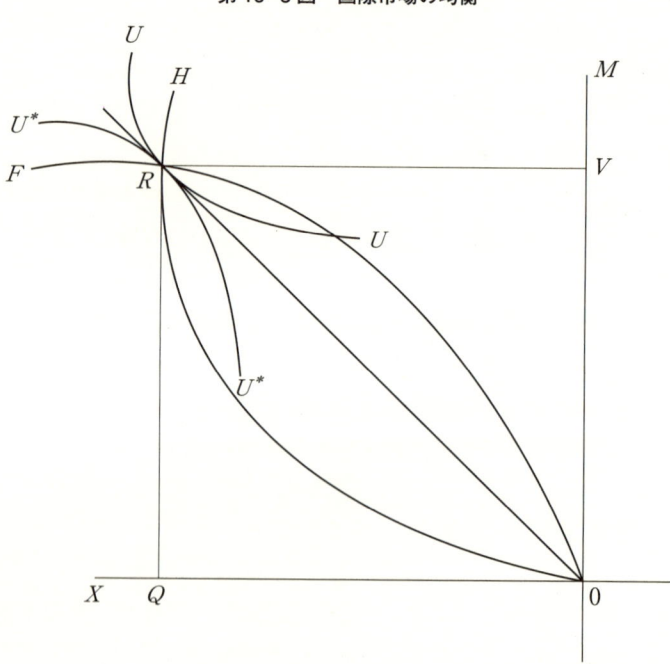

第16-3図　国際市場の均衡

出＝自国の輸入である。すなわち、二本のオファー曲線の交点で工業品と農産物の国際市場がそれぞれ均衡している。しかも自国と外国は自由貿易を行っているから、この点は自由貿易均衡点である。

　均衡点 R と原点 0 を結んだ直線 $0R$ は自国と外国の予算線であり、その勾配はこの均衡点で決まった二財の相対価格を示している。角 $Q0R$ は工業品の相対価格であるから自国の交易条件を示し、角 $V0R$ は農産物の相対価格であるから外国の交易条件を示している。また、均衡点 R は自国と外国の消費点、三角形 $0QR$ は自国の貿易三角形、そして三角形 $0VR$ は外国の貿易三角形である。したがって、R 点を通るそれぞれの国の社会的無差別曲線が存在する。自国の社会的無差別曲線を UU で表すと、これは均衡点におけるその社会的厚生を示している。外国の社会的無差別曲線を U^*U^* で表すと、これは均衡点におけるその社会的厚生を示している。そして自由貿易均衡点では、第16-3図に描かれているように、両国の社会的無差別曲線は R 点で互いに接している。

第3節　国際市場均衡の性質

1　自由貿易均衡の効率性

　自由貿易均衡の重要な経済的意義は、それがパレート効率的（パレート最適ともいう）である、ということである。パレート効率的とは、他国を害することなく一国の社会的厚生を向上させることが不可能な資源配分をいう。したがって、自由貿易均衡点では世界経済全体にとって資源が無駄なく配分されている。逆に、パレート効率的でなければ、他国を害することなく一国の社会的厚生を向上させることが可能であるから、この資源配分では、世界経済に無駄があることを意味する。第16-3図で自国と外国が参加する国際市場の自由貿易均衡を描いたが、この図を拡大した第16-4図を用いて、自由貿易均衡がパレート効率的であることを示そう。

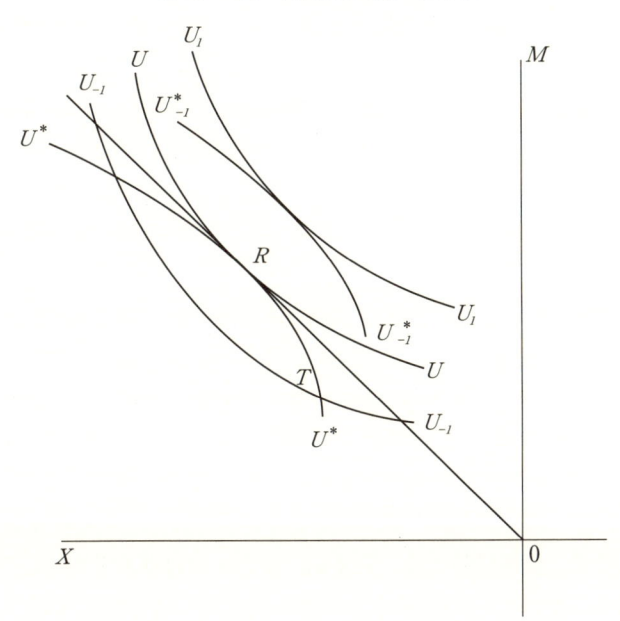

第16-4図　自由貿易均衡の効率性

第16-4図の基本的構造は第16-3図と同じである。この図のR点は第16-3図のR点に対応しており、国際市場の自由貿易均衡点である。原点0から出ている直線ORは自国と外国の予算線であり、自国の社会的無差別曲線UUと外国の社会的無差別曲線U^*U^*がR点でこれに接している。この自由貿易均衡点では第16-3図で描いたような自国のオファー曲線OHと外国のオファー曲線OFが交わっているが、第16-4図では錯雑化を避けるために省いてある。曲線$U_{-1}U_{-1}$は自国の社会的無差別曲線であるが、UUより左下方を走っていることからわかるとおり、この曲線の社会的厚生はUUの社会的厚生より劣っている。そしてこの二本の社会的無差別曲線の間には、等高線のように互いに交わらない社会的無差別曲線が無数に走っており、UUより左下方に下がるほどそれが示す社会的厚生は悪くなる。

二本の社会的無差別曲線$U_{-1}U_{-1}$とU^*U^*の交点をT点としよう。T点はパレート効率的ではない。なぜなら、この点では外国の社会的厚生を害することなく自国の社会的厚生を向上させることができるからである。それが可能であることは、T点より外国の社会的無差別曲線U^*U^*上をR点の方向に移動したとき、外国の社会的厚生を一定のままに維持しながら自国の社会的厚生を向上させることができることからわかる。これに対して、自由貿易均衡点Rでは、外国の社会的厚生を害することなく自国の社会的厚生を改善することはできない。なぜなら、もしR点からさらに自国の社会的厚生を高めようとして、例えば社会的無差別曲線U_1U_1へ行こうとすると、外国の社会的厚生は良くてもU_1U_1と接する無差別曲線$U^*_{-1}U^*_{-1}$が示すものにならざるを得ない。この無差別曲線はU^*U^*より上方にあるが、外国の社会的厚生は右上方に行くほど悪化するから、外国の社会的厚生は悪化せざるを得ない。したがって、自由貿易均衡点Rはパレート効率的である。このとき自国と外国はそれぞれ、貿易相手国の社会的厚生が与えられると、既存の資源供給量、生産技術、そして消費条件の下で達成できる社会的厚生を最高のものにしており、その意味で無駄がない資源配分をしているといえる。

第二次世界大戦後の世界経済は、国際貿易の拡大と直接投資の進展により発展してきている。国際貿易の拡大には、貿易障壁(第Ⅲ部参照)の軽減・撤廃、すなわち、自由貿易の推進が重要であるが、その中心的役割はガット(GATT、関税と貿易に関する一般協定)及びその後継機関であるWTO(世界貿易機関、第1章及び第26章参照)が担っている。このセクションで考

えてきた自由貿易均衡の効率性は、WTOのこのような活動の基盤になっている。したがって、WTO中心の現代貿易体制を理解するためには、この章の内容をしっかりと頭に入れておくことが肝要である。

2　国際市場の安定性

　前節で学んだように、国際市場の均衡において工業品と農産物の相対価格、すなわち自国と外国の交易条件、が決定された。このようにして決まった相対価格が何らかの攪乱によって均衡値から離れたとき、市場メカニズムによって自動的に元の均衡値に戻るならば、この国際市場は安定的であるという。そうでなくて、何らかの攪乱によって相対価格が均衡値より離れたとき、市場メカニズムによってこの相対価格が無限大に発散するかあるいはゼロに縮小して元の均衡値に戻らないならば、この国際市場は不安定的であるという。

　それではどのようなときに国際市場は安定的であろうか。第6章で外国為替市場の安定条件を学んだが、それはマーシャル・ラーナー条件と呼ばれ、

　　　自国の商品輸入需要弾力性＋外国の商品輸入需要弾力性＞1

が成立することであった。商品の国際市場もこのマーシャル・ラーナー条件が満たされるとき安定的であることが証明されている。第16-3図のR点で示される国際市場の均衡はこの条件を満たしているので、安定的である。このことは下の問題3で尋ねているように、何らかの攪乱により工業品の相対価格が上昇して予算線ORが時計回りの方向に少し回転し元の予算線より傾斜がきつくなった場合に、国際市場で工業品の超過供給が発生することを示すことにより確かめることができる。あるいはまた何らかの攪乱により工業品の相対価格が低下したときに、国際市場でその超過需要が発生することを示すことにより確かめることができる。

重要な専門用語

オファー曲線　　国際商品市場の均衡　　自由貿易均衡の効率性

問　題

【1】　外国の輸出財が農産物でその輸入財が工業品であるとき、外国の交易条件と貿易量の関係はどのように描けるか。第16−1図を参考にしながら作図せよ。

【2】　問題1で作図した生産点を原点に、その生産点を通る垂直線を M 軸に、同じく生産点を通る水平線を X 軸にして、第16−2図を参考にしながら、外国のオファー曲線を作図せよ。

【3】　第16−3図において、何らかの攪乱によって予算線 OR が時計回りの方向に少し回転したとき、次の手順によって均衡の安定性を確かめよ。

①予算線 OR が時計回りの方向に少し回転してできる新しい予算線を描き、自国のオファー曲線との交点を R'、外国のオファー曲線との交点を R^* とせよ。

②R' 点から X 軸に垂線を下ろしてその足を Q' とし、R^* 点から垂線を X 軸に下ろしてその交点を Q^* とすることにより、自国の工業品輸出量と外国の工業品輸入量を示せ。

③これにより新しい相対価格 OR' の下で、国際市場に工業品の超過需要があるか、あるいはその超過供給があるか判断せよ。

④この結果、予算線 OR' はいずれの方向に回転しなければならないか。その方向を図に示せ。

第III部

貿易政策の基礎

第17章

貿易政策の手段

　第Ⅲ部のテーマは貿易政策である。ここではまず、貿易政策の手段を分類し、次いで、貿易政策が貿易のみならず国内生産、消費、所得分配、社会的厚生にも影響を及ぼすことを説明する。一国の政府がとる貿易政策はどうしても自国民の利益を優先するから、貿易摩擦・経済摩擦が代表するように、外国の国民との間に利害の衝突を生むことが多い。そこで、世界的視野で貿易政策をみる場合には、国際間の利害調整を考えることが重要になる。第1章でも触れたように、人類がこれまで生み出してきた国際利害調整手段は地域経済統合と世界貿易機関である。そこでこの第Ⅲ部の最後で、それらについても述べることにする。

　この第17章ではまず貿易政策の定義を述べそれを学ぶ意義を考える。そして貿易政策の手段を関税と非関税障壁に大別した後、それぞれについて説明していくことにする。

第1節　貿易政策

1　貿易政策の定義

　貿易政策とは、個々の商品やサービスの輸出や輸入を規制する政策であり、関税と非関税障壁がこれに含まれる。

　貿易に影響を及ぼす政策としては、他に、外国為替市場介入（第7章参照）、財政政策、金融政策を挙げることができるが、これらの政策はいずれも商品

やサービス全体の輸出入に影響を与えるので、貿易政策とはいわない。例えば、財政赤字削減のために消費税の増税を行うと、家計の可処分所得の減少→消費の減少→国民所得の減少、をもたらす。国民所得の一定割合は輸入品や輸入サービスの購入に当てられるので、この結果、商品及びサービス全体の輸入が減少する。逆に、消費税の減税を行うと、同様の経済メカニズムが働き（ただし効果は逆向き）、商品・サービス全般の輸入が拡大する。また、緩和的金融政策として中央銀行が政策金利を引き下げると、民間銀行の貸出金利も下がるから、企業は資金を借りて設備投資や在庫投資を行い易くなる。この結果、投資の増加→国民所得の増加、をもたらし、商品及びサービス全体の輸入が拡大する。緊縮的金融政策についても同様の経済メカニズムが働き（ただし効果は逆向き）、商品・サービス全体の輸入を減少させる。このように、財政政策、金融政策、外国為替市場介入はいずれも商品及びサービス全体の輸出入に影響を与えるが、個別の商品やサービスの輸出入を規制するための政策ではないので、貿易政策とはいわない。

2　貿易政策を学ぶ意義

　貿易政策を学ぶ意義は、それが経済の中で次のような二つの点で重要な地位を占めていることにある。その内の第一点は、国内経済問題の解決のために貿易政策が発動されることがある、という点である。例えば、日米貿易摩擦の際、自動車産業の労働者の失業や一部の自動車メーカーの経営危機という国内問題を解決するために、アメリカ政府が取った政策は日本製乗用車の対米輸出規制を日本に要求することであった。すなわち、1970年代末から80年代初めにかけて引き起こされた石油価格の暴騰（第24章参照）のため、アメリカではガソリンを喰う国産乗用車の需要が減り、燃費の良い日本製乗用車の需要が高まった。その結果、日本製乗用車の対米輸出が急増すると共にアメリカ製乗用車の生産が減少したので、当地の自動車産業では労働者の失業が発生し一部の自動車メーカーは経営危機に陥った。彼等が連邦政府にこの窮状に対する救済策を要求したとき、アメリカ政府は自動車産業の競争力強化策や労働者雇用促進策という国内経済政策はとらずに、日本側に働きかけて日本製乗用車の対米輸出自主規制という貿易政策を発動させた。このように貿易政策は国内経済問題と密接な関連を持つことが多い。

貿易政策の重要性を示す第二点は、貿易政策の発動が経済全般に影響を与える、という点である。例えば、第26章で述べるように、1995年以降日本政府は米の輸入数量制限を部分的に撤廃したが（米市場の約7％相当分）、もしこのときもっと大幅な市場開放をしていたとすると、日本の米は安価な外国産の米との競争に敗れ、外国産米の輸入が大幅に拡大していたであろう。その結果、日本の米の国内生産は減少し米の価格が下がったであろうから、日本の農民所得は減少したが消費者の実質所得は向上したであろう。一方外国では米の輸出が増えるから、その生産が増え外国の農民所得は増加したであろう。このように輸入制限の大幅軽減あるいは撤廃という貿易政策の発動が、国内及び輸出国における所得分配という経済の全般的問題に影響を与えることが多々ある。

第2節　関税

　この節では、貿易政策の主要手段の一つである関税について説明する。
　関税（Tariff）とは、輸入品あるいは輸出品が国境を越えるときに課せられる税である。税の種類、税率、課税品目は法律によって定められる。このうち、関税定率法や関税暫定措置法など国内の法律によるものを国定関税と呼び、ガット（第26章参照）など条約によるものを協定関税と呼ぶ。
　関税はまた、税額を算定する基準により、従価関税と従量関税に分けられる。従価関税は輸入品あるいは輸出品の価格を基準として税額を定める関税である。これに対して従量関税は、輸入品あるいは輸出品の数量（重量・容積・個数）を基準として税額を定める関税である。以下では従価関税から説明していこう。

1　従価関税

　従価関税は輸入関税と輸出関税に分けることができるが、実際的な重要性は輸入関税の方が圧倒的に高いので、まず、輸入関税から説明していこう。**輸入従価関税の課税標準、すなわち、それが基準とする価格は、通常、課税輸入品のcif価格である**。cifは、原価（cost）、保険料（insurance）、運賃（freight）

の頭文字を並べたものであり、cif 価格は原価・保険料・運賃込み価格という。いま、ある商品の cif 価格を P_M^* 円、その従価関税率を $t \times 100\%$ とすると、その税額は tP_M^* 円となる。この商品の輸入業者は、商品1単位当たりこの税額を税関に支払わなければならないから、その国内価格は税額分だけ cif 価格より高くなければならない。この商品の国内価格を P_M 円で表すことにすると、これと cif 価格との間には

$$P_M = P_M^* + tP_M^* = (1 + t)P_M^* \qquad (17-1)$$

という関係ができる。チョコレート菓子の輸入を例に取ると、日本の法律ではその輸入関税率が 10% であるから $t = 0.1$ である。チョコレート菓子1箱の cif 価格を 1,000 円とすると、$P_M^* = 1,000$、税額 = $1,000 \times 0.1 = 100$ 円となるから、この国内価格は $P_M = 1,000 + 100 = 1,100$ 円 となる。明らかに、輸入品の国内価格はその cif 価格より高くなるので、自由貿易のときより消費者の購買意欲はそがれ国内企業の生産意欲は高まる。したがって、輸入関税は輸入抑制と国内産業保護という直接効果を持つ。

　輸出従価関税が税額算定の際に基準とする価格は、課税輸出品の国内価格である。いま、ある輸出品の国内価格を P_X 円、その従価関税率を $e \times 100\%$ とすると、その税額は eP_X 円となる。この商品の輸出業者は、商品1単位当たりこの税額を税関に支払わなければならないから、輸出品が税関を通った後の価格 P_X^* 円は

$$P_X^* = P_X + eP_X = (1 + e)P_X \qquad (17-2)$$

となる。この価格は fob 価格（fob は free on board（本船渡し）の略）と呼ばれる。(17-2) 式から明らかなとおり、輸出品の国内価格は fob 価格より低くなる。通常、輸出契約は fob 価格に基づいて行われるから、輸出関税がかけられるとその国内価格は契約価格より低くならざるを得ない。輸出品の生産コストは輸出関税の有無に関係なく同じであるから、これにより輸出業者の利幅は縮小し、その輸出意欲を失わせる。また、輸出品に対する国内需要は国内価格が低下した分高まるから、この面からも輸出を抑制する。したがって、輸出関税は輸出抑制という直接効果を持つ。

　例えば、fob 価格が1個 1,000 円の輸出品に 10% の輸出関税がかけられたとすると、$e = 0.1$ であるから輸出税額は $0.1 \times P_X$ 円となる。(17-2) 式に

これらの数値を代入すると、$1,000 = 1.1 \times P_X$ 円となるから、この輸出品の国内価格が $P_X = 909.09$ 円のように求まり、fob 価格より約一割低下していることがわかる。

2 従量関税

例えば、米の税額は 1 ㌕当たり 402 円、スパークリング・ワインの税額は 1 ㍑当たり 182 円、海苔の税額は 1 枚 (ただし、1 枚は 430 ㎠以下) 当たり 1.5 円、とそれぞれ法律で定められているが、このように輸入品の重量・容積・個数など数量を基準として税額を定めるのが従量関税である。従価関税の場合と同様に、輸入品のcif価格を P_M^* 円その国内価格を P_M 円、税額を T 円とすると、これらの間には

$$P_M^* + T = P_M \qquad (17\text{-}3)$$

という関係がある。明らかに、輸入従量関税の場合も輸入品の国内価格はそのcif価格より高くなるから、輸入抑制と国内産業保護という直接効果を持つ。

従量関税は従価関税に換算することが可能である。(17-1) 式から従価関税率と国内価格及びcif価格の間には

$$t = \frac{P_M - P_M^*}{P_M^*} \qquad (17\text{-}4)$$

という関係があることがわかるから、この式に従量関税の (17-3) 式を代入すると、$t = T/P_M^*$ が得られる。このようにして得られた税率 t は従量関税の換算税率という。輸入米のcif価格が仮に 1kg 当たり 50 円であったとすると、その換算税率は $(402/50) \times 100 = 804\%$ という高率になる。

第 3 節　非関税障壁

非関税障壁 (Non-Tariff Barriers) は関税以外の貿易政策手段の総称である。これは次のような六種類に分類できる。①輸入数量制限、②輸出への直接干渉、③個別消費税と生産補助金、④政府調達、⑤通関手続き、⑥基準・認証。

このうち③から⑥までの政策手段は、貿易制限を意図するものではないが結果的に貿易を規制する制度あるいは慣行である。以下でこれらの非関税障壁を順番に説明していこう。

1 輸入数量制限

輸入数量制限とは、一定期間中の輸入可能量の上限（輸入枠という）を設定してそれ以上の輸入を認めない制度である。輸入数量制限も輸入関税と同じように国内産業保護という直接効果を持つ。すなわち、輸入品に対する需要が旺盛であるのに、ある水準の輸入枠を設定してそれ以上の輸入を認めないようにすると、国内に輸入品に対する超過需要が生じるからその国内価格が上昇する。それと同時に輸入品と代替的な国産品の価格も上昇するから、その生産が増加し国内産業が保護される。

輸入数量制限も従量関税と同様に、従価関税率に換算することが可能である。これを輸入数量制限の関税相当額と呼び、次のようにして測られる。輸入枠が設定された輸入品の cif 価格を P_M^* 円、その結果上昇した国内価格を P_M 円とすると、$(P_M - P_M^*)/P_M^*$ がこの関税相当額である。

第1章で紹介した世界貿易機関（WTO 第26章参照）は、その前身のガットの時代から輸入数量制限を原則として禁止している（その理由については第19章参照）。しかし幾つかの例外規定を設けて場合によっては輸入数量制限を認めている。その一つとして、緊急措置条項（セーフガード）の輸入数量制限がある。これは、予期しない状況の変化により特定産品の輸入が急増して、それと同種の産品の国内生産者に重大な損害を与えるかあるいは与える恐れがあるとき、緊急避難的に認められる輸入数量制限である。2000年代初頭に、中国産のネギ、生シイタケ、畳表の対日輸入が急増したとき、日本政府は国内生産者からの要請に応えて、2001年にセーフガード暫定措置を発動したことがある（第26章参照）。

2 輸出への直接干渉

輸出への直接干渉には、輸出規制と輸出補助金が含まれる。

輸出規制とは、一定期間中の輸出可能量の上限（輸出枠という）を設定し

てそれ以上の輸出を認めない制度である。輸出規制は外国産業保護という直接効果を持つ。すなわち、外国市場で需要が旺盛な商品に対して自国が輸出枠を設定すると、その商品の輸出供給が減少し外国市場で超過需要が発生する。そのためこの輸出品の外国市場価格が上昇し、それと同時にこれと代替的な外国産品の価格も上昇する。したがって、競争力を失っていた外国の産業が保護されることになる（第19章参照）。

第1節で述べたように、このような輸出規制の機能に着目して、日本とアメリカの間で貿易摩擦が頻繁に起こっていた時代に、その解消策として、政府間協定あるいは業界の自主規制の形で輸出規制が多用された。政府間協定の形では、繊維の対米輸出規制（1962年から1991年まで）とカラー・テレビの対米輸出規制（1977年から1980年まで）があり、民間の自主規制の形では、乗用車の対米輸出規制（1981年から1994年まで）、鉄鋼の対米輸出規制（1984年から1992年まで）、工作機械の対米輸出規制（1987年から1993年まで）があった。しかし1995年以降は、WTOにより輸出規制も禁止されている。

輸出に直接的に干渉するもう一つの手段は輸出補助金である。**輸出補助金とは、ある商品の外国市場での価格、すなわち輸出価格、がその生産コストより低いとき、両者の差額を補助金で補填することである。**この結果、国際競争力を持たない商品の輸出が可能になるから、輸出補助金は輸出奨励という直接効果を持つ。

WTOは、ガットの時代から工業品の輸出補助金を禁止してきた。一次産品についてはこれを認めてきたが（例えば、欧州連合（EU）の小麦）、1995年以降これも段階的に廃止することが決められている（第26章参照）。

3　個別消費税と生産補助金

個別消費税は、例えば酒税や揮発油税などのように、税収を挙げることを目的に課税される税金である。したがって、これは個々の商品の輸入を規制するために設けられた税金ではない。そして個別消費税は輸入品にも一律に課税されるからその価格は上昇するが、その上昇率は国産品と同じであるから、輸入品が国産品に比べて不利になることはない。

しかし1996年9月に、紛争処理機関でもあるWTOから是正勧告を受け

た日本の酒税制度のように、**輸入品に差別的な課税の仕方をすると非関税障壁**になる。是正以前の酒税制度によると、アルコール1度当たりの従量税（1㍑当たり）は、焼酎（甲類）が6.23円、リキュールが8.22円、スピリッツ（ジン・ラム・ウオッカなど）が9.93円であったのに対して、ウイスキーは24.56円であった。焼酎など他の蒸留酒に比べてウイスキーの税額が高いのは輸入品差別であるというEUの訴えがWTOにおいて認められた結果、日本政府は、焼酎の税額を引き上げると同時にウイスキーの税額を引き下げるという形で、酒税制度の改定を行わざるを得なくなった。

生産補助金は国内産業の育成や保護を目的にした補助金であるので、個別商品の貿易を規制することを目的とするものではない。しかしコンピュータなどの輸出産業に、研究開発費という名目の補助金が与えられると、技術革新が進んで製品価格が下がり結果的に輸出が促進される。あるいは、航空機の世界市場のように国際寡占市場の場合には、一国の政府がその国の航空機メーカーに生産補助金を与えると、市場の競争環境が変わって外国のライバル企業が市場から駆逐されることもある（第20章参照）。また、農産品など輸入品と競争している産業に生産補助金を与えると、補助された商品の国内生産が増えるから、結果的に輸入が減少する。したがって、生産補助金も非関税障壁の一つに入れられる。

4 政府調達

政府は国内で最大の財・サービスの購買者である。例えば、2005年度の日本において政府支出は113兆円であり、この年度の国内総支出511.5兆円の22.1％を占めていた。これに対して、売上高で測った最大の民間企業はトヨタ自動車であるが、その売上高は21兆円であったので、仮にトヨタ自動車が財・サービスの購入にその売り上げの全てを費やしたと仮定しても、その支出額は政府支出の18.6％に過ぎなかった。したがって、政府の動向は国内国外の財・サービス供給者に対して重大な影響を及ぼす。経済的効率の観点からみると、政府は国産品・輸入品を差別することなく、同一品質の財・サービスの中で最も安いものを購入することが望ましい、と考えられる。しかし現実には、調達先を国内業者に限定したり、調達計画の内容や手続きに関する情報を外国業者に知らせなかったりして、国産品愛用・輸入品差別をする

傾向が強い。このような傾向は輸入に対して抑制効果を持つから、非関税障壁とみなされる。したがってガットは、1979年に終了した東京ラウンド（第26章参照）において政府調達に関する協定を結び、この分野の市場開放を図っている。これによると、政府調達は原則として公開入札または指名入札でなければならず、随意契約（入札などの方法によらず、相手方を任意に選んで結ぶ契約）は特別な事情がない限り認められない。

5　通関手続き

　輸入品が国境を通過するとき税関で輸入審査を受けなければならないが、その際、非関税障壁との関連で問題になるのは、関税評価、すなわち従価関税の算定基準、と通関手続きである。

　関税評価で問題になるのは、課税標準が課税輸入品のｃｉｆ価格でない別の価格であったり、あるいは恣意的または架空の価格であったりすることである。例えば、アメリカにはかつてASP制度があり、特定商品（染料・サッカリンなどの化学品、ゴム底布靴など）について、そのｃｉｆ価格によらずにアメリカ産品の卸売価格を基準に関税評価を行っていた。このように国によって関税評価の方法が異なれば、輸出業者は輸出品の売値を予想することが困難になるので、貿易が阻害される。このためガットは東京ラウンドにおいて関税評価協定を結び、算定基準の統一化を図っている。この結果、上のASP制度は廃止された。

　通関手続きで問題になるのは、それが国際慣行以上に煩雑であったり時間がかかりすぎることである。いずれの場合も、それにより輸入コストが増加するので輸入が阻害される。通関手続きに時間がかかる原因は幾つかあるが、その一つは、税関の審査が輸入貨物の到着後に始められることである。もしそれが貨物の到着前に済んでいれば通関にかかる時間が短縮され、輸入コストが低下するであろう。そこで現在では、予備審査制が設けられて貨物の到着前に輸入審査が受けられるように改善されている。この結果2005年には、入港から輸入許可までの平均所要時間が、海上貨物で3.0日から2.1日へ、航空貨物で1.3日から0.2日へと短縮されてきた。通関手続きに時間がかかるもう一つの原因は、商品によっては税関のみならず他の省庁の輸入手続きを受けなければならないことである。例えば、食品では、税関で輸入手続き

をする前に、厚生労働省で食品衛生法に基づく輸入手続きを行わなければならない。もしこの二つの手続きを同時に行うことができれば、時間が短縮され輸入業者の利便が増すであろう。そこで現在は、ネットワークシステムの活用と省庁間の連携強化により一度の輸入手続きで済むように改善されている。

6 基準・認証

　各国が法律に基づいて定めている製品の安全基準や食品・医薬品の保健衛生上の基準、さらには、これらの商品が基準を満たしていることを政府が確認する認証は、人々の健康と生命を守ったり、自然環境を保護するために必要である。しかしこれらの基準や認証が十分な科学的根拠なしに定められていたり、国際標準以上に厳格であったり、あるいは必要以上に貿易制限的であったりする場合には、非関税障壁となる。そこでガットは東京ラウンドにおいて技術的貿易に関する協定を作成して、各国が国際的に統一された安全基準を作ることを要望すると共に、国際的な基準が既に存在している場合には、できるだけこれを国内基準として取り入れることを義務づけている。さらにガットは、食品と農林水産品に関して「衛生及び植物検疫の適用に関する協定」（SPS協定）をウルグアイラウンド（第26章参照）で締結し、各国が衛生基準や認証を設定する権利を持つことを認める一方で、それが貿易障壁にならないための規則を定め、各国がこれを遵守することを求めている。

　基準や認証が非関税障壁として認定された例として、SPS協定に基づいて処理された日本の農産物（コドリンガ）事件（1999年）がある。日本は植物防疫法に基づき、国内では生存が確認されていない害虫であるコドリンガ（蛾の一種）が寄生する可能性があるという理由で、リンゴ、サクランボ、モモ、ナシなど八種類の生果実を輸入することを一般的に禁止し、輸出国が殺虫効果を品種別試験で確認した一定の方法で完全殺虫した場合のみ、輸入を認めていた。この品種別試験の要求は科学的根拠がなく、他の貿易制限的でない措置で代替できるとして、輸出国であるアメリカがWTOに訴えた結果、その主張が認められ、日本は輸出国に対する品種別試験の要求を取り下げるよう勧告を受けた。これは、科学的根拠がない検査方法が非関税障壁とみなされた例である。

重要な専門用語
関税　　非関税障壁

参考文献

財政金融統計月報　第640号（2005年8月）　財務総合政策研究所HP。
　「Ⅲ　税関行政の重要施策の現状」の第3において通関手続きの現状が詳しく説明されている。

藤岡典夫「連載　食品安全・動植物検疫措置に関するWTO紛争事例の分析」
　農林水産政策研究所レビュー　NO.17〜19（2005年10月〜2006年3月）
　農林水産政策研究所HP
　WTOのSPS協定に基づいて処理された三つの貿易紛争事例について詳しい説明がなされている。

第18章

輸入関税の効果 (1)
部分均衡分析

　前章で貿易政策のさまざまな手段を紹介したので、この章では、その中から輸入従価関税を貿易政策の代表的手段として取り出し、その効果を説明する。前章で学んだとおり、輸入従量関税は換算税率を使うと輸入従価関税に換算が可能であるし、輸入数量制限や個別商品の輸入に影響を及ぼすその他の非関税障壁は、それによる輸入品国内価格上昇率を用いてその関税相当額を計算することが可能であるから、商品輸入に影響を及ぼす貿易政策は、全て輸入従価関税で代表させてよいであろう。

　関税の効果を調べる場合、伝統的に、部分均衡分析と一般均衡分析とが二者択一的に使われている。部分均衡分析は、課税商品の国内市場のみを考えて問題を分析する方法であり、一般均衡分析は、課税商品の個別市場のみならず国民経済全体を考えて問題を分析する方法である。したがって、一般均衡分析を用いる場合には、ある商品の関税が他財の国内市場に及ぼす影響も考慮するが、部分均衡分析の場合は、他財の国内市場の状況は一定と仮定して、そこへの波及効果は考慮に入れない。国内消費や国内生産において課税商品が果たす役割が小さい場合は、関税の効果を検討するのに部分均衡分析で十分であろう。そうではなくて、課税商品が日常生活で重要な位置を占める商品であったり、あるいは広範囲の商品群に一律の関税が賦課される場合には、一般均衡分析が必要になるであろう。

　この章ではまず、部分均衡分析を用いて輸入関税の効果を調べることにする。そのため、第1節で課税商品の国内市場を説明し、第2節で分析用具となる消費者余剰と生産者余剰の解説を行い、第3節で輸入関税の効果を述べる。さらに第4節では、輸入関税の効果についてその理解を深めるために、

輸入関税がそれと同率の生産補助金と個別消費税に分解できることを示す。なお、第2節は経済学の基礎的事項の説明なので、既にその知識を持っている読者はとばして読んでも構わない。

第1節　ある商品の国内市場

いま、ある商品、例えばチョコレート菓子、に $t \times 100\%$ の輸入従価関税がかけられているものとしよう。現行税率のように、チョコレート菓子の輸入関税率が10%であると、$t = 0.1$ である。チョコレート菓子の cif 価格を P_C^* 円、その国内価格を P_C 円とすると、第17章で学んだように、チョコレート菓子の国内価格は税額 tP_C^* 円分だけ高くなければならない。したがって、P_C と P_C^* との間には

$$P_C = (1 + t)P_C^* \qquad (18\text{-}1)$$

という関係式が成立する。

第18-1図はチョコレート菓子の国内市場を示している。この図において、横軸はチョコレート菓子の数量を、縦軸にはその価格を、それぞれ測っている。右下がりの曲線（図では直線に描かれている）DD はチョコレート菓子の需要曲線である。この曲線は、次の節で説明するように、各需要水準の下で一国の消費者がチョコレート菓子に対してつける最高の価格を示している。

他方、SS 曲線（これも直線に描いてある）はチョコレート菓子の供給曲線を示している。チョコレート菓子の国内市場が完全競争状態にあるものと仮定すると、利潤極大を目指す企業はチョコレート菓子の価格が丁度その限界費用に等しくなるように生産量を決めるから、ある生産量における SS 曲線の高さは、そのときの限界費用を示している。限界費用逓増の法則により、供給曲線は第18-1図のように右上がりになる。外国のチョコレート菓子の供給曲線は、高さが P_C^* の水平線 $P_C^* P_C^*$ で示されている。外国でもチョコレート菓子は、限界費用逓増法則に従って生産されているが、その生産規模に比べて自国の市場規模が小さいので、自国が初めに輸入するチョコレート菓子の生産コストと、輸入量を増やしていって最後に輸入するチョコレート菓子

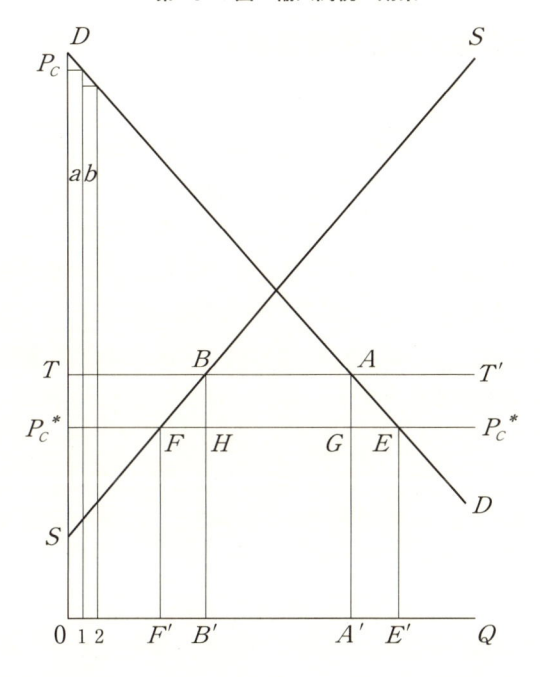

第18-1図　輸入関税の効果

の生産コストとはほとんど差がないと考えられる。したがって、外国のチョコレート菓子供給曲線は、近似的に水平線とみなしても構わないであろう。この仮定は、小国の仮定と呼ばれている。

　自由貿易のときには、第18-1図の E 点でチョコレート菓子の需要と供給が一致している。すなわち、このときチョコレート菓子の国内価格はその cif 価格に等しいから、需要は DD' 曲線と外国の供給曲線 $P_C^* P_C^*$ の交点 E で $P_C^* E = 0E'$ と決まる。これと同時に、国内供給は $P_C^* P_C^*$ 線と SS' 曲線との交点 F で $P_C^* F = 0F'$ として決まり、外国からの供給、すなわち輸入は、$FE = F'E'$ として決まるから、総供給は $0F' + F'E' = 0E'$ となる。このことは、消費者が直面するチョコレート菓子の供給曲線が $SFEP_C^*$ であることを意味しているから、丁度、E 点でチョコレート菓子の需要曲線と供給曲線が交わっている。

第2節　消費者余剰と生産者余剰

　第1節で、チョコレート菓子の需要曲線は、各需要量の下で一国の消費者がチョコレート菓子に対してつける最高の価格を示すと述べたが、なぜそうなるのかをここで説明しよう。いま、ある国の消費者がチョコレート菓子の消費量 D_C と、それ以外の全ての消費財を消費するための貨幣量（所得）D_M を合理的に決める場合、消費者はその社会的厚生関数 $U = U(D_C, D_M)$ を、所得制約条件 $P_C D_C + P_M D_M = I$ の下で最大にするように決める。ただし、ここで P_M 円は貨幣の価格を示し、I 円はこの国の国民所得を示している。

　一国の消費者のこのような合理的行動を図示したのが、第18-2図である。この図において、横軸にチョコレート菓子の消費量が、縦軸に他財消費のための貨幣量が、それぞれ測られている。右下がりの直線は所得制約条件を示す予算線である。この直線の勾配はチョコレート菓子の相対価格 P_C/P_M に -1 を掛けたものであり、横軸との切片はチョコレート菓子で測った実質国民所得 I/P_C を示し、縦軸との切片は貨幣で測った国民所得 I/P_M を示している。原点に対して凸の右下がりの曲線 UU は、消費者の社会的無差別曲線を示している（社会的無差別曲線については第13章補論を参照せよ）。図に描かれている社会的無差別曲線は予算線と C 点で接しているから、与えられた予算制約条件の下で達成できる最高の社会的厚生を示している。その理由は次のとおりである。UU より右上方を通る社会的無差別曲線はその社会的厚生が UU のものより高いが、与えられた予算線と接したり交わったりすることはできないから、達成不可能な社会的厚生を示している。また、曲線 UU より左下方を通る社会的無差別曲線は予算線と二点で交わるから、その社会的厚生は達成可能であるが曲線 UU のものより低い。したがって、与えられた予算制約条件の下で達成できる最高の社会的厚生は、曲線 UU が表すものでなければならない。

　このようにして得られた消費点 C は、一国の消費者の均衡消費点である。ここでは、第18-2図から明らかなとおり、社会的無差別曲線の接線の勾配 $-\Delta D_M/\Delta D_C$ がチョコレート菓子の相対価格に等しくなっている。MU_C をチョコレート菓子の限界効用、MU_M を貨幣の限界効用とすると、社会的無

差別曲線の接線の勾配はチョコレート菓子の限界代替率 MU_C/MU_M に等しいから、この消費点において、消費の均衡条件

$$\frac{MU_C}{MU_M} = \frac{P_C}{P_M} \qquad (18\text{-}2)$$

が成立している。すなわち、均衡消費点においてチョコレート菓子の限界代替率はその相対価格に等しい。ところが、貨幣1単位の価格は1円であるから $P_M = 1$ でなければならない。さらに、**どの消費者に関しても貨幣の限界効用は1であると仮定すると**、(18-2) 式から

$$P_C = MU_C \qquad (18\text{-}3)$$

という関係式が得られる。すなわち、以上のような仮定の下では、**チョコレート菓子の価格はその限界効用に等しい**。すなわち、効用は価格で測ることができる。DD 曲線はこの関係式 (18-3) を図示したものであるから、この曲線上では、各消費量に対して消費者が最大限感じる効用（社会的厚生）と価格が丁度等しい。すなわち、DD 曲線は各消費量に対して消費者がつける最高の価格を示している。そして消費量が増えるにつれて限界効用は逓減するから、DD 曲線は右下がりである。

このことはまた、各消費量の総効用がこれに対応した DD 曲線下の面積に等しいことを意味している。第18-1図に示したように、チョコレート菓子の消費量が1単位だけであれば、その効用はこのときの DD 曲線の高さで示されるが、消費量を1ととっているから、これはまた0から1までの長方形の面積 a 円に等しい。消費量が2単位であれば、2単位目のチョコレート菓子の効用は、DD 曲線の下の1から2までの長方形の面積 b 円に等しい。チョコレート菓子2単位の総効用は1単位目の効用と2単位目の効用の和であるから、これは DD 曲線の下の長方形の面積 $(a+b)$ 円に等しい。0から2までの DD 曲線の下の面積とこれらの長方形の面積 $a+b$ との差は二つの微少な三角形の面積であるが、消費の単位を小さくしていくと、これら三角形の面積も小さくなり、$a+b$ は DD 曲線の下の0から2までの面積に近づいていく。したがって、チョコレート菓子の単位当たり消費を小さくとるならば、チョコレート菓子2単位の総効用は、0から2までの DD 曲線下の面積と考えて構わないであろう。このことは如何なる消費量にも当てはまるから、あ

第 18-2 図　消費の決定

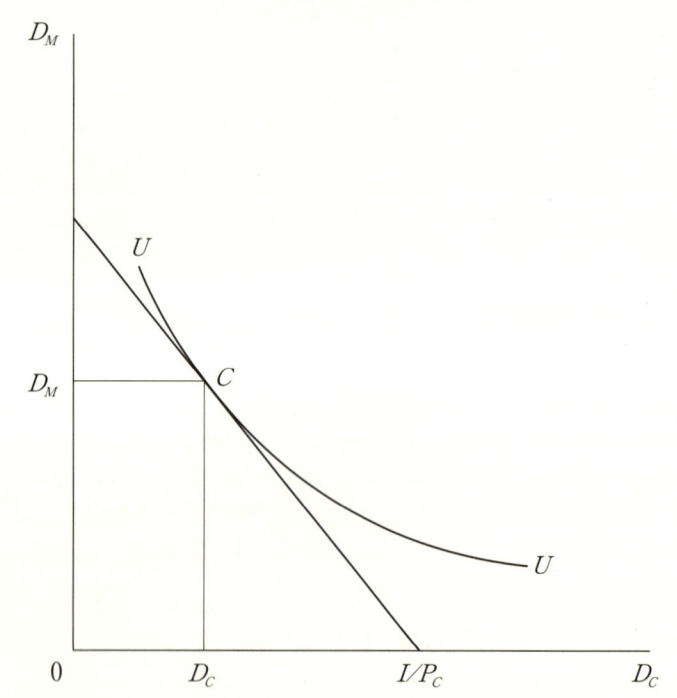

る量のチョコレート菓子消費の総効用は、その消費量に対応する DD 曲線下の面積に等しい。

　供給の場合も供給曲線 SS の高さが各生産量における限界費用を表しているから、消費の場合と同様に考えると、ある生産量に対応した SS 曲線の下の面積がその総費用を示していることがわかる。

　第1節で考えた自由貿易の状態に話を戻すと、第 18-1 図において消費者は $0E'$ のチョコレート菓子を消費して、台形 $D0E'E$ の面積に等しい総効用を得ている。しかし消費者は $0E'$ のチョコレート菓子を得るのに長方形 $P_C^*0E'E$ の面積の代金を支払っているから、その差額は、台形 $D0E'E$ − 長方形 $P_C^*0E'E$ = 三角形 DP_C^*E に等しい。これを消費者余剰と呼ぶ。

　一方、国内生産者は $0F'$ のチョコレート菓子を生産して長方形 $P_C^*0F'F$ の面積で示される売り上げを得、台形 $S0F'F$ の面積に等しい総費用を払うから、その差額は、長方形 $P_C^*0F'F$ − 台形 $S0F'F$ = 三角形 P_C^*SF の面積で

測られる。これは生産者余剰と呼ばれ、生産に携わった経営者の報酬になる。チョコレート菓子の自由貿易によって得られる国民全体の利益は、消費者余剰＋生産者余剰＝三角形 DP_C^*E ＋三角形 P_C^*SF の面積に等しい。

第3節 輸入関税の効果

　自由貿易のときのチョコレート菓子の国内生産量、消費量、輸入量、国民全体の利益がわかったので、次に、それらと輸入関税賦課後の実績とを比べて、輸入関税の効果を調べることにする。すぐにわかるように、その効果は五つある。
　第1節で述べたとおり、チョコレート菓子に $t\times 100\%$ の輸入関税をかけると、その国内価格は cif 価格より輸入税額分だけ高くなる。そこで第18-1図で $T0$ をチョコレート菓子の国内価格 P_C 円とすると、TP_C^* がその輸入税額 tP_C^* 円になる。このとき関税率は $t=tP_C^*/P_C^*0$ で示され、輸入チョコレート菓子は国内市場で P_C 円で売られるから、外国のチョコレート菓子供給曲線は水平線 TT へ移る。
　このときチョコレート菓子の国内均衡は第18-1図の A 点で達成される。すなわち、チョコレート菓子の需要は $TA=0A'$、その国内供給が $TB=0B'$、外国からの輸入が $BA=B'A'$ であるから、供給は $0B'+B'A'=0A'$ となる。したがって、消費者が直面するチョコレート菓子の供給曲線は SBT' になるから、丁度、A 点でチョコレート菓子の需要曲線と供給曲線が交わっている。
　①保護効果
　輸入関税賦課後のチョコレート菓子の国内生産量は、今みたように $0B'$ となるから、自由貿易下の国内生産 $0F'$ より $F'B'$ だけ大きくなっている。これが輸入関税の保護効果である。チョコレート菓子に限らず、一般に、輸入関税は課税輸入品と競争している国内産業に対して保護効果を持つ。
　②消費抑制効果
　輸入関税の下でのチョコレート菓子消費量は、上でみたように、$0A'$ となる。これは自由貿易のときの消費量 $0E'$ に比べて $A'E'$ だけ小さいから、輸入関税によりチョコレート菓子の消費は抑制される。一般に、輸入関税は課税輸入品の消費を抑制する。

③輸入抑制効果

輸入関税の下では、チョコレート菓子の輸入量は $B'A'$ となるが、これは自由貿易のときの輸入量 $F'E'$ より $F'B' + A'E'$ だけ小さい。したがって、輸入関税は課税輸入品の輸入量を減少させる。

④関税収入

関税貿易の下では関税収入が発生する。その金額は、輸入量×輸入税額＝$BA \times AG$＝長方形 $BHGA$ の面積で示される。関税収入は政府の収入になるが、所得税減税の財源になったり、あるいは、軍隊、警察、消防などの公共財[*1]の維持に使われるから、関税収入は国民全体の利益であると考えられる。

⑤厚生効果

輸入関税によりチョコレート菓子の消費量は $0A'$ になるから、消費者の総効用は台形 $D0A'A$ に縮小し、その支出は長方形 $T0A'A$ になる。したがって、消費者余剰は三角形 DTA の面積で示され、自由貿易下の消費者余剰、三角形 DP_c^*E、と比べると台形 TP_c^*EA の面積だけ減少する。他方、輸入関税によりチョコレート菓子の国内生産は $0B'$ になるから、生産者の売り上げは長方形 $T0B'B$ に拡大し、その総費用は台形 $S0B'B$ になる。したがって、生産者余剰は三角形 TSB の面積で表され、自由貿易のときの生産者余剰、三角形 P_c^*SF、と比べると、台形 TP_c^*FB の面積分だけ増加する。

このように、輸入関税によって生産者が得をし、消費者が損をする。それでは国民全体の得失はどうなるであろうか。それは**輸入関税によって被る消費者余剰の減少分、台形 TP_c^*EA の面積、が輸入関税がもたらす利益、すなわち、台形 TP_c^*FB の面積で示される生産者余剰の増加分と長方形 $BHGA$ の面積で示される関税収入、でカバーされるかどうかを調べることにより判明する**。そうすると、台形 TP_c^*EA －（台形 TP_c^*FB ＋長方形 $BHGA$）＝三角形 BFH ＋三角形 AGE となり、この二つの三角形の面積分だけ輸入関税による損失がその利益より大きい。したがって、**輸入関税は一国全体の経済厚生を低下させる**。

輸入関税がマイナスの厚生効果を持つのは、次の二つの原因による。その一つは、輸入関税の保護効果により、外国に比べて能率が悪い国内生産が増

[*1] 公共財は政府が提供する財で、非排除性と非競合性という二つの性質を持つ。非排除性とは、特定の消費者をその財やサービスの消費から排除することができない、という性質である。非競合性とは、同時に多くの消費者によって消費することが可能であるので、その財やサービスの消費を巡って消費者の間で競合することがない、という性質である。

え、コストが三角形 BFH の面積だけ余計にかかるようになったためである。もう一つは、関税の消費抑制効果により、消費者の輸入品に対する需要が抑制され、その充足感が三角形 AGE の面積で示される分だけ減ったためである。

第4節　輸入関税と生産補助金の比較

前節で学んだ従価税率 $t \times 100\%$ の輸入関税による保護効果は、関税の代わりに、政府がそれと同率の生産補助金を生産者に与える政策をとっても実現する。すなわち、自由貿易下において、チョコレート菓子の生産者に生産額当たり $t \times 100\%$ の生産補助金を与えると、その補助金額は tP_c^* 円になるから、チョコレート菓子の生産者価格 P_c' 円は $P_c' = P_c^* + tP_c^* = (1 + t)P_c^*$ となる。これは、同率の従価関税をかけたときに実現される国内価格に等しい。したがって、この生産補助金の下でも国内生産量は OB' となり、輸入関税と同じ保護効果が得られる。

それでは、産業保護政策として、輸入関税と生産補助金は全く同等であろうか。それとも、両者の間に優劣の差が存在するであろうか。以下でこの問題の答えを求めることにする。二つの政策の保護効果が同じであれば、それらの優劣は政策を実行するのに必要なコストの大きさによって決まる。産業保護政策の場合どうしても比較劣位産業を保護することになるから、政策施行により国内生産者は生産者余剰を増やすことができるが、前節で学んだとおり、生産効率悪化のため国民全体の厚生は低下する。これがここでいう政策コストである。

そこで、輸入関税と生産補助金の政策コスト、すなわち、それらの厚生効果を比較してみることにする。税率が $t \times 100\%$ の輸入関税は、第18-1図の三角形 BHF と三角形 AGE の面積だけ経済厚生を引き下げるから、これが輸入関税の政策コストである。

生産補助金により同じ保護効果を得ようとすると、補助金率を $t \times 100\%$ に設定して、長方形 TP_c^*HB の補助金を生産者に与えればよい。このとき生産コストの増加額は三角形 BFH の面積で示されるから、生産者の手取増加額は台形 TP_c^*FB の面積となる。他方、消費者は以前と同じ自由貿易価

格 P_C^* 円でチョコレート菓子を購入することができるから、$0E'$ のチョコレート菓子を消費し、自由貿易下と同じ消費者余剰を得る。しかし、政府が支払った生産補助金 TP_C^*HB は、結局は消費者が負担しなければならないから、この分だけ消費者余剰は減少する。したがって、国民全体で考えると、**消費者余剰減少分－生産者の手取り増加額＝長方形 TP_C^*HB － 台形 TP_C^*FB ＝三角形 BFH** だけ、生産補助金により経済厚生が低下する。これが $t\times 100\%$ の生産補助金の政策コストである。

明らかに、生産補助金のコストは同じ保護効果を持つ輸入関税のコストより小さい。したがって、保護政策としては、輸入関税より生産補助金の方が優れている、ということができる。その理由は、生産補助金の下では輸入関税のような消費抑制効果が生じないので、消費者の負担が少なくてすむためである。

第5節　輸入関税と生産補助金・個別消費税の比較

前節では、同率の輸入関税と生産補助金の保護効果が同じであることを説明したが、この節では、同率の個別消費税と輸入関税が同じ大きさの消費抑制効果を持つことを説明し、さらに、輸入関税が、それと同率の生産補助金と個別消費税を組み合わせた政策に分解できること、すなわち、同率の輸入関税と生産補助金プラス個別消費税が同等であることを説明する。

前節で説明したとおり、チョコレート菓子に対する、税率 $t\times 100\%$ の輸入関税と補助金率がそれと同率の生産補助金は、第18-1図で表したチョコレート菓子の国内市場において、国内生産を $0B'$ に伸ばし、台形 TP_C^*FB の面積分だけ生産者の経済厚生を高める。

いま、政府が輸入関税の代わりに、**税率が $t\times 100\%$ のチョコレート菓子消費税**をかけると、その税額は tP_C^* 円であるから、チョコレートの消費者価格 P_C' 円は $P_C' = P_C^* + tP_C^* = (1+t)P_C^*$ となり、同率の従価関税をかけたときに実現する国内価格に等しい。したがって、この消費税の下でもチョコレート菓子の消費量は $0A'$ となり、関税貿易下と同じ消費抑制効果が得られる。このとき消費者余剰は三角形 DTA の面積で示されるが、これは同率の輸入関税の下で実現される消費者余剰に等しい。この消費税がなければ

消費者余剰は三角形DP_c^*Eの面積に等しかったから、消費税によって消費者が被る損失は、台形TP_c^*EAの面積分になる。政府が受け取る消費税収入は、消費税額×消費量＝長方形TP_c^*GAの面積で示されるが、これは同率の輸入関税の関税収入より大きい。

一方、生産者価格はチョコレート菓子消費税によって影響を受けないから、P_c^*円のままである。したがって、チョコレート菓子の国内生産はOF'のままであり、生産者余剰も三角形P_c^*SFのままである。以上の結果、チョコレート菓子消費税による経済厚生の悪化は、消費者余剰の減少分－消費税収入＝台形TP_c^*EA－長方形TP_c^*GA＝三角形AGEの面積、となる。

補助金率が$t \times 100\%$の生産補助金と同じ税率の個別消費税を組み合わせた政策の下では、チョコレート菓子の輸入量は、消費量－国内生産量＝OA'－OB'＝$A'B'$となり、同じ税率の輸入関税の下で得られる輸入量と同じになる。したがって、両政策の輸入抑制効果は同じである。

以上で、同率の生産補助金プラス個別消費税の保護効果、消費抑制効果、輸入抑制効果が、同じ税率の輸入関税の効果とそれぞれ同じであることがわかった。両政策が同等であることをいうためには、さらに、政府収入と厚生効果が同じであることをいう必要がある。まず、生産補助金プラス個別消費税政策における政府収入は、消費税収入－生産補助金支出＝長方形TP_c^*GA－長方形TP_c^*HB＝長方形$BHGA$の面積となり、同じ税率の輸入関税の関税収入に等しい。次に、両政策の厚生効果を比べてみよう。前節で学んだように、生産補助金による経済厚生の悪化分は、三角形BFHの面積で示される。個別消費税による経済厚生の悪化分は、上でみたように、三角形AGEの面積で示される。したがって、生産補助金プラス個別消費税政策による経済厚生の悪化分は、三角形BFH＋三角形AGEの面積である。これは、第3節で考えたように、同じ税率の輸入関税による経済厚生の悪化分に等しい。したがって、同率の生産補助金プラス個別消費税政策と同じ税率の輸入関税は、五つの効果について全て同じであるから、両者は同等であるといえる。

重要な専門用語

輸入関税の五つの効果　　生産補助金の効果
同率の生産補助金プラス個別消費税政策の効果

問題

【1】 第18-1図において輸入チョコレート菓子の価格がP_c^*円で、生産額に$t \times 100\%$の生産補助金を与えることによりチョコレート菓子の国内生産が$0F'$から$0B'$へ増加した場合、消費者が直面するチョコレート菓子の供給曲線はどうなるか述べよ。

第19章

輸入関税と数量制限

　前章では貿易政策の代表的手段として輸入関税を考え、部分均衡分析に基づいてその五つの経済効果を学んだ。さらに、輸入関税と生産補助金の比較をして、産業保護政策として輸入関税が生産補助金に劣ることを知り、最後に、輸入関税がそれと同率の生産補助金プラス個別消費税と同等であることを学んだ。この章でも部分均衡分析を使って、輸入関税と非関税障壁との比較を続けることにする。ここで取り上げるのは、輸入数量制限と輸出規制という二つの政策手段である。現在いずれもWTOにより原則的に禁止されているが、輸入数量制限は1990年代の前半まで、主として農産物に対する残存輸入数量制限として主要工業国が実施していた政策手段であるし、また、輸出規制は、1960年代から80年代にかけて頻発した日米貿易摩擦の解消策として多用されたので（第17章参照）、ここで考えておく必要があると思われる。以下ではまず、輸入関税と輸入数量制限を比較して、若干の留保条件は付くものの両者が同等であることを説明し、次に、輸入数量制限と輸出規制を比較して、産業保護政策として輸出規制が輸入数量制限並びにそれと同等である輸入関税に劣ることを説明する。

第1節　輸入関税と輸入数量制限の同等

　まず、部分均衡分析を続けていくために、前章で紹介したある商品の国内市場を簡単に説明しておくことにする。第19-1図は、自国におけるある商品、例えば小麦、の国内市場を示している。この図において、横軸は小麦の数量

を、縦軸にはその価格を、それぞれ測っている。右下がりの曲線（図では直線に描かれている）DD は小麦の需要曲線である。この曲線は、前章で説明したように、各需要水準の下で自国の消費者が小麦に対してつける最高の価格、すなわち限界効用（価格表示）、を示している。限界効用逓減法則により、需要曲線は右下がりである。SS 曲線（これも直線に描いてある）は国産小麦の供給曲線を示している。小麦の国内市場が完全競争状態であるとすると、利潤極大を目指す農家は小麦の価格が丁度その限界費用に等しくなるように生産量を決める。したがって、ある生産量における SS 曲線の高さは、そのときの限界費用を示している。限界費用逓増の法則により、供給曲線は右上がりである。自国は世界の小麦市場において小国であると仮定すると、外国の小麦の供給曲線は図の水平線 $P_C^* P_C^*$ で示される。

いま、自国の小麦輸入枠が図の AB の量に決められているものとしよう。AK を SS 曲線と平行に描くと、四辺形 $BFKA$ は平行四辺形になるから、

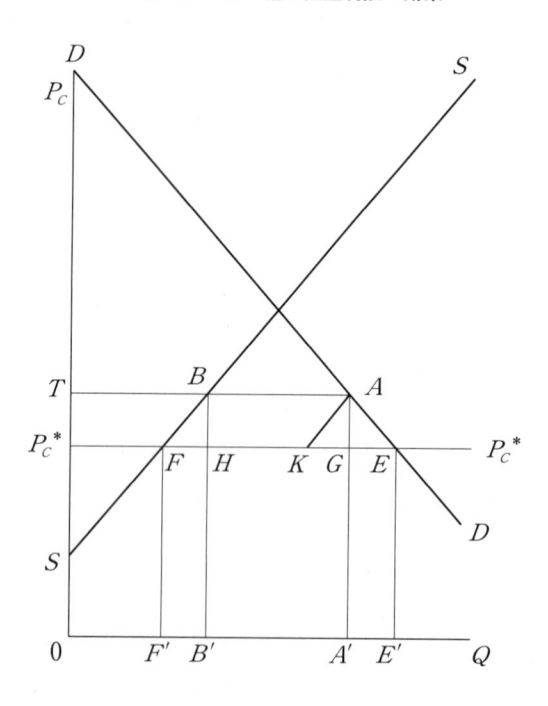

第19-1図 輸入数量制限の効果

$AB=KF$ である。このとき、自国の消費者が直面する小麦の供給曲線は $SFKA$ となる。なぜなら、小麦の国内価格がその cif 価格 P_C^* 円より低いときは、この消費者は国内産の小麦を購入しようとするから供給曲線は SF である。国内価格が cif 価格に丁度等しいときは、この消費者は P_C^* 円で輸入枠 FK までの量の輸入小麦を購入することができるから、供給曲線は FK である。この消費者がこの輸入枠以上に小麦を購入しようとすると、国産小麦をその供給曲線に基づいて購入しなければならないから、このときの供給曲線は KA になる。したがって、自国の消費者が直面する供給曲線は $SFKA$ でなければならない。

第 19-1 図から明らかなとおり、この供給曲線は需要曲線 DD と A 点で交わっているから、A 点が国内小麦市場の均衡点であり、国内価格 P_C 円は $T0$ の高さで示される。このとき実現される経済実績と、小麦が cif 価格 P_C^* 円で輸入されていた自由貿易のときの経済実績を比べると、輸入枠 AB の数量制限が持つ五つの経済効果を知ることができる。国内価格が $T0$ のとき小麦の国内生産量は $0B'$ であるが、これは自由貿易のときの生産量 $0F'$ より $F'B'$ だけ大きい。これが輸入数量制限の保護効果である。小麦の消費量は $0A'$ であるが、これは自由貿易の消費量 $0E'$ より $A'E'$ だけ減っている。これが輸入数量制限の消費抑制効果である。小麦の輸入量は輸入枠 $AB=A'B'$ になるが、これは自由貿易のときの輸入量 $E'F'$ より $E'A'+B'F'$ だけ小さい。これが輸入数量制限の輸入抑制効果である。

輸入数量制限の厚生効果はどうなるだろうか。まず、輸入関税の場合には関税収入を表していた長方形 $BHGA$ の面積を考える。輸入数量制限の場合、長方形 $BHGA$ の面積 = 輸入量 × 輸入プレミアム（輸入プレミアム = 小麦の国内価格 - その cif 価格）という金額になり、これは**輸入割り当てレント**と呼ばれる。次に、輸入数量制限の厚生効果を考える。その保護効果により生産者余剰は台形 TP_C^*FB の面積だけ増加し、消費抑制効果により消費者余剰は台形 TP_C^*EA の面積だけ減少する。輸入割り当てレントを国民全体の利益とみなすならば、輸入数量制限による国民全体の損失は、消費者余剰の減少分 -（生産者余剰の増加分 + 割り当てレント）= 台形 TP_C^*EA -（台形 TP_C^*FB + 長方形 $BHGA$）= 三角形 BFH + 三角形 AGE の面積、で表される。

以上で考えた、**輸入枠が AB である輸入数量制限の五つの効果**は、その関

税相当額 = $(P_C - P_C^*)/P_C^* = TP_C^*/P_C^*0$ に等しい従価関税率 t、すなわち $t = TP_C^*/P_C^*0$、を持つ輸入関税の効果と同じである。したがって、輸入関税と輸入数量制限は産業保護政策として同等である。ただし次の三つの留保条件が付く。

その一つは、**国内分配上の相違を無視するならば**、という留保条件である。輸入関税の場合、長方形 $BHGA$ の面積で示される関税収入は政府収入として国庫に入るから、減税の原資としてあるいは公共財の財源として国民全体に還元された。ところが輸入数量制限の場合には、長方形 $BHGA$ の面積で示される輸入割り当てレントは、輸入枠分の小麦が全て国家管理下で輸入される場合(国家貿易)には政府収入となるが、輸入枠が何らかの基準により民間輸入業者に割り当てられる場合(輸入割当制)には、輸入業者の収入になり国民全体に還元されることはない。したがって、両政策手段の間には国内分配上の相違が生じるが、これを無視するというのが第一の留保条件である。

第二は、**長期的価格変動の効果を無視するならば**、という留保条件である。仮に外国で小麦生産に技術進歩があり、その cif 価格 P_C^* 円が下がったとしよう。輸入従価関税の場合には、税率 t は不変であっても輸入税額 tP_C^* 円がそれに伴って減少するから、小麦の国内価格 $(1+t)P_C^*$ 円も低下する。したがって、一方で自国の小麦消費が増え、この国の国民全体の経済厚生が向上する。他方で自国の輸入=外国の輸出も増えるから、外国人全体の経済厚生も増大するであろう。ところが輸入数量制限の場合には輸入枠が一定であるから、外国の小麦生産に技術進歩がありその cif 価格が下がっても自国の輸入量は一定である。したがって、輸入数量制限の方が輸入関税より輸入制限効果が厳しく、技術進歩がもたらすはずの自国と外国での経済厚生向上は阻害される。

第三は、**透明性の違いを無視するならば**、という留保条件である。第17章で学んだように、輸入関税はその種類、税率、課税品目が法律に基づいて定められるのに対して、輸入数量制限では、法律に基づいて税務当局が制定する法令によってその輸入枠が定められる。したがって、関税より担当官庁の恣意的運用の可能性が高くなり透明性が薄くなると考えられる。主として、第二及び第三の留保条件で触れた輸入数量制限の短所により、加盟国の経済厚生向上を理念とする WTO(世界貿易機関)は、輸入数量制限を原則的に禁止し、貿易規制策として関税のみを認めている(第26章参照)。

第2節　輸出規制と輸入数量制限

　第19-1図を使って、今度は、輸出規制が輸入国の産業保護政策として役立つが、その政策コストは輸入関税の政策コストより高くなることを述べよう。そのため、この図に描かれている市場はアメリカの乗用車市場であるとし、曲線 DD はアメリカ国民の乗用車に対する需要曲線、曲線 SS はアメリカ乗用車メーカーの供給曲線であると考える。説明を簡単にするために、アメリカに乗用車を輸出している国は日本だけであり、日本製乗用車の cif 価格 P_C^* 円は図の P_C^*0 に等しく、アメリカの乗用車市場の規模は日本の乗用車輸出量に比べて著しく小さいものと仮定する。そうすると、日本の乗用車メーカーの供給曲線は水平線 $P_C^* P_C^*$ で示される。$AB = KF$ は日本の乗用車メーカーが自主的に設定した輸出枠である。1981年から94年まで続いた日本製乗用車の対米輸出規制（第17章参照）では、1981年に設定された輸出枠は年間168万台であった。これに対して、自由貿易が行われていた1980年のアメリカによる日本製乗用車の輸入量は、図の FE に当たる、182万台であった。

　第1節で使った論理を適用すると、輸出規制の下でアメリカの消費者が直面する供給曲線は $SFKA$ であり、アメリカ乗用車市場の均衡は、これと需要曲線が交わる A 点で達成されることがわかる。したがって、乗用車の国内価格 P_C 円は $T0$ の高さで示されるから、その国内生産量は $0B'$ になる。自由貿易のときの生産量 $0F'$ に比べて $F'B'$ だけ増加しているから、輸出規制は日本製乗用車と競争しているアメリカの自動車産業に対して保護効果をもつ。乗用車の国内価格 P_C 円の下で、その消費量は $0A'$ になる。自由貿易のときの消費量 $0E'$ に比べて $A'E'$ だけ減少しているから、輸出規制はアメリカの乗用車消費に対して抑制効果を持つ。このとき乗用車の輸入量は輸出枠 $B'A'$ になるから、自由貿易下の輸入量に比べて $F'B' + A'E'$ だけ小さい。したがって、輸出規制はアメリカの乗用車輸入に対して抑制効果を持つ。以上で説明した輸出規制の保護効果、消費抑制効果並びに輸入抑制効果は、前節で学んだ分析手法を用いると、アメリカ政府が乗用車に輸入枠 $AB = KF$（輸出規制の輸出枠と同量）を設定したときの輸入数量制限と、保護効果、

消費抑制効果、輸入抑制効果においてと同じであることがわかる。

輸出規制とそれと同量の輸入枠を持つ輸入数量制限について、両者の厚生効果を比較してみよう。輸出規制の下では、アメリカ乗用車メーカーの生産者余剰は三角形 TSB の面積で示される。自由貿易下の生産者余剰（＝三角形 P_C^*SF の面積）と比べると、台形 TP_C^*FB の面積だけ増加している。輸出規制の下で、消費者余剰は三角形 DTA の面積で示される。自由貿易下の消費者余剰（＝三角形 DP_C^*E の面積）と比べると、台形 TP_C^*EA の面積だけ減少している。上の第1節で学んだことからわかるとおり、輸出規制による生産者側の厚生上の利益と消費者側の厚生上の損失は、同量の輸入枠を持つ輸入数量制限が与える得失と方向も大きさも同じである。

これに対して、輸入数量制限の場合に輸入割り当てレントと呼ばれた長方形 $BHGA$ の面積は、輸出規制の下では、長方形 $BHGA$ ＝輸出量×輸出プレミアム（輸出プレミアム＝国内価格 − cif 価格）となるので、**輸出レント**と呼ばれる。日本の乗用車メーカーは乗用車を cif 価格 P_C^* 円でアメリカ市場に輸出するが、輸出規制の下では、この市場でそれより高い価格 P_C 円で売ることができる。実際は、乗用車の品質を高める（グレード・アップ）という形で乗用車メーカーはこの高価格を正当化しようとするが、いずれにしても、この輸出レントは日本の乗用車メーカーの収入になる。一方、輸入割り当てレントは、第1節で学んだように、アメリカ国民の利得になるから、この点で輸出レントは輸入割り当てレントと異なっている。

これらの点を考慮すると、輸出規制によるアメリカ国民全体の経済厚生は、消費者余剰の減少額 − 生産者余剰の増加額 ＝ 台形 TP_C^*EA − 台形 TP_C^*FB ＝ 台形 $BFEA$ の面積、だけ減少する。これが産業保護政策としての輸出規制の政策コストである。輸出枠と同量の輸入枠を持つ輸入数量制限の政策コストは、第1節で学んだように、三角形 BFH ＋ 三角形 AGE の面積であったから、輸出規制の政策コストは輸入数量制限の政策コストより高い。この相違は全く、いま述べたように、輸出レントが輸出国の国民に帰属するのに対して輸入割り当てレントが輸入国の国民に帰属する、という相違から生じている。したがって、**同じ保護効果を持つ輸出規制と輸入数量制限を比べた場合、輸出規制の方が輸入数量制限より劣っている**という結論が得られる。

このように、産業保護政策として輸出規制が輸入数量制限より劣っているにもかかわらず、日米貿易摩擦の解消策として多用されたのは、次の二つ

の理由によるものと考えられる。第一は、WTOの前身として当時存在したGATT（関税と貿易に関する一般協定）との関係である。既に述べたようにGATTは輸入数量制限を禁止しているが、緊急措置（セーフ・ガード措置第26章参照）として、特定産品の輸入が増加してそれと競争する国内産業が打撃を受けた場合には、例外として、一時的に輸入関税率を上げたり輸入数量制限を設定したりすることを認めている。しかしそのセーフガード措置は、日本製の乗用車のみならず全ての輸入乗用車に対して無差別に適用しなければならないし、また、日本やその他の乗用車輸出国が対抗措置としてアメリカ製品に対して輸入関税率を引き上げたり輸入数量制限を設定したりすることが許されるという制約条件を伴う。アメリカはその制約条件を避けるために、当時は灰色措置であった輸出規制を採用したものと考えられる。もう一つの理由は、輸出規制はセーフガード措置より日本の自動車メーカーや政府を説得し易かったことである。上で考えたように、輸出規制あるいはセーフガード措置により日本製乗用車の対米輸出量が減少しても、輸出規制であれば日本の乗用車メーカーは輸出レントを獲得することができるが、セーフガード措置であればそれはできない。したがって、輸出規制の方がセーフガード措置よりも利潤の減少幅が小さいから、アメリカ側からこの二つの政策手段を二者択一的に提案された場合、日本側はセーフガード措置より輸出規制の方が受け入れ易かったと考えられる。

　同じ保護効果を持つ輸入数量制限と輸入関税が同等である（保留条件はあるが）という前節で得た結果と、同じ保護効果を持つ輸入関税が生産補助金より劣っている、という第18章で得られた結果を考慮に入れると、**産業保護政策として、生産補助金、輸入関税とそれと同等の輸入数量制限、輸出規制の順に優れている**、という結論が得られる。日本は1991年4月に、それまで輸入数量制限によって保護していた肉牛生産を、輸入関税（当初の輸入関税率は50％、1998年4月より42.5％）と生産補助金で保護することに政策変更した。日本では肉用牛肥育と仔牛生産とは分業になっていて、肉用牛肥育農家は仔牛生産農家から仔牛を購入して肥育した上で、肉用牛を市場で売る。輸入数量制限の関税化及び関税率の低減化によって安価な外国産牛肉が輸入されるようになると、国産の肉用牛の価格が低下するのでその肥育農家の所得が低下するおそれがある。さらにこれに伴って、仔牛の価格も低下するおそれがある。そこで、生産補助金制度として、肉用仔牛生産者補給金

制度と肉用牛肥育経営安定緊急対策がとられた。前者は、仔牛の平均売買価格が定められた保護基準価格を下回った場合に、その差額分を補給金として仔牛生産者に支払う制度であり、後者は、肉用牛肥育による生産者所得が一般的農家の家族労働費を下回った場合に、その差額分を補助金として生産者に支払う制度である。上で導き出した結論に従うならば、生産補助金の政策コストはそれと同じ保護効果を持つ輸入数量制限あるいは輸入関税の政策コストより小さいから、この政策転換は合理的なものであったと考えられる。

重要な専門用語

輸入関税と輸入数量制限の同等　　輸入関税と輸出規制の優劣

問　題

【1】　第19-1図に描かれている市場がアメリカの乗用車市場であるとすると、輸入枠が $AB = KF$ である輸入数量制限の五つの効果はどうなるか説明せよ。

【2】　輸入関税と同等である非関税障壁を示し、なぜそれがいえるか説明せよ。

第20章

独占企業と貿易政策

　第18章では、輸入関税の効果を部分均衡分析を用いて説明したが、そこで学んだことは、小国の仮定、すなわち、外国の供給曲線が水平線であるという仮定、を置いた場合、この国は輸入関税により産業保護は達成できるが、国民全体の経済厚生は低下させるということであった。このように関税をかけることにより国民全体として損をするのであれば、どの国もそのような政策を採用しないはずであるが、実際には、いずれの国も輸入関税を多用している。そこでこの章の第1節では、外国の独占企業と輸入関税と題して、その理由の一つを考えることにする（もう一つの理由を第21章で考える）。これまで、自国が商品を輸入する相手国企業は完全競争企業である場合のみを考えてきたが、ここでは相手国企業が独占企業である場合を考える。そうすると、自国政府がこの商品に関税をかけると、確かに消費者余剰は減少するが、独占企業の利潤の一部を関税収入として政府が取り込むことができる。その結果、国全体として輸入関税により経済厚生を高めることができるかも知れない。このような可能性をこの節で検討する。

　第1節で独占市場を取り扱って完全競争市場から離れたので、第2節でもそれに従って、今度は寡占市場を取り上げる。この節では、戦略的貿易政策と題して、現代の国際経済学の新しいテーマになっている戦略的貿易政策のエッセンスを紹介することにする。

第1節　外国の独占企業と輸入関税

1　独占企業の行動

　独占企業とは、その製品市場で価格支配力を持つ企業のことである。すなわち、この企業は製品の供給量を増減することによってその価格を動かすことができる。もし製品価格をある水準まで上げようとするならば、製品の供給量をそれに十分なだけ減らせばよいし、逆に、製品価格をある水準にまで下げようとするならば、製品の供給量を十分に増やせばよい。これに対して、これまで取り扱ってきた完全競争企業は、その製品市場で価格支配力を持たない企業である。したがって、この企業が製品の供給を変化させても、製品価格は動かず所与の市場価格のままである。

　独占企業でも完全競争企業でも、その生産活動の目的は利潤を最大にすることである。一般に、企業が最大の利潤を挙げることができるのは、生産量をいろいろと変えてその限界コストが限界収入（企業が生産量を1単位増やしたときに得られる収入）と等しくなるときである。その理由は、次のようにして説明できる。もし限界コストが限界収入を下回っていれば、この企業が1単位生産を増やしたとき収入の増加がコストの増加を上回るからその利潤が増え、この企業は生産を増加させるであろう。したがって、この状態はこの企業にとって均衡でない。逆に、限界コストが限界収入を上回っていれば、この企業が1単位生産を増やすと収入の増加がコストの増加を下回るからその損失が増え、この企業は生産を減少させるであろう。したがって、この状態もこの企業にとって均衡でない。そうすると企業の均衡状態は残ったケース、限界コスト＝限界収入の状態でなければならない。完全競争企業は、いま述べたとおり、市場で価格支配力を持たないから、限界収入は与えられた市場価格でなければならない。したがって、その利潤極大条件は、限界コスト＝市場価格、と言い換えることができる（第10章参照）。これは、独占企業から完全競争企業までを含めた全ての企業の利潤極大条件、限界コスト＝限界収入、の特殊形である。

独占企業の限界収入は、限界収入＝価格×（1－需要の価格弾力性の逆数）と表すことができる。なぜそうなるかを以下で説明しよう。いま、独占企業の製品について、その価格をP、供給量をQとおくと、この企業の総収入Rは、$R = PQ$で表される。それぞれの変数の前に$\varDelta$を付けてその変化量を示すことにすると、総収入の変化額は、$\varDelta R = P\varDelta Q + Q\varDelta P + \varDelta P\varDelta Q$となる。しかしこの式の右辺にある最後の項目$\varDelta P\varDelta Q$は微少な数値なので無視することにすると、総収入の変化額は

$$\varDelta R = P\varDelta Q + Q\varDelta P \qquad (20\text{-}1)$$

で表される。限界収入をMRで表すことにすると、これはQを1単位増やしたときに得られるRの増加分であるから、$MR = \varDelta R/\varDelta Q$と書くことができる。この定義式に（20-1）式を代入し変形すると、

$$\begin{aligned}MR &= P + Q\varDelta P/\varDelta Q \\ &= P[1 + (Q/P)(\varDelta P/\varDelta Q)]\end{aligned} \qquad (20\text{-}2)$$

が得られる。独占企業の製品に対する需要の価格弾力性をη（ギリシャ文字イーター　第6章では外国の輸入需要弾力性を表すのにη^*を使っている）で示すことにすると、これは製品価格が1％上昇したときにその需要量が何％減少するかを表す弾力性である。製品価格の変化率は$\varDelta P/P$で、需要量の変化率は$\varDelta Q/Q$で、それぞれ表され、そしてこの二つの変化率の符号は逆である（例えば、価格の変化率がプラスであれば需要量が減るから、その変化率はマイナスである）ことを考慮すると、ηは次式のように表すことができる。

$$\eta = -\frac{\varDelta Q/Q}{\varDelta P/P} = -\frac{P}{Q}\ \frac{\varDelta Q}{\varDelta P} \qquad (20\text{-}3)$$

この定義式を（20-2）式に代入すると、

$$MR = P(1 - 1/\eta) \qquad (20\text{-}4)$$

が得られるが、これこそが求める関係式である。直ちにわかるとおり、独占企業の製品に対する需要が弾力的であるとき（すなわち、$\eta > 1$）、限界収入はプラスであるが、価格Pより小さい。

2 独占企業に対する輸入関税

いま、自国は外国の独占企業からある商品、例えばスカーフ、を輸入しているものとしよう。第20-1図はこの独占企業が直面する自国のスカーフ市場を表している。横軸にはスカーフの需要量と供給量 Q を測り、縦軸にはその価格 P を測っている。右下がりの曲線 DD はスカーフの需要曲線である。第18章で学んだように、この需要曲線は自国の消費者がそれぞれの需要量においてスカーフに付ける最高の価格を示している。需要曲線の出発点 D から出ている右下がりの曲線（実際は直線に描いてある）MR は、自国にスカーフを輸出している外国の独占企業の限界収入曲線であり、上の（20-4）式を図に描いたものである。この式における P は図の需要曲線を示しているから、限界収入が P より小さいことは、図では限界収入曲線が需要曲線より縦軸に近いことで表される。

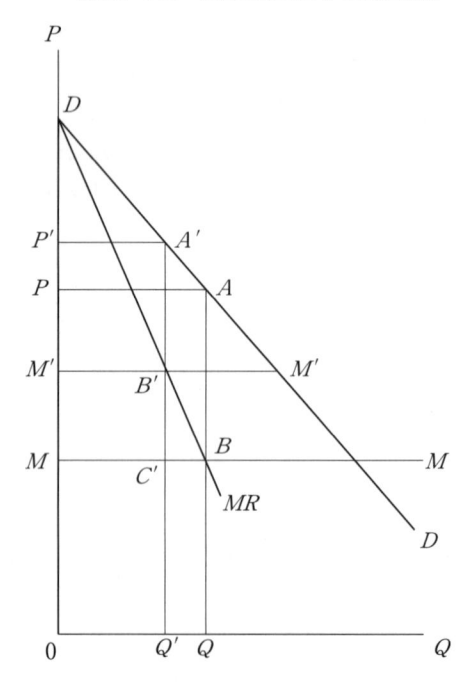

第20-1図 独占企業に対する輸入関税

第20章 独占企業と貿易政策　251

　これまでと同様に、自由貿易のときの経済状態と輸入関税賦課後（関税貿易）の経済状態とを比較して、輸入関税の効果を調べることにする。自由貿易のとき、外国企業のスカーフの限界費用は水平線MMで表されるものとしよう。実際には、スカーフの限界費用は供給量が増えるにつれて増えるかも知れないし減るかも知れないが、ここでは議論を簡単にするために、限界費用は供給量が増えても一定であると仮定している。水平線MMを限界費用曲線と呼ぶことにすると、限界費用は$M0$の高さで示される。外国の独占企業の利潤極大条件は、限界収入曲線と限界費用曲線の交点Bで達成される。したがって、この企業は$0Q$だけのスカーフを自国に輸出しようとする。

　このときスカーフの価格は需要曲線の高さ$AQ = P0$に決まる。すなわち、自由貿易のとき自国のスカーフの価格Pは$P0$の高さで示される。第18章で学んだことを活用すると、一方で、三角形DPA = 台形$D0QA$ - 長方形$P0QA$ = 消費者の総効用 - 消費支出 = 消費者余剰、であることがわかる。すなわち、この三角形の面積は、自国消費者がスカーフを$0Q$だけ消費するときに享受する消費者余剰を示している。他方、長方形$PMBA$ = 長方形$P0QA$ - 長方形$M0QB$ = 外国企業の売り上げ - 外国企業の総費用 = 外国企業の利潤、であることがわかる。すなわち、この長方形の面積は、外国企業がスカーフを$0Q$だけ自国に輸出したときに得られる利潤を表している。

　次に、関税貿易下の状態を考えよう。自国政府は、関税収入を得ることを目的として、スカーフに対して税率$t = M'M/M0$の従価関税を課すものとしよう。外国企業の新しい限界費用は、旧来の限界費用$M0$にスカーフの輸入税額$M'M$が加わるから、$M'0$に上昇する。したがって、新しい限界費用曲線は$M'M'$となる。これと共に、外国企業の利潤極大点は、限界収入曲線と新しい限界費用曲線との交点B'に来るから、スカーフの新しい供給量は$Q'0$になり、その新しい価格は$A'Q' = P'0$となる。図から明らかなとおり、輸入関税はスカーフの供給量を減らしその価格を引き上げる。この結果、自国消費者の消費者余剰は三角形$DP'A'$の面積に縮小し、外国企業の利潤は長方形$P'M'B'A'$の面積に縮小する。水平線MMと垂直線$A'Q'$の交点をC'とすると、自国政府は長方形$M'MC'B'$の面積の関税収入を得る。

　輸入関税の厚生効果を考えよう。外国企業の独占利潤は、自由貿易のときに長方形$PMBA$の面積だったのが、輸入関税により長方形$P'M'B'A'$の面積になるから、減少していると考えられる。自国の経済厚生の変化は、消費

者余剰の減少という損失と関税収入という利益の釣り合いによる。消費者余剰の減少分は，自由貿易下の消費者余剰 − 関税貿易下の消費者余剰 = 三角形 DPA − 三角形 $DP'A'$ = 台形 $P'PAA'$ の面積で示されるから，自国の経済厚生の変化分 = 関税収入 − 消費者余剰の減少分 = 長方形 $M'MC'B'$ − 台形 $P'PAA'$ となる。第 20-1 図に示されているように，もしこれがプラスであれば，小国の輸入関税はその経済厚生を高めることになる。したがって，一般的に，小国が外国の独占企業から商品を輸入している場合，関税収入を目的としてこれに輸入関税をかけると経済厚生を高める可能性がある，ということができる。

第 2 節　戦略的貿易政策

1　国際寡占市場

　世界市場が寡占であるとき，その市場は国際寡占市場と呼ばれる。そして寡占とは，少数の売り手が市場全体の供給のうちで大きなシェアを占めている状態をいう。例えば，乗用車ではトヨタ，ゼネラル・モーターズ，フォルクスワーゲン，フォード，ホンダの上位五社のシェアが約 51% になる（出荷台数ベース，2005 年　世界国勢図会　2006/07）。また，プラズマ・テレビでは松下電器，LG 電子，サムスン電子，フィリップス，日立の上位五社が，約 80% のシェアを占めている（出荷台数ベース，2005 年　日本経済新聞　2007 年 2 月 2 日朝刊）。したがって，乗用車やプラズマ・テレビの世界市場は寡占であるといえるだろう。
　このような国際寡占市場で一番簡単なケースは，同一製品を生産する独占企業が自国と外国にそれぞれ一つづつ存在するケースである。このとき，相手企業（ライバル）の行動は自国企業の利潤に影響を及ぼすから，両者の間には戦略的関係，すなわち，ライバルの出方を推測しながら自分の行動を決める必要がある関係，が生まれる。例えば，ライバルが設備投資を行って供給を増やすと，価格を下げなければ需要は増えないから世界市場で製品価格は下がると予想される。そうすると，自国企業も安い価格で製品を売らなければならないのでその利潤は減少せざるを得ない。これは自国企業にとって

回避すべきことであるから、そのために何らかの対抗措置をとらなければならない。その対抗措置は、設備投資を行って生産規模を上げコストを下げることであるかも知れないし、あるいは、次のセクションでみるように、自力で外国企業に対抗できない場合政府からの助成を求めて企業の存続を図ることであるかもしれない。このような国際寡占市場における貿易政策の効果は、完全競争の国際市場における貿易政策の効果と異なるであろう。このことを次のセクションで考えることにする。

2 戦略的貿易政策

戦略的貿易政策とは、国際寡占市場において自国企業と相手国企業が戦略的関係にあるとき、自国企業の利益増大をねらって政府が市場に介入する貿易政策のことをいう。例えば、大型航空機の国際市場では、EU の飛行機メーカーであるエアバス社（A 社）とアメリカの飛行機メーカーであるボーイング社（B 社）とが競争しているから、両社は戦略的関係にある。いま、両社の戦略と利潤は第 20-2 表に示されているようなものであるとしよう。

この表によると、A 社と B 社が共に航空機を生産する場合、航空機の価格が下がるために両社はそれぞれ－10 の損失を被る。もし A 社が生産するが B 社が生産しない場合は、A 社の利潤は 20 になり、B 社は生産しないからその利潤は 0 である。逆に、A 社は生産しないが B 社のみが生産する場合は、B 社の利潤が 20 になり A 社の利潤が 0 になる。そして両社共に生産しない場合には、それぞれの利潤は 0 である。このような設定の下では、A・B 両社は航空機市場に参入するかしないか選択に悩むことになるが、これはゲーム理論の囚人のジレンマと同じ状態である。

第 20-2 表　A・B 二社の戦略と利潤

		B 社	
		生産する	生産しない
A 社	生産する	(-10, -10)	(20, 0)
	生産しない	(0, 20)	(0, 0)

この航空機市場において、最初B社のみが生産していたとすると、その利潤は20である。そこでA社が参入を図るが、A・B二社で生産をするとそれぞれの会社は−10の損失を被るようになるから、A社は簡単には参入できない。そこで、EU政府がA社に生産補助金15を与えると、生産補助金−損失＝15−10＝5となるから、A社は航空機市場に参入することができる。しかも、B社は−10の損失を被ることになるから、市場から退出せざるを得ない。この結果、A社は生産補助金が無くても、20の利潤を挙げることができるであろう。したがって、EU政府の**戦略的貿易政策は寡占市場の競争環境を変える。これが戦略的貿易政策の効果である。**かりに、航空機の国際市場が完全競争市場であれば、自国企業であれ外国企業であれ一企業の参入は市場の供給量を大きく変えないから、既存企業の生産量や利潤には何も影響を与えない。もし自国政府が国内の航空機生産に補助金を与えるとすると、第18章で学んだように、自国企業の新規参入により国内生産は増加するが、外国企業は相変わらず多数存在し、市場の競争環境が変わることはない。

大型航空機の国際寡占市場に話を戻すと、EU政府が生産補助金をA社に支払うようになれば、B社も競争に勝ち残るためにアメリカ政府に生産補助金を要請することが考えられる。これに応えて、アメリカ政府が15の補助金を支払うならば、B社は5の利潤を挙げることができるから、生産を続行することができる。しかしこのときは、いずれの政府も生産補助金の支払いを打ち切れば直ちに、その国の企業は損失を出し生産を打ち切らざるを得ない。したがって、EU政府もアメリカ政府も生産補助金の支払いを続けざるを得なくなる。このような政府の助成によって航空機貿易に悪影響がもたらされることがないようにするため、ガットは東京ラウンドにおいて（第26章参照）、民間航空機協定を締結している。

> **重要な専門用語**
>
> 外国の独占企業に対する輸入関税　　戦略的貿易政策

参考文献

冨浦英一『戦略的通商政策の経済学』日本経済新聞社、1995年。
　　戦略的貿易政策に関する文献を詳細にサーベイしている。
柳川範之『戦略的貿易政策』有斐閣、1998年。
　　戦略的貿易政策に関する教科書である。

第21章

内生的保護政策
保護の政治経済学

　小国の輸入関税が、その国民全体の経済厚生を低下させるにもかかわらず多用される理由として、外国輸出企業の独占利潤の一部を関税収入として政府が取り込むケースを第20章で学んだ。そこでこの章では、もう一つの理由として、内生的保護政策を考える。民主主義政治体制の下では、産業保護は政府によって上から与えられるものではなくて、国内の諸経済主体が自己の利益を最大にしようと交渉した末に決まるという政治経済学の考え方をここでは取り入れる。すなわち、輸入競争産業（輸入財と競争している商品を生産している産業）に対する政府の保護政策は、この産業に従事している人々の利益を代表する圧力団体と次回の選挙に勝つことを目指す政府との交渉によって合理的に決定される。保護政策の手段として輸入関税を選ぶとすると、このような考え方の下では小国でもその関税率はプラスでなければならない。

　内生的保護の理論をわかりやすく且つ経済学的に説明するため、この章を、第1節保護の政治経済学、第2節保護に対する需要、第3節保護の供給、第4節政治均衡という四つの節に分けることにする。そして第1節では、民主主義政治の主体として、政府と圧力団体を紹介し、第2節では、保護を求める圧力団体の行動と保護に反対する消費者の行動を説明する。第3節では、政府が圧力団体と消費者の背反する利益を考慮しながら如何に合理的に輸入関税率を決定するかを考え、最後に第4節で保護の需要と供給が丁度一致する政治均衡を説明する。

第1節　保護の政治経済学

　国際経済学が考える政府は、例えば最適関税論（第24章参照）が考えているように、国民全体の経済厚生を最大にすることを目的としている。これに対して、政治経済学が考える政府は、国民全体の経済厚生と選挙資金に充当する政治献金との加重和を最大にすることを目的にしている。なぜなら、この政府の最大関心事は次回の選挙に勝つことにあるからである。そのためには、過半数の選挙民、すなわち国民、の支持と選挙活動に必要な政治資金を政治献金の形で圧力団体から得なければならない。そして選挙民の支持を得るために政府は国民の利益の最大化を図らなければならないし、十分な政治献金を得るために政府は圧力団体の利益の最大化を図らなければならない。第2節で述べるように、圧力団体の利益を最大にすることはその構成員の所得を最大にすることであるが、それは貿易政策による産業保護によって達成することができる。したがって、産業保護は、それぞれ自己の利益を最大にしようと努める政府、圧力団体、そして選挙民による合理的活動の相互作用の結果として決まってくる。そこで以下では、保護を需要する側とそれを供給する側に分けてその相互作用をみていくことにする。

第2節　保護に対する需要

1　圧力団体（利益集団）

　保護を要求して政府に働きかけるのも、保護に反対して政府に働きかけるのも、共に圧力団体（利益集団）であるので、まず圧力団体について説明しよう。最初に圧力団体の定義を述べ、次いで圧力団体が効率的に活動するための条件を説明し、最後に、圧力団体は産業横断型になるのか産業別になるのか、そのタイプを考えることにする。

　圧力団体とは、共通の利益を推進するために結成された選挙民の団体、である。圧力団体はその目的達成のためにロビー活動をして政府や議会に働き

かけるが、その一手段として政権を維持している政党に政治献金をする。したがって、圧力団体を運営していくためには、政治献金を含めたロビー活動費や団体維持費などのコストがかかるから、それらを賄うために会員から会費を徴収しなければならない。そうすると、コストを負担しないで成果のみを享受しようとする会員、すなわち只乗り（Free Rider）、が出てくるので、圧力団体が効率的にロビー活動をするためには只乗りを最小限に食い止めねばならない。日本の活動的な圧力団体には、代表的な企業と業種別経済団体の総合団体で民主導・民自立型の経済社会の実現に努める日本経済団体連合会（経団連）、組合員農家の農業経営と生活を守ることを目的とする日本農業協同組合（農協）、医師の職業団体で医療政策の確立に努める日本医師会、区域内の商工業の総合的な発展を図る全国522の地域商工会議所を会員とする日本商工会議所などがある。

　選挙民が圧力団体を結成したりあるいはその会員になったりするのは、圧力団体に加入することによって得られる利益がそのために支払わなければならないコストを上回っているからである。したがって、圧力団体は効率的に活動する必要があるが、そのための条件は次の三つである。まず第一に、圧力団体に加わることから生じる明白な利益が存在しなければならない。例えば、輸入品が急増して国内産業が打撃を受けたときには、輸入を制限して国産品の生産を維持することがそこで働く労働者にも資本家・経営者にも肝要であるから、その産業の労働組合や経営者団体が圧力団体として力を持つ。第二に、団体維持コストが低くなければならない。例えば、農協は上記の目的以外に信用事業（預金や貸付）、販売事業（組合員が生産した農産物の集荷と販売）、購買事業（農業用資材や生活必需品の組合員への販売）も行っているので、そこで挙げた利益を農協維持費に流用することができる。したがって、農協組合員が負担しなければならない会費は、そうでない場合に比べて少なくて済むであろう。以上二つの条件は圧力団体が只乗りを少なくできる条件でもある。効率的な圧力団体であるためには第三に、地域分散型且つ労働集約的な産業に属する人々の利益を図る圧力団体でなければならない。この条件の下では、圧力団体は多くの地域の国会議員に働きかけることができるし、選挙協力も効率的にできるであろう。これに当てはまる圧力団体は繊維産業の労働組合や経営者団体あるいは農民団体などである。

　圧力団体のタイプについては二つの考え方がある。一つは伝統的な国際経

済学に依拠した考え方である。それによると、圧力団体は産業横断型の労働組合や経営者団体になると予想される。伝統的国際経済理論において貿易と国内所得分配の関係を取り扱うのは生産要素賦存説（第14章及び第23章参照）であるが、それによると、貿易パターンが輸出財は資本集約的で輸入財は労働集約的である国では、貿易によって分配上の不利益を被るのは輸入競争産業及び輸出産業に雇用された労働者である。したがって、労働者の利益を守る圧力団体は産業横断型労働組合の形をとるであろう。逆に、貿易パターンが輸出財は労働集約的で輸入財は資本集約的である国では、貿易によって分配上の不利益を被るのは輸入競争産業及び輸出産業で使用された資本であるから、資本家・経営者の利益を守る圧力団体は産業横断型経営者団体の形をとるであろう。これに対して、もう一つの考え方は政治経済学に依拠している。これによると、圧力団体は産業別の労働組合や経営者団体になると予想される。その根拠はアメリカの経済学者マギーによるアメリカ通商改革法（1974年成立）に関する研究結果にある。彼の分析によると、この法律に関する公聴会において21産業部門の経営者団体と労働組合が意見を述べたが、両者が同意見であったのが19部門であったのに対して、両者が互いに異なる意見を述べたのは2部門だけであった。このことは、同一産業部門で働く労働者と資本家・経営者が共通の利害関係を持っていることを意味しており、生産要素賦存説が説くところとは異なっている。このような相違は、労働や資本という生産要素が産業部門に特殊的でその部門にしか通用しないか（政治経済学の考え方）、あるいは、生産要素が普遍的でどの産業にも通用するか（伝統的国際経済学の考え方）、ということから生じている。

2　保護と圧力団体

　圧力団体が産業保護にどのように関係するかを、保護を求める圧力団体と保護に反対する圧力団体に分けて説明していこう。産業保護を求める圧力団体は輸入競争産業にも輸出産業にもみられる。輸入競争産業の圧力団体は会員の所得向上のために輸入関税賦課を政府に要求してロビー活動をする。もしその要求が通って関税が賦課されると、第18章で学んだように、輸入競争産業の国内生産が増えるから、その産業に専門化している労働者や資本家・経営者はそれによって利益を受けるであろう。輸出産業の圧力団体は政府に

対して生産補助金要求のロビー活動をする。もしその要求が通って生産補助金が付与されると、輸出産業の国内生産が増えるから、その産業に専門化している労働者や資本家・経営者はそれによって利益を受けるであろう。

このような圧力団体のロビー活動を、輸入競争産業の圧力団体で代表させて説明していくことにする。圧力団体が行うロビー活動の純利益を V で表すことにすると、V ＝ ロビー活動の利益 － ロビー活動のコストである。ここで、ロビー活動の利益は圧力団体の会員の所得であり、政府に輸入関税率を設定させたりその税率を引き上げさせたりすることでそれを増加させることができる。ロビー活動のコストは政権党に支払う政治献金であり、圧力団体が要求した輸入関税率に比例して支払われるものと想定する。**圧力団体の目的はその純利益 V を最大にすることであるので、要求する輸入関税率と見返りの政治献金額をその目的に沿うように決定する。**

圧力団体のこのような合理的行動は、第21-1図のようにその無差別曲線を描いて説明するとわかり易いであろう。この図において、t は輸入関税率を C は政治献金を示している。横軸には $1+t$、すなわち、1＋輸入関税率が測られ縦軸には政治献金が測られている。圧力団体の無差別曲線は、ある一定額の純利益 V を達成する輸入関税率と政治献金の組み合わせである。輸入関税率が圧力団体の要求通り上昇すれば、輸入競争産業の労働者と資本家・経営者の報酬が上がるので、他の条件一定とすると V は増加する。他方、圧力団体が政治献金の支払を増やすと、コストが増すから V は減少する。したがって、V を一定に保つためには、政府に要求する輸入関税率を引き上げると同時に政治献金の支払も増やさねばならない。このことは、圧力団体の無差別曲線が右上がりでなければならないことを意味している。さらに無差別曲線上において、t が低いときは税率引き上げの有り難さが大きいからそれに対応して圧力団体が払いたいと思う C が大きく、t が高くなると税率引き上げの有り難さが薄れて圧力団体が払いたいと思う C が小さくなるので、無差別曲線は左上に突出していなければならない。このような無差別曲線は、等高線のように、互いに交わることなく無数に存在するが、そのうちの一本を描いたのが図の VV 曲線である。図には描いてないが、VV 曲線より左上方にある無差別曲線の純利益は VV 曲線が示す水準より低く、VV 曲線より右下方にある無差別曲線の純利益は VV 曲線が示す水準より高い。

第21-1図　政治均衡

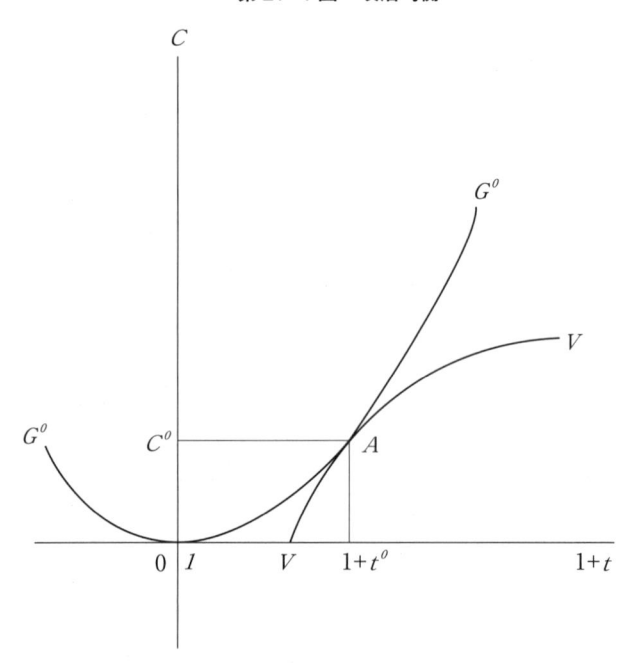

産業保護に反対する圧力団体は消費者が作る圧力団体である。保護を求める圧力団体のロビー活動が功を奏して輸入関税が新たに設定されたり関税率が引き上げられたりすると、第18章で学んだように、課税商品の国内価格が上昇しその消費が抑制されるから、消費者余剰の減少という形で消費者は損をする。したがって、消費者は貿易政策による産業保護に反対するであろう。しかしながら、保護に反対するための消費者団体が結成されることは希である。なぜなら、保護反対のロビー活動の利益は生活費の上昇を抑えることであるが、輸入関税課税商品に対する消費支出額は、全支出額のごく小さい割合しか占めないのが普通であるから、その上昇を抑えるという利益もごく小さいと予想される。一方、保護反対のためのロビー活動のコストは、情報収集やロビー活動のために費やす時間と労力であるが、本格的な活動を行おうとすればこのコストは小さくはない。したがって一般に、保護反対のための消費者団体ではその利益がそのコストより小さいと考えられるので、結局このような圧力団体は結成されないであろう。この結果、産業保護に関し

ては、それを要求する圧力団体の声だけが政府に届き、それに反対する声はロビー活動ではなく選挙での投票を通してのみ政府に届くことになる。

第3節　産業保護の供給

前の節で産業保護を求める圧力団体のロビー活動を学んだので、次に、産業保護を供給する側の合理的行動について考えることにしよう。保護を供給する側は、輸入関税で代表される貿易政策を決定する政府と議会である。

政府首脳及び議員は、既に述べたように次の選挙に再選されることを願っているから、選挙民、すなわち国民、からの過半数の支持投票と選挙資金に充てる政治献金を得ることが必要である。そのためには、政府は国民の経済厚生を最大にすると同時に圧力団体の純利益も最大にする必要があるが、それは困難である。なぜなら、産業保護の観点からみると、国民の利益が最大になるのは自由貿易のときであるがそれは圧力団体の利益に反しており、圧力団体の純利益が最大になるのは関税保護のときであるがそれは国民の利益に反しているからである。したがって、政府は選挙民の利益と圧力団体の利益を折衷したものを最大にする以外に方法がない。すなわち、**政府が最大にしようと意図する目的関数は国民全体の経済厚生と政治献金の加重和でなければならない。**

政府がどのように合理的に輸入関税率を決定するかは、圧力団体のロビー活動を考えたときと同様に、その無差別曲線を描くことによってわかりやすく説明することができる。政府の目的関数をGで表すことにすると、その無差別曲線はGを一定にするような輸入関税率tと政治献金Cの組み合わせである。政治献金が増えると政府の目的関数は増加する。輸入関税率を政府が議会に諮って引き上げると国民の経済厚生が下がるから、政府の目的関数は低下する。したがって、目的関数Gを一定に保つためにはCが上がったときにtも上げればよい。したがって、第21-1図において政府の無差別曲線は右上がりでなければならない。しかもこの無差別曲線上において、Cが少ないときには政治献金の有り難さが大きいからその見返りに政府が賦課しようとするtは大きく、Cが多くなると政治献金をもらう有り難さが薄れるから見返りに政府が賦課しようとするtは低くなる。したがって、無差別

曲線は右下方に突出していなければならない。このような無差別曲線は等高線のように、互いに交わることなく無数に存在するが、そのうちの1本を描いたのが図の G^0G^0 曲線である。図には描いてないが、G^0G^0 曲線より左上方にある無差別曲線の目的関数値は G^0G^0 曲線が示す水準より大きく、G^0G^0 曲線より右下方にある無差別曲線の目的関数値は G^0G^0 曲線が示す水準より小さい。

第4節　政治均衡

輸入関税の需要と供給がわかったので、両者が丁度一致する均衡はどこで成立するかを考えることにする。これは圧力団体と政府との政治折衝が妥結する点である。第21-1図に描いた G^0G^0 曲線は原点 (1, 0) を通っていることからもわかるとおり、これは政治献金がゼロで輸入関税率もゼロである時の政府の目的関数値を示している。これは政治献金が無くても政府が達成できる目的関数の水準であるから、政府はこれより低い目的関数値を受け入れることはあり得ない。したがって、G^0G^0 曲線は政府の目的関数の留保水準を示している。圧力団体はこのことを知っているので、無差別曲線 G^0G^0 曲線の下で自己の純利益が最大になるように輸入関税率を要求し、その見返りに政治献金を提供しようとする。G^0G^0 曲線の下で達成できる最高位の無差別曲線はそれと接する無差別曲線 VV 曲線でなければならないから、圧力団体と政府・議会の均衡点は接点 A である。このとき決定される輸入関税率と政治献金は、A 点の座標である t^0 と C^0 で示される。図から明らかなとおり、関税率はプラスである。したがって、**産業保護が輸入競争産業の利益増進を目的とする圧力団体と選挙資金を必要とする政府・議会の政治折衝によって決定される場合、小国においても輸入関税率はプラスになる。**

重要な専門用語
内生的保護政策

問　題

【1】　部分均衡分析によると、小国の輸入関税はその国の経済厚生を低下させる。にもかかわらず、現実の世界で輸入関税が多用されているのは何故か？　その理由を述べよ。

第22章

輸入関税の資源配分効果
一般均衡分析

　第18章からの四つの章では、輸入関税の効果とそれに関連する問題を部分均衡分析を用いて考えてきたが、本章から以後の四つの章では輸入関税の効果とそれに関連する問題を一般均衡分析を用いて考えることにする。この章ではまず、輸入関税の資源配分効果を取り上げることにする。第1節で一般均衡分析の意義を述べ、以下の節で順次、輸入関税の生産効果、消費効果、貿易効果を説明していく。一般均衡分析を進めていくに当たって、一国経済を描写した図を分析用具として活用していく。そしてこの分析用具は、この章だけでなく第24章でも利用される。

第1節　一般均衡分析の意義

　第18章でも概説したことであるが、輸入関税を賦課された商品が国内生産や消費において重要性が小さい場合には、関税の効果はその商品の市場内に限られるので、それを調べるのに部分均衡分析で十分であった。これに対して、広範な商品グループに対する輸入関税の引き下げや、日本における米とかイギリスにおける小麦のような生活上の重要商品に対する貿易制限の軽減・撤廃（すなわち貿易自由化）は、国民経済全般に影響を与える。したがって、この影響は、課税商品の個別市場のみならず国民経済全体を考える一般均衡分析を用いて調べるのが適切であろう。
　それでは現実に、広範な商品グループの輸入関税引き下げや重要商品の貿易自由化はどのようなものがあったのであろうか。それらの実例を知ってお

くことは、輸入関税の一般均衡分析を理解するのに有用であると思われるので、ここで概説しておくことにする。

　WTO（世界貿易機関）及びその前身であるガット（関税と貿易に関する一般協定　GATT）はその目的として、加盟国の生活水準の向上や財の生産と交換の拡大を目指しているので、その目的達成のために鉱工業品の輸入関税引き下げを一括してしかも加盟国間の多数国間交渉で行ってきた。一括引き下げ交渉の第1回目は、1967年に妥結したケネディ・ラウンドである。なお「ラウンド」は「交渉」を意味している。そこでは鉱工業品3万品目の輸入関税率が参加46カ国において一律に約35％引き下げられた。第2回目の関税引き下げ交渉は1979年に妥結した東京ラウンドであるが、そこでは鉱工業品3万3千品目の輸入関税率が参加99カ国において一律に約33％引き下げられた。第3回目の関税引き下げ交渉は1995年に妥結したウルグアイ・ラウンドであるが、そこでは鉱工業品品26万4千品目の輸入関税率が参加123カ国において、一律に約33％引き下げられた。このように広範な商品グループの多数国による輸入関税率の引き下げは、世界貿易の拡大と加盟国経済の活性化に大きな影響を与えていると思われるので、一般均衡分析でその効果を考えるのが適切であろう。

　重要商品の貿易自由化については、1846年にイギリスにおいて実施された穀物条例の廃止を挙げることができる。イギリスはそれまで小麦に対して輸入数量制限を実施してきたが、このときそれを撤廃した。この結果、1890年代半ばまでに小麦の国内価格が35％、地代が25％、土地価格が60％それぞれ下落した。小麦はイギリス国民の主食であるから、小麦の国内価格の下落→労働者の生活費の安定→賃金上昇圧力の減少→イギリス商品の国際競争力の上昇という好循環をもたらした。また、土地価格の下落は産業転換を容易にし、イギリス工業化の促進に役立った。穀物条例の廃止は、このような二つの径路の経済メカニズムを通してその後のイギリス経済の発展に大いに役立ったと考えられるので、重要商品の関税引き下げや貿易自由化の効果も一般均衡分析で考えるのが適当であろう。日本はその主食である米の貿易自由化を1995年のウルグアイ・ラウンドで受け入れ、国内市場の4％分を輸入米に開放した後、段階的に市場開放の度合いを増やしてきた。そして1998年に国内市場の6.4％に当たる約77万トン（最低義務数量という。第26章参照）まで部分開放を行った後は輸入数量制限の関税化に踏み切り、

最低義務数量を超える輸入米については1kg当たり402円という高率の従量関税を賦課するようになった。このため、日本ではまだ米の貿易自由化の効果ははっきりと現れていないように思われる。

このように現在は、輸入関税率の軽減や輸入数量制限の撤廃の動きが盛んであるが、本章では国際経済学の伝統に従い、輸入関税賦課の効果を見ていくことにする。いうまでもなく、輸入数量制限は輸入関税と同等であり（第19章参照）輸入関税率の引き下げはその税率の引き上げの逆であるから、輸入関税賦課の効果を学べば輸入関税撤廃や関税率引き下げの効果は容易に類推することができるであろう。

第2節　輸入関税の一般均衡モデル

1　2財モデル

二財モデルによる一般均衡分析により、広範な商品グループに対する輸入関税の効果をみていくことにする。自国には、広範なグループの輸入財と競争している輸入競争産業と広範なグループの輸出財を生産している輸出産業とが存在しているものとする。輸入財を農産物とし、これまでと同様に単位をリットル、記号をMで表すことにする。輸出財を工業品とし、単位をメートル、記号をXで表すことにする。これらの二財は労働と土地という二生産要素で生産され、農産物が土地集約財であり工業品が労働集約財であるものと仮定する（要素集約性については第13章参照）。

部分均衡分析のときと同じように、自由貿易の状態と輸入関税が賦課された後の関税貿易の状態とを比較して輸入関税の効果を明らかにしていく。輸送費を無視すると、自由貿易のとき各財の国内価格はそれぞれ外国の価格と等しいから、自由貿易下の輸入財1リットル当たりの価格をその外国価格P_M^*円で、輸出財1メートル当たりの価格をその外国価格P_X^*円でそれぞれ表すことにする。関税貿易の下では、自国は農産物に税率$t \times 100\%$の従価関税を賦課し、他方、工業品は自由貿易を維持するものとする。このとき自国における農産物の国内価格を1リットル当たりP_M円とおくと、それは部分均衡分析のときと同じように

$$P_M = (1 + t)P_M^* \qquad (22\text{-}1)$$

と表すことができる。すなわち、課税輸入品の国内価格は自由貿易のときより税額 tP_M^* 円だけ高くなる。工業品の国内価格を1メートル当たり P_X 円で表すことにすると、$P_X = P_X^*$ 円である。以下の議論では相対価格を用いる必要があるので、農産物の相対価格を自由貿易下では外国相対価格 P^* で関税貿易下では P で、それぞれ示すことにすると、$P^* = P_M^*/P_X^*$ メー/リッ、$P = P_M/P_X$ メー/リッのように相対価格は工業品の単位で表示される。(22-1) 式を用いると、この二つの相対価格の間には

$$P = (1 + t)P^* \qquad (22\text{-}2)$$

という絶対価格の間の関係と似た関係があることがわかる。関税貿易下の農産物の相対価格は、自由貿易下の相対価格に比べて工業品で表した税額 tP^* だけ高い。したがって、相対価格でみても、課税輸入品の国内価格は自由貿易のときより高くなっていることがわかる。

2 生産可能性境界

輸入関税の資源配分効果を分析する用具として生産可能性境界 (Production Possibility Frontier 略して PPF) を用いることにする。既に第12章及び第13章でも述べたとおり、生産可能性境界は既存の生産技術と生産要素供給量の下で最大可能な生産量の組み合わせである。ここで用いる PPF はこれまでに考えてきた PPF より一般的なものであるので、その前提条件と特徴を改めて紹介することにする。前提となる生産条件は、①それぞれの財が規模に関して収穫一定な生産技術を用いて生産されていること、②それぞれの財が二つ以上の生産要素によって生産されていること、③少なくとも一つの生産要素は産業間の移動が自由であること、④それぞれの生産要素は完全雇用されていること、⑤それぞれの企業は完全競争の下で利潤極大行動に基づいて財の生産を行っていること、の五つである。

このような生産条件の下では、工業品と農産物の二財に関する生産可能性境界は次の三つの性質を持つ。

①生産可能性境界は右下がりの曲線である。このことは、PPF 上で工業

品の生産を増やそうとすると農産物の生産を減らさねばならない、ということを意味している。その原因は、生産要素が完全雇用状態にあるためである。このとき農産物の生産を増やそうとすると、当然、そのために必要な生産要素は工業から引き抜いてこなければならないから、工業品の生産は減少しなければならない。このことを記号を用いて表すと次のようになる。農産物と工業品の生産量をそれぞれ Y_M と Y_X で表し、⊿を付けてその変化量を示すことにすると、PPF 上では$⊿Y_M$がプラスのとき$⊿Y_X$はマイナスであり、逆もまた正しい。

②財の相対価格が与えられると、この価格線が生産可能性境界と接する点で各財の効率的な生産量が決まる。第 22-1 図のように、横軸に農産物の供給量・需要量を測り、縦軸に工業品の供給量・需要量を測ると、第 13 章で説明したとおり価格線は右下がりの直線として描かれ、その勾配は農産物相対価格に等しい。いま、この図の直線 AA' の勾配で農産物の相対価格が与えられたとすると、この価格線と PPF の接点 S は効率的な生産点で、ここで二財の効率的な生産量 (Y_M, Y_X) と工業品で測った国民総生産 $0A$ が決まる(詳細は第 4 節で説明する)。S 点が効率的な生産点である理由を示すと次のとおりである。もし直線 AA' が PPF と交わっているとすると、このときできる二つの交点はそれぞれ生産可能な点である。しかしこのとき工業品で測った国民総生産(GDP)は $0A$ より小さいから、これらの生産点は効率的な生産点ではない。また直線 AA' が PPF に交わったり接したりせずその外側を走っているときは、与えられた生産技術と生産要素供給量の下では AA' 上のどの点も生産不可能な点である。したがって、A 点が与えられた生産技術と生産要素供給量の下で効率的な生産点となる。

③生産可能性境界は外側に凸である。農産物の生産量を 1 リットル増やすときに減らさなければならない工業品の生産量を、農産物の工業品で表した限界変形率という。これは PPF の接線の勾配に等しいから、PPF の性質②から明らかなとおり、効率的生産点では農産物の限界変形率はその相対価格に等しい。PPF の性質③は、農産物の生産量が小さいときにはその限界変形率＝相対価格が小さいがその生産量が増えるにつれて限界変形率＝相対価格が逓増すること、を意味している。この限界変形率を記号で示すと$-⊿Y_X/⊿Y_M$となるが、PPF 上では Y_M が大きくなるにつれて$-⊿Y_X/⊿Y_M = P$ が高くなる。この原因は生産要素の限界生産力が逓減することにある。農産物の生

産量が大きくなるにつれて、当然、農業において生産要素の使用量が増え工業において生産要素の使用量が減る。しかし農業が土地集約的で工業が労働集約的であることから、完全雇用の下では両産業において生産技術がより労働使用型（換言すれば土地節約型）にならなければならない（より詳しい説明は第24章参照）。この結果、労働の限界生産力低下・土地の限界生産力向上→賃金の下落・地代の上昇→農産物の比較生産費（相対コスト）の上昇→農産物の相対価格の上昇、というメカニズムが働きその限界変形率が大きくなる。第22-1図には、この三つの性質を持つ生産可能性境界が曲線TT'として描かれている。

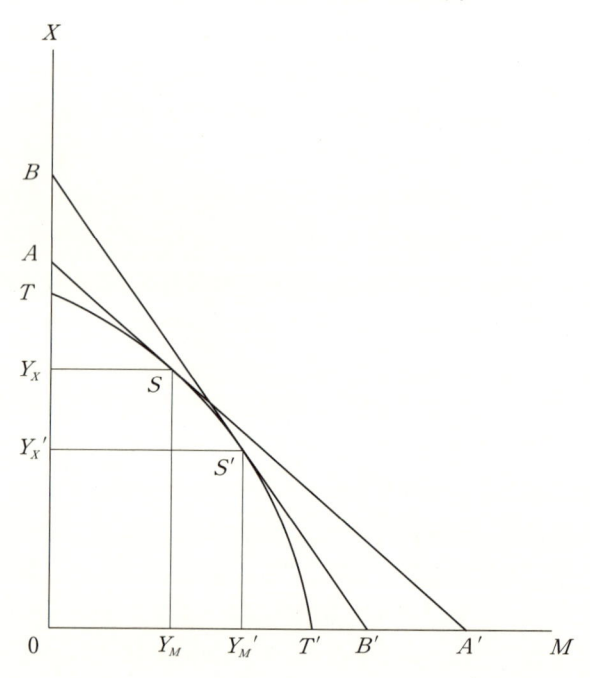

第22-1図　輸入関税の生産効果

最後に、ここで用いる生産可能性境界とこれまでの章で用いた生産可能性境界との比較をしておこう。第12章では四つのPPF前提条件のうち①③④が満たされているが、そこでは二財の生産に用いる生産要素は労働のみであったから、条件②は満たされていない。この結果、第12章の生産可能性

境界は右下がりの直線となった。第13章では四つのPPF前提条件の全てが満たされているが、二財の生産技術は固定投入係数で示されていたように硬直的であったので、生産可能性境界は一点であった。このPPFは本章のPPFが一点に凝縮した特殊形であると考えられる。

第3節 輸入関税の生産効果

部分均衡分析によって輸入関税の効果を説明したときと同様に、一般均衡分析の場合も図を用いて考えると理解しやすいので、前節で描いた第22-1図を用いて説明していくことにする。この図において自国の生産可能性境界TT'が縦軸と交わる点Tは、今期供給される労働と土地を全て工業品の生産に投入したときに得られる生産量を示し、横軸との交点T'は、今期供給される労働と土地を全て農産物の生産に投入したときに得られる生産量を示している。

自由貿易のときの価格線をAA'とすると、その勾配はこのときの農産物相対価格P^*を示している。この価格線と生産可能性境界TT'との接点をSとすると、S点が効率的生産点、すなわち自由貿易下の生産点、である。その座標を(Y_X, Y_M)とすると、農産物の生産量は$0Y_M$で、工業品の生産量は$0Y_X$で示される。自国政府が輸入品である農産物に関税をかけるとその国内価格Pは上昇し、P^*より高くなる。したがって、Pを勾配とする価格線はAA'より傾斜がきつくなければならない。そこで、関税率$t \times 100\%$のときの価格線がAA'より傾斜がきついBB'になったとしよう。この価格線と生産可能性境界との接点をS'とすると、この点が効率的生産点、すなわち関税貿易下の生産点、である。その座標を(Y_X', Y_M')とすると、農産物の生産量は$0Y_M'$で、工業品の生産量は$0Y_X'$でそれぞれ示される。図から明らかなとおり、輸入競争財である農産物の生産量$0Y_M'$は自由貿易下の生産量$0Y_M$より大きく、輸出財である工業品の生産量$0Y_X'$は自由貿易下の生産量$0Y_X$より小さい。すなわち、**広範な商品グループに賦課された輸入関税は輸入競争財の生産を増やし輸出財の生産を減らす**。これが一般均衡分析で明らかになった輸入関税の生産効果である。これを部分均衡分析で得られた輸入関税の生産効果と比較すると、両分析方法共に輸入競争産業に対する保

護効果を明らかにしているが、輸出産業虐待効果は一般均衡分析を用いて初めて明らかになることがわかる。

　以上のように、輸入関税の一般均衡分析による生産効果は図から簡単に導き出すことができたので、この効果を生み出した経済メカニズムを考えておこう。農産物に輸入関税がかけられると、その国内価格が上昇する。他の条件一定とすると、農家の利潤が増え始めるから農業部門に新規参入が起こり、農産物の国内生産が増加する（関税の輸入競争産業保護効果）。農業部門では生産増加のために生産要素の需要が増すが、完全雇用状態にあるから要素報酬を輸出産業より高めに支払ってそこから生産要素を引き抜く以外に需要増加を満たす方法はない。この結果、生産要素の工業から農業への移動が起こり、工業品の生産は減ることになる（関税の輸出産業虐待効果）。このように広範なグループの輸入品に関税をかけると、確かに輸入競争産業は保護されるが、輸出産業は虐待される。そして第2部で学んだように、輸出産業はこの国の比較優位産業であり輸入競争産業はこの国の比較劣位産業であるから、輸入関税は生産構造を非効率化することになる。これは一国全体の利益にとって望ましいことではないであろう（輸入関税の厚生効果については第24章参照）。

第4節　輸入関税の消費効果と貿易効果

1　自由貿易下の消費と貿易

　広範な商品グループに対する輸入関税の生産効果がわかったので、次にその消費効果と貿易効果を考えることにしよう。そこでまず、自由貿易のときの消費と貿易の状態からみていくことにする。第22-2図は、第22-1図と同様に横軸に農産物を測り縦軸に工業品を測っているが、自由貿易のときの自国の経済状況を示している。右下がりの曲線 TT' は生産可能性境界、直線 AA' はこのときの価格線、両者の接点 S はこのときの生産点をそれぞれ示している。価格線 AA' の勾配は P^* に等しいから、その切片 $0A$ は工業品で測った実質国民所得である。なぜなら、$0A = 0Y_X + Y_X A = Y_X + P^* Y_M$ = 工業品で測った国内総生産となるからである。したがって、直線 AA' は自由貿易下の予算線である。

第22-2図 自由貿易下の一国経済

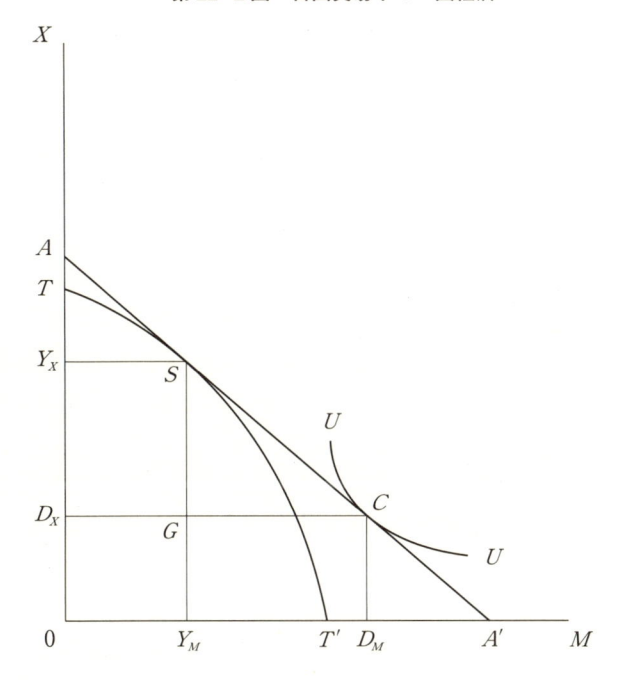

自国の国民は消費者として、価格P^*と国民所得$0A$の下でその社会的厚生を最大にするように二財の消費量を決める。第22-2図はこの消費者行動も図示している。すなわち、曲線UUは国民の社会的無差別曲線のうちで丁度予算線AA'と接するものを示しており、接点Cは自由貿易下の消費点である。その座標を(D_M, D_X)とすると、D_Mが農産物の消費量、D_Xが工業品の消費量である。このとき農産物の輸入量は、消費量−国内生産量＝$0D_M$−$0Y_M = Y_M D_M$であり、工業品の輸出量は、国内生産量−消費量＝$0Y_X - 0D_X$＝$D_X Y_X$である。水平線$D_X C$と垂直線$Y_M S$との交点をGとすると、$GC = Y_M D_M$、$GS = D_X Y_X$であり、そして$P^* \times GC = GS$が成立している。この左辺は工業品で測った農産物輸入額であり右辺は工業品輸出額であるから、この等式は貿易収支が均衡していることを示している。すなわち、自由貿易下の自国は農産物の輸入額に等しいだけの工業品を輸出している。なお、生産点と消費点を結んだ線分を斜辺とする直角三角形は貿易三角形であり、貿易収支の均衡を示している。三角形CGSは自由貿易下の貿易三角形である。

2 輸入関税の消費効果

自国政府が広範なグループの輸入品である農産物に一律 $t \times 100\%$ の従価関税をかけたとすると、この輸入関税の生産効果は既に前節の第22–1図で示されているとおりである。自由貿易下の価格線は AA'、関税貿易下の価格線はそれより傾斜のきつい BB'、自由貿易下の生産点は S、関税貿易下の生産点は S' である。縦軸の切片 $0B$ は、$0B = 0Y_X' + Y_X'B = Y_X' + PY_M'$ であるから、関税貿易下における工業品で測った自国の国内総生産を示している。

次に輸入関税の消費効果を考えることにしよう。そのためには関税貿易下の消費点を決めなければならない。この消費点は予算線上になければならないが、上で導入した価格線 BB' は予算線ではない。なぜなら、関税貿易下の自国国民所得は国内総生産と関税収入の合計であり、図の $0B$ ではないからである。そこで消費点を決めるために関税収入を確定しなければならないが、そのためには関税貿易下の輸入量を決めなければならず、これを決めるためにはこのときの消費点を決めなければならない。この循環論法を解決するためには技巧的な作図が必要になるが、それを示しているのが第22–3図である。この図において、TT' は自国の生産可能性境界、AA' は自由貿易下の予算線、S 点はこのときの生産点、C 点はこのときの消費点、UU は C 点で予算線に接している社会的無差別曲線である。

関税貿易下の消費点を求めるためには、二つの補助線を引く必要がある。その一つは相対価格が P のときのエンゲル曲線 $0E$（図では直線に描いている）を引くことである。これは相対価格が P の下での所得・消費線、すなわち、一定の価格の下で所得が変化したときに二財の消費がどのように変化するかを示す曲線である。もう一つの補助線は、関税貿易下の生産点 S' から価格線 AA' に平行な直線を描くことである。AA' は自由貿易下の価格線であるから、この補助線を引くことは、関税がかけられた後も外国価格 P^* は不変という小国の仮定を置くことを意味している。第22–3図に示されているとおり、この補助線はエンゲル曲線 $0E$ と交わるのでこの交点を C' とすると、これが求める関税貿易下の消費点になる。C' 点を通り価格線 BB' と平行な価格線を HH' とすると、縦軸上の長さ BH は、すぐ後で詳述するように、工業品で測った関税収入に等しいので、$0H = 0B + BH =$ 国内総生

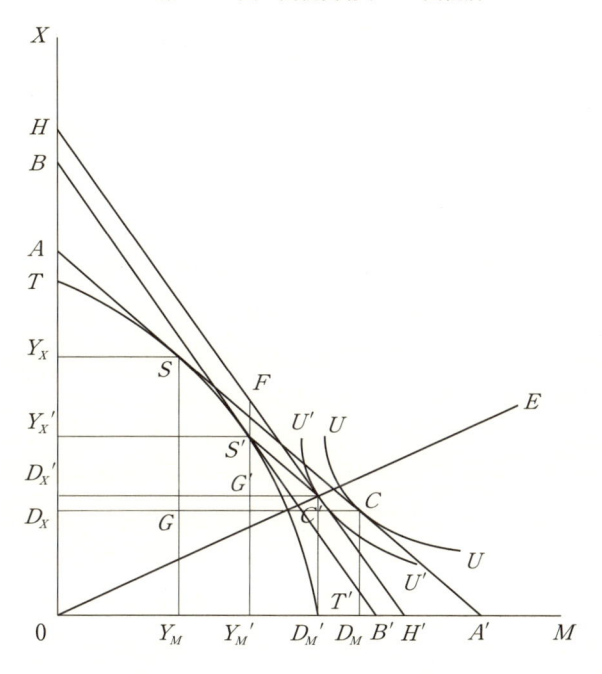

第22章　輸入関税の資源配分効果　277

第22-3図　関税貿易下の一国経済

産＋関税収入＝国民所得となる。いうまでもなく HH' の勾配は関税貿易下の国内価格 P を示しているので、HH' はこのときの予算線である。社会的無差別曲線の存在を確実にするために（第13章補論参照）、関税収入は国民全体に均等に分配されるものと仮定しよう。このとき、$0E$ 線上の C' 点において HH' に接する社会的無差別曲線 $U'U'$ が存在する。すなわち、C' 点で自国国民は国民所得 $0H$ と相対価格 P の下でその社会的厚生を最大にしているから、この点が関税貿易下の消費点になる。

この消費点の座標を (D_M', D_X') とすると、それぞれ関税貿易下の農産物と工業品の消費量を示している。自由貿易のときの消費量と比較すると、$D_M' < D_M$ であるから輸入財の消費は関税によって抑制されることがわかる。これは第18章で学んだ部分均衡分析による消費効果と同方向の効果である。他方、輸出財の消費は $D_X' > D_X$ となっているから、その消費は関税によって促進されたように見えるが、必ずしもそうとは限らない。その理由は以下のとおりである。輸入関税の消費効果は、輸入財の国内相対価格が関税に

よって上昇することから生じる価格効果である。価格効果は、これによって名目所得の購買力が減少するために生じる所得効果、換言すれば社会的無差別曲線がシフトするために生じる消費効果と、同一の社会的無差別曲線上で相対価格の変化によって生じる代替効果に分解できる。輸入財の国内価格上昇による代替効果は、価格が相対的に高くなった輸入財の消費減少と価格が相対的に安くなった輸出財の消費増加という形をとる。輸入財の相対価格の上昇は名目所得の購買力を低下させるから、二財共に劣級財でないものとするとその所得効果は両財の消費減少という形をとる。したがって、両効果を併せて考えると、輸入財の消費は確実に減少するということがいえるが、輸出財の消費については二つの効果が反対方向に働くので確定的なことがいえない。もし代替効果が所得効果を上回れば、第22-3図に描かれたケースのように輸出財の消費は増えるが、所得効果が代替効果を上回れば輸出財の消費は減少する。したがって結論としていえることは、**広範な商品グループに対する輸入関税は、輸入財の消費を減らすが輸出財の消費は増やすかも知れず減らすかも知れない**、ということである。もし代替効果が所得効果を上回れば輸出財の消費は増えるが代替効果が所得効果を下回ればその消費は減少する。

3　輸入関税の貿易効果

最後に広範な商品グループに対する輸入関税の貿易効果をみていこう。まず、そのような輸入関税は輸入を減少させる。なぜなら、農産品の輸入はその消費マイナス国内生産であり、関税により消費は減り国内生産は増えるからである。このことは第22-3図においても、関税貿易下の輸入量 $Y_M'D_M'$ が自由貿易下の輸入量 $Y_M D_M$ より小さいことで確かめられる。そしてこの輸入抑制効果は部分均衡分析で得られたものと同方向の効果である。他方、輸入関税の輸出に対する効果は貿易収支均衡条件から導き出すことができる。関税貿易下の貿易収支均衡条件は、生産点 S' と消費点 C' を結んだ線分を斜辺とする直角三角形 $S'C'G'$ が形成されていることで示される。なお G' は水平線 $D_X C'$ と垂直線 $Y_M'S'$ との交点である。斜辺 $S'C'$ の勾配は外国価格 P^* に等しいから、工業品で測った輸入額 = $P^* \times G'C'$ = $G'S'$ = 輸出額、が成立している。小国の仮定により P^* は輸入関税賦課の前後において一定であ

るから、関税により農産物輸入量が GC から $G'C'$ に減れば輸出額も GS から $G'S'$ へ減らなければならない。したがって、**広範な商品グループに対する輸入関税の貿易効果は、輸入財及び輸出財の貿易量の減少である。**上で関税の消費効果を考えたときに、$BH =$ 工業品で測った関税収入という事実を説明なしに用いて議論を進めたが、ここでその説明をしておこう。第22-3図において三角形 $FC'G'$ に注目しよう。なお F 点は価格線 HH' と垂直線 $Y_M'S'$ の延長線との交点である。この三角形の内部を通っている斜辺 $S'C'$ は自由貿易下の価格線 AA' と平行に描いたものであるから、その勾配は自由貿易下の相対価格 P^* に等しい。他方、斜辺 FC' は関税貿易下の予算線 HH' の一部であるからその勾配は相対価格 P に等しい。$G'C'$ は関税貿易下の農産物輸入量であるから、$G'S' = P^* \times G'C' =$ 工業品で測った輸入額（自由貿易価格評価）であり、$G'F = P \times G'C' =$ 工業品で測った輸入額（関税貿易下の国内価格評価）である。したがって、$BH = S'F = G'F - G'S' = (P - P^*)G'C' = tP^*G'C'$ となるから BH は工業品で測った関税収入でなければならない。

　輸入関税の貿易効果の例として、1930年に制定されたアメリカのスムート・ホーレー法を挙げることができる。この法律は、前年に発生した大恐慌による不況を輸入関税による国内産業保護によって解消しようとして制定されたもので、これにより有税品に対する関税率は59％という高率に引き上げられた。この結果、アメリカの輸入額は、1930年に31億ドルであったものが1932年には13億ドルへと大幅に減少した。これは諸外国の報復的な関税引き上げを誘発したから（第25章参照）、世界の輸出額も1929年の100億ドルが1932年には39億ドルへと激減した。この中にはアメリカの輸出も含まれているから、アメリカの輸出額も激変したことが予想される。

重要な専門用語

広範な商品グループに対する輸入関税の生産効果
広範な商品グループに対する輸入関税の消費効果
広範な商品グループに対する輸入関税の貿易効果
広範な商品グループに対する輸入関税の資源配分効果

問題

【1】 輸入財が農産物で輸出財が工業品である国について、横軸に工業品を測り縦軸に農産物を測った図を用いて輸入関税の生産効果を描くとどうなるか。図示せよ。

【2】 輸入財が農産物で輸出財が工業品である国について、横軸に工業品を測り縦軸に農産物を測った図を用いて自由貿易下の一国経済を描くとどうなるか。図示せよ。

【3】 輸入財が農産物で輸出財が工業品である国について、横軸に工業品を測り縦軸に農産物を測った図を用いて輸入関税の資源配分効果を描くとどうなるか。図示せよ。

【4】 部分均衡分析によって明らかになった輸入関税の資源配分効果と一般均衡分析によって明らかになった輸入関税の資源配分効果とを比較し、両者が同じ点と異なる点について論述せよ。

第23章

輸入関税の所得分配効果

　小国の政府が所得分配政策を遂行するために輸入関税率をプラスに設定することを第21章で学んだが、このように輸入関税の設定やその税率引き上げには国内の所得分配に対する配慮が関係していることが多い。そこで、関税が所得分配にどのような影響を与えるのかをきっちりと考えておくことが必要であると思われる。しかし輸入関税の効果を取り上げた第18章の部分均衡分析では、これについて何も明らかにすることができなかった。そこで、この章では一般均衡分析を用いて、広範な商品グループに対する輸入関税が所得分配にどのような影響を与えるかを考えることにする。

　貿易が国内所得分配に影響を与えることは、既に第14章でも学んでいる。したがって、本章のテーマは第14章のテーマと大いに関連しているが、相違点も多く存在する。第14章での議論の方向は、一国が閉鎖経済から自由貿易に転換した場合に、それが生み出す貿易の拡大が、所得分配にどのような影響を与えるかをみることであったが、ここでの議論の方向はその逆で、一国が自由貿易から関税貿易に転換した場合に、その結果として起こる貿易の縮小が、所得分配にどのような影響を与えるかをみることである。さらに、第14章では自由貿易が生産要素価格の国際間における均等化をもたらすことを示したが、そのためには、国際間で、生産要素の質、生産技術、そして消費者の嗜好などが同一であるという厳しい条件を置いて論証を進めた。これに対して、この章の主要な関心事は、輸入関税により輸入競争産業に集約的に使われている生産要素の報酬が増加すること、しかもその増加率が輸入財の国内価格上昇率より大きいこと（すなわち、要素報酬が名目的のみならず実質的に増加すること）であるので、第14章で依拠したような厳格な前

提条件を置く必要はない。

そこで以下では、第1節で輸入関税の所得分配効果を説明し、第2節で第14章において学んだこととの比較を行い、第3節で関税の所得分配効果から派生する経済的意義を述べることにする。

第1節　輸入関税の所得分配効果

1　要素集約性

この章のテーマは、第13章で取り上げたヘクシャー・オリーン・モデルを使って説明していくことにする。しかしここでは、このモデルの九つの条件の内、国内経済を規定する五つの条件を利用して話を進めていく。それらの条件は以下の通りである。

①2財2生産要素

この国（自国とする）には工業品と農産品という二財が存在し、それぞれ労働（Lという記号で示す）と土地（Tという記号で示す）という二生産要素で生産されている。この国には二財しか存在しないので、それぞれの財は広範なグループの商品を包含しているものと想定する。生産要素としての土地が提供するサービスは、建物や機械設備、道路や鉄道などを設置したり、あるいは農作物を生育させたりすることである。

②労働と土地の産業間移動自由

労働も土地も工業及び農業という二産業間を自由に移動できる。この結果、第10章で学んだ市場メカニズムにより、労働1ph当たりの賃金（すなわち、賃金率。Wで示す）は二産業間で等しくなり、土地が1アール当たりの（zで示す）も二産業間で等しくなる。

③生産要素市場の完全競争

労働市場及び土地の賃貸市場はそれぞれ完全競争が支配している。この結果、第10章で学んだ市場メカニズムにより、労働と土地の完全雇用が実現している。

④生産物市場の完全競争

工業品の市場及び農産品の市場では完全競争が支配している。この結果、

第 10 章で学んだ市場メカニズムにより、各産業において生産物価格は限界コストに等しい。

⑤**要素集約性**

二財はその生産技術により労働集約財と土地集約財に区別される。ここでは、工業品が労働集約財で農産物が土地集約財であるものと仮定する。工業品生産に投入された労働と土地をそれぞれ L_X と N_X で表し、農産物生産に投入された労働と土地をそれぞれ L_M と N_M で表すことにすると、この仮定は

$$N_M/L_M > N_X/L_X \tag{23-1}$$

と示すことができる。

2 輸入関税の所得分配効果

自国は農産物を輸入しその見返りに工業品を輸出しているものとしよう。そして自国政府は広範な商品グループである輸入農産物に従価関税を賦課し、輸出品は自由貿易を行っているものとしよう。以下では、この輸入関税が国内の所得分配をどのように変えるのかを四段階に分けて調べていくことにする。

（第1段階）輸入関税の所得分配効果はその生産効果が発端である。これにより農産物の国内生産が増加し工業品の国内生産が減少する（第22章参照）。

（第2段階）この生産効果により、労働及び土地という生産要素に対する新しい需要が農業で起こり、それらの生産要素の放出、すなわち供給、が工業で起こる。上で想定したように、農産物が土地集約的で工業品が労働集約的であるから、それを反映して生産要素需要は土地集約的で生産要素供給は労働集約的になる。このことを記号で示すと

$$\frac{\Delta N_M}{\Delta L_M} > \frac{-\Delta N_X}{-\Delta L_X} \tag{23-2}$$

となる。この式で、ΔN_M 及び ΔL_M は農業に吸収される土地及び労働の量を、ΔN_X 及び ΔL_X は工業から放出される土地及び労働の量（それぞれマイナス値）をそれぞれ示している。

（第3段階）このように労働と土地が工業から農業に移動するときでも、両生産要素の完全雇用は維持されなければならない。そのためには、両産業で生産技術が今までより労働使用的、言い換えれば土地節約的、にならなければならない。何故そうなるのかを以下で説明しよう。

ある一定期間における土地の供給量を N、労働の供給量を L で表すことにすると、土地と労働の完全雇用条件は

$$N_M + N_X = N \\ L_M + L_X = L \qquad (23\text{-}3)$$

で示すことができる。これら二式の左辺はそれぞれの生産要素に対する需要を示している。

かりに、元のままの生産技術で土地の完全雇用を維持しようとすると、工業からの供給量＝農業での需要量であるから、$-\varDelta N_X = \varDelta N_M$ でなければならない。この関係を (23-2) 式に代入すると、$-\varDelta L_X > \varDelta L_M$ が得られる。このことは、労働については、工業からの供給量が農業での需要量を上回っていること、すなわち超過供給、が発生していることを意味している。したがって、労働についても完全雇用を維持するためには、工業品と農産物の技術を共に労働使用的にする必要がある。そうすれば、工業からの労働供給が減り農業における労働需要が増えて労働の完全雇用、$-\varDelta L_X = \varDelta L_M$、が維持できるからである。

また、元のままの技術で労働の完全雇用を維持しようとする場合も、土地の超過需要が発生しそれを解消するためには工業品と農産物の技術を共に土地節約的にしなければならないことがいえる。すなわちこのときは、$-\varDelta L_X = \varDelta L_M$ にすると、(23-2) 式から $-\varDelta N_X < \varDelta N_M$ が導き出されるので、土地の完全雇用を維持するためには両財の技術を土地節約的にして工業からの土地供給量を増やし農業での土地需要量を減らさなければならない。

（第4段階）前の段階でみたように、工業及び農業で土地投入・労働投入比率が下落すると、土地1アールに対して以前より多い労働が投入されることになるから、土地の生産性（厳密に言うと、限界生産性）が両産業で上昇する。逆に労働の方からみると、労働1phに対して以前より少ない土地が投入されることになるから、労働の生産性（厳密に言うと、限界生産性）が両産業で低下する。各産業の生産物で測った地代、すなわち実質地代は、生

産要素市場の完全競争条件の下では土地の限界生産性に等しくなるように決まるから、農産物で測った地代（z/P_M）も工業品で測った地代（z/P_X）も上昇する。各産業の実質賃金率も労働の限界生産性に等しくなるように決まるから、農産物で測った賃金率（W/P_M）も工業品で測った賃金率（W/P_X）も下落する。

以上で導き出した結論をまとめると、輸入関税の所得分配効果として次のことがいえる。広範な商品グループである農産物に対する輸入関税は、農産物で測っても工業品で測っても、地代を上昇させ賃金を下落させる。言い換えると、広範な商品グループに対する輸入関税は輸入競争産業に集約的に使われる生産要素の実質報酬を引き上げ、輸出産業で集約的に使われる生産要素の実質報酬を引き下げる。この結論は二人の発見者の名前を取って、ストルパー・サミュエルソン定理と呼ばれている。この定理が意味していることをさらに言い換えると、次のようになる。輸入農産物に対する関税によってその国内価格P_Mが上昇するが、地代も上昇する。そしてその上昇率はP_Mの上昇率より高いので、地代を受け取る農民の購買力は農産物に対しても工業品に対しても高まる。すなわち、所得分配面で有利になる。一方、輸入関税によって賃金は低下するので、労働者の購買力は農産物に対しても工業品に対しても低下する。すなわち、所得分配面で不利になる。

第2節　貿易の所得分配効果と関税の所得分配効果の関連

輸入関税の所得分配効果がわかったので、これと第14章で学んだ貿易の所得分配効果とを比較して、両者の関連を明らかにしておこう。

まず、貿易の所得分配効果を復習しておこう。世界に労働豊富国と土地豊富国があり、共にヘクシャー・オリーン・モデルの国内経済を規定する五つの条件を満たしているものとする。それらは第1節で示したが、①2財2生産要素、②労働と土地の産業間移動自由、③生産要素市場の完全競争、④生産物市場の完全競争、⑤要素集約性—工業品が労働集約財で農産物が土地集約財である、の五条件である。この二国が貿易を始めると、労働豊富国では比較優位財である工業品が輸出されその相対価格が上昇するので、その集約要素である労働の報酬（賃金）が増加する。そして同時に、比較劣位財であ

る農産物が輸入されその相対価格が下落するから、その集約要素である土地の報酬（地代）が低下する。

　さらに、ヘクシャー・オリーン・モデルの国際経済を規定する四つの条件、⑥各生産要素の質は二国間で同じ、⑦各財の生産技術も二国間で同じ、⑧国際間で生産要素の移動なし、⑨消費者の嗜好は二国間で同じ、を追加すると、自由貿易の下では要素価格が二国間で均等化することが論証できる。

　これに対して、上の第1節でみてきた輸入関税の所得分配効果は、貿易の所得分配効果を逆向きにみた効果であることがわかる。すなわち、自由貿易を行っていた労働豊富国がその輸入品に関税を賦課して貿易を制限すると、ヘクシャー・オリーン・モデルの五つの国内経済条件の下では、輸入品である農産物の相対価格が上昇するのでその集約要素である労働の実質報酬（実質賃金）が増加する。これと同時に、輸出品である工業品の相対価格が下落するのでその集約要素である土地の実質報酬（実質地代）が減少する。

　実質報酬の増加は報酬の増加率が商品価格の上昇率よりも大きいこと、そして実質報酬の減少は報酬の減少率が商品価格の下落率よりも大きいこと、と言い換えることができる。そして商品価格の間では、農産物価格の上昇率＞工業品価格の下落率＝0という関係ができていることに注意すると、輸入農産物に対する関税の所得分配効果は

　　地代の上昇率＞輸入品国内価格の上昇率＞輸出品価格上昇率（＝0）＞賃金の上昇率

というように、要素価格と商品価格の変化率ランキングの形に書き換えることができる。

　同じように考えると、土地豊富国の政府が広範な商品グループである工業品に対して関税を賦課した場合の所得分配効果は

　　賃金の上昇率＞輸入品国内価格の上昇率＞輸出品価格上昇率（＝0）＞地代の上昇率

という形で表すことができる。

第3節　所得分配効果の経済的意義

　輸入農産物に関税をかけて農業を保護すると、その集約要素である土地の実質報酬、すなわち実質地代、が上昇し、虐待される工業における集約要素である労働の実質報酬、すなわち実質賃金、が低下することが、これまでの説明によって明らかになった。輸入関税によってもたらされたこのような分配上の変化は、もちろん、国民経済の観点からみて重要な意味を持つが、地代の上昇はさらに土地価格の上昇を誘発することによっても国民経済に大きな影響を与える。そこで以下では、この関連を説明して輸入関税の所得分配効果が国民経済的に大きな意義を持つことを明らかにしたい。

　日本では農地の売買や貸し借りが法律で制限されているが、特定の農業法人に対してはそれが認められている。そのような農業法人に農民が所有している農地を貸した場合、毎年その土地から地代 z 円を得ることができる。もしこの農民が賃貸していた農地を他人に売った場合は、それ以降この地代を得ることができない。したがって、この農民が要求する土地価格は、将来に亘って得られる地代を現在価値に直した金額の合計に等しくなければならない。これを Z で表すことにすると、土地価格と地代の間には

$$\text{土地価格} = Z = z \times (1 + 1/\text{利子率}) \qquad (23\text{-}4)$$

という関係がある。なぜそうなるのかは、等比級数を求める公式を使うと簡単に理解できるので、以下で説明しよう。いま、1年もの定期預金の利子率を i で示すことにすると、現在得た地代 z 円を一年間定期預金に預けた場合、一年後の元利合計は $z(1+i)$ 円となる。ということは、一年後に得られる地代 z 円の現在価値は $z/(1+i)$ 円になる。z 円を二年間預けたときの二年後の元利合計は $z(1+i)^2$ 円であるから、二年後に得られる地代 z 円の現在価値は $z/(1+i)^2$ 円になる。このように考えていくと、将来に渡って得られる地代の現在価値の合計は、$Z = z + z/(1+i) + z/(1+i)^2 + \cdots$ という $1/(1+i)$ を公比とする無限等比級数になる。Z について、$Z - Z/(1+i) = z$ という関係式が得られるから、これより (23-4) 式が導き出される。

(23-4) 式が示していることは、利子率が一定であるとき土地価格は地代に比例するということである。例えば、1年もの定期預金の利率が1%であればZは地代の101倍になる。したがって、輸入農産物に対する関税の所得分配効果によって地代が上昇すれば、土地価格も上昇しなければならないことがわかる。前章でも触れたように、日本は米の貿易に関して、77万トンまでは最低義務数量として無税で輸入し、それを超える輸入量に対しては1kg当たり402円という高率の関税を課している。米はいうまでもなく国民生活上重要な商品であるから、米の関税の効果を知るためには一般均衡分析を用いるべきであろう。そこで、この章で学んだ分析結果を適用すると、土地集約財である米に対する関税は地代を高め、それと同時に土地価格を高めることがわかる。この政策は土地の希少性に由来する日本の高い土地価格を一層高める結果になっている。土地価格が高いことは、比較劣位産業から比較優位産業への転換を遅らせる要因になり、また外国企業の対日直接投資に対する一つの阻害要因にもなっている。小売業のように、直接貿易に関係するわけではないが国際比較すると生産性が低い非貿易財部門の改善には外国企業の進出が必要であるから、日本の土地価格が高いことは、この部門の効率化に関しても阻害要因になっていると考えられる。

重要な専門用語

広範な商品グループに対する輸入関税の所得分配効果

問　題

【1】　第17章で学んだように、1980年代のアメリカは、日本の鉄鋼、乗用車、工作機械などの工業品に対して輸出規制を行った。アメリカの輸出財は土地集約財である農産物、その輸入財は労働集約財である工業品であるものとして、次の問に答えよ。

①部分均衡分析の下では、輸出規制の生産効果＝輸入数量制限の生産効果＝輸入関税の生産効果がいえることを第19章で学んだ。このことが一般均衡分析の下でも成立するものとすると、アメリカが日本の工業品に課した輸出規制の生産効果はどのような貿易政策手段の生産効果と同じになるか？

②上の①で答えたアメリカの貿易政策手段が生み出す生産効果を、図を用いて示せ。

③上の①で答えたアメリカの貿易政策手段が生み出す所得分配効果について、結論を述べた上でその導出過程を説明せよ。

④上の③で答えた所得分配効果を、生産要素価格の変化率と商品価格の変化率に関するランキングで示せ。

【2】　一国が閉鎖経済から自由貿易に転換したときに起こる所得分配の変化は第14章で学んでいる。この所得分配の変化は本章で用いた生産要素価格の変化率と商品価格の変化率に関するランキングの形で表すことができるか？　本章の第1節2で展開した分析方法を用いて考えよ。

第24章

輸入関税の厚生効果
最適関税論

　広範な商品グループに対する輸入関税の資源配分効果と所得分配効果を学んだので、この章ではその厚生効果を考えることにする。部分均衡分析で明らかになった輸入関税の厚生効果（第18章参照）は、マイナスの効果を国民の経済厚生に与えるものであった。これに対して一般均衡分析では、関税を施行する自国が小国の場合と大国の場合に分けて問題を考える必要がある。というのも、小国では、輸入関税が国民全体の経済厚生を悪化させるという結論が得られるのに対して、大国では、輸入関税率を適当に決めるならば国民全体の経済厚生を自由貿易下より高めることができるという結論が得られるからである。そこで以下ではまず、小国における輸入関税の厚生効果を考え、次に、最適関税論と題して、大国における輸入関税の厚生効果をみていくことにする。この最適関税論は第25章で取り扱う関税戦争を考えるときにも役に立つであろう。

第1節　小国における輸入関税の厚生効果

　本題に入る前に専門用語の説明をしておこう。この章では世界の国々を小国と大国に分類するが、ここでいう小国とは、国際商品市場で取引量が少ないために商品価格を動かすことができない国を指し、大国とは、国際商品市場で取引量が多いために商品価格を動かすことができる国を指す。多くの国は少品種の比較優位財輸出に特化するから、輸出財市場では大国である。例えば、サウジアラビア、イラン、クウェート、ベネズエラなどの11カ国が結成している

石油輸出国機構（OPEC）は、近年、世界石油輸出の約45%を占めているから、石油市場で大国といえるであろう。また日本も、最近、世界の工作機械輸出及び乗用車輸出の約20%をそれぞれ占めているから、工作機械市場や乗用車市場で大国といえるであろう（世界国勢図会 2006/07）。しかし輸入財は原料品や中間部品の他に国民の生活に必要な消費財を含んでおり、しかも消費者の嗜好は多様であるから、輸入財の構成は少量・多品種になりがちである。したがって、多くの国は輸入財市場では小国であると考えられる。

　小国である自国がその輸入農産物に関税を賦課したとき、その社会的厚生がどう変化するかを図を用いて考えよう。第22章で想定したのと同じように、自国は工業品と農産物を生産し、農産物を輸入してその見返りに工業品を輸出しているものとする。そして自国政府は輸入農産物に従価関税を課す一方、工業品の輸出は自由貿易で行っているものとする。第24-1図は以前考えた第22-3図に似ているが、小国における輸入関税の厚生効果を表している。常套的分析手法に従って、自由貿易下の経済と関税貿易下の経済とを比較し、輸入関税の厚生効果を明らかにしよう。

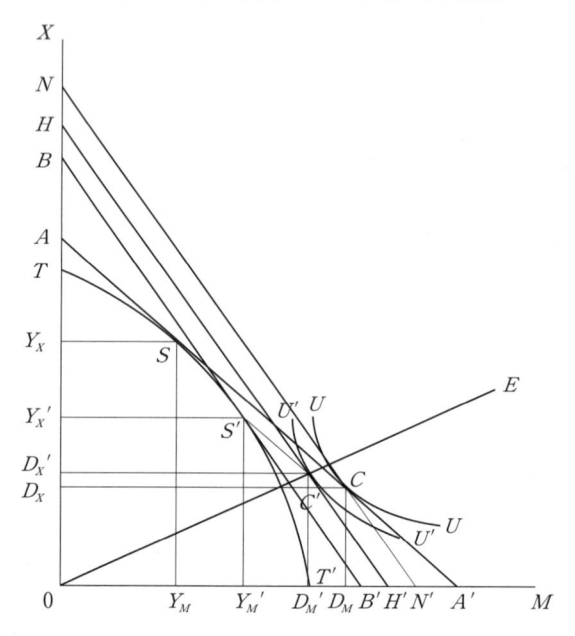

第24-1図　小国における関税の厚生効果

この図において、横軸は農産物の生産量・消費量・貿易量を、縦軸は工業品の生産量・消費量・貿易量をそれぞれ測っている。曲線 TT' は生産可能性境界、右下がりの直線 AA' は自由貿易下の価格線をそれぞれ表している。したがって、AA' の勾配は自由貿易下の輸入財相対価格 P^*（$P^*=P_M^*/P_X^*$）に等しい。この価格線が TT' に接している点 S は自由貿易下の生産点であり、農産物の生産量 Y_M と工業品の生産量 Y_X とがここで決定される。価格線の縦軸上の切片 $0A$ は工業品で測った国民所得であるから、価格線 AA' は自由貿易下の予算線でもある（第22章参照）。この予算線に社会的無差別曲線 UU が C 点で接しているので、C 点が自由貿易下の消費点を示し、農産物消費量 D_M と工業品消費量 D_X がここで決定される。UU は自由貿易下の経済厚生を示す社会的無差別曲線である。

　右下がりの直線 BB' は関税貿易下の価格線を示している。したがって、その勾配は国内市場で成立している輸入財相対価格 $P(P=P_M/P_X)$ に等しい。自国は小国であると仮定しているので、外国における農産物相対価格は自由貿易のときと同じ P^* であり、価格線 AA' の勾配で表されている。輸入関税のために $P>P^*$ になっていることを反映して、BB' は AA' より勾配が急である。BB' が生産可能性境界に接する点 S' は関税貿易下の生産点であり、農産物の生産量 Y_M' と工業品の生産量 Y_X' とがここで決定される。自由貿易下の生産と比べると、比較劣位産業である農業の生産が増え比較優位産業である工業の生産が減っている。放射線 $0E$ は相対価格が P のときのときのエンゲル曲線（所得・消費線）である。第22章で作図したのと同じように、直線 $S'C'$ を自由貿易下の価格線 AA' と平行に引き $0E$ との交点を C' とすると、これが関税貿易下の消費点になる。このとき農産物消費量は D_M' で、工業品消費量は D_X' でそれぞれ示されるが、自由貿易下と比べて農産物の消費が減少している。C' 点を通り BB' と平行な直線を HH' とすると、第22章で示したように、BH が工業品で測った関税収入、$0B$ が国内総生産になるので、この直線の縦軸上の切片 $0H$ が工業品で測った国民所得に等しくなる。したがって、HH' は関税貿易下の予算線である。C' 点でこの予算線に接する社会的無差別曲線 $U'U'$ を描くと、これが関税貿易下の経済厚生を示す社会的無差別曲線となる。図から明らかな通り、$U'U'$ は UU より左下方を走っているから、関税貿易下の社会的厚生は自由貿易下の社会的厚生ほど好ましくない。すなわち、**輸入関税により小国では社会的厚生が悪化する**。小国の厚生

効果は部分均衡分析で明らかになった厚生効果と方向が同じである。このマイナスの厚生効果は部分均衡分析のときと同じ原因、すなわち、関税による比較劣位産業、農業、の国内生産保護と農産物消費の抑制によっている。

社会的無差別曲線が示す経済厚生の選好序列は縦軸あるいは横軸の切片で示される実質国民所得の大小の序列と同じになるので、関税の厚生効果は実質国民所得の変化によっても判定できる。第2節ではこの実質国民所得を用いて厚生効果を説明するので、その準備としてここで経済厚生と実質国民所得の比例的関係をみておくことにする。

第24-1図において右下がりの直線 NN' は HH' と平行で自由貿易下の消費点 C を通る直線である。直線 HH' の勾配は関税貿易下の農産物国内価格 P に等しいから、直線 NN' は関税貿易下の価格線である（NN' は社会的無差別曲線 UU と接していないことに注意せよ）。縦軸上の切片 $0N$ は、$0N = 0D_X + D_XN = D_X + P \times D_M$ であるから、自由貿易下の消費を関税貿易下の価格で評価した（支出）実質国民所得である。一方、関税貿易下の消費点 C' の予算線 HH' の切片 $0H$ は、関税貿易下の消費をそのときの価格で評価した実質国民所得である。明らかに、$0N > 0H$ であるが、これは C 点における経済厚生 UU と C' 点における経済厚生 $U'U'$ の序列と同じであり、逆もまた正しい。したがって、社会的無差別曲線が示す経済厚生の選好序列と座標軸上の切片が示す実質国民所得の序列とは順序が同じである。そしてまた同じことは、横軸上の切片が示す農産物で測った国民所得についても成立する。

第2節　大国における輸入関税の厚生効果

この節では自国は大国と想定する。その自国が広範な商品グループである輸入農産物に関税を課すと、第22章で学んだ関税の貿易効果によりその貿易量が減少する。その結果、自国の経済厚生は二つの径路を通して影響を受ける。その一つは関税収入の減少による経済厚生の悪化であり、もう一つは交易条件（第8章参照）の有利化による経済厚生の改善である。そして輸入関税率を適当に定めると、関税収入減少がもたらすマイナスの厚生効果より交易条件有利化によるプラスの厚生効果が上回って、差し引き自国の経済厚

生を自由貿易下より高めることができる。その際に、経済厚生を最高にするのが最適関税である。以下でこのことを詳しくみていこう。

1 関税収入減少による厚生効果

　関税収入減少による厚生効果は外国の輸出供給弾力性を使って表すことができる。以下でこのことを説明していこう。輸出財（ここでは工業品）で測った自国の実質国民所得をyで表すことにすると、$y=$ 国内総生産＋関税収入である。輸入関税率を変化させたことによる実質国民所得の変化分を$\varDelta y$で示すことにすると、$\varDelta y=$ 関税収入の減少による実質国民所得の減少分＋交易条件有利化による実質国民所得の増加分、という形に分解することができる（なぜそうなるかは本章の補論をみよ）。$\varDelta y_E$（マイナス値）で関税収入の減少による実質国民所得の減少分を、$\varDelta y_P$で交易条件有利化による実質国民所得の増加分をそれぞれ表すことにすると、$\varDelta y = \varDelta y_E + \varDelta y_P$となる。

　輸入関税の貿易効果により自国の農産物輸入が減少すると、外国の農産物輸出業者は自分が扱う輸出量が減らないようにするため、競ってその輸出価格を引き下げるであろう。またこの貿易効果により自国の工業品輸出も減少するので、外国の輸入業者はその取扱量を確保するために競って工業品の輸入価格を引き上げるであろう。したがって、輸入関税賦課により自国の工業品輸出価格が上がり農産物輸入価格が下がるから、大国である自国の交易条件は有利化する。自国の交易条件は記号で表すと、P_X^*/P_M^*であるから、これはこの章で用いている農産物の外国における相対価格P^*の逆数である。したがって、自国の交易条件が有利化するとP^*は低下する。そこで、輸入関税賦課によるP^*の下落幅を$\varDelta P^*$（マイナス値）で表すことにしよう。

　農産物に関して自国の輸入量＝外国の輸出量であるから、輸入関税の貿易効果により自国の輸入量が減少すると外国の輸出量も減少する。外国の農産物輸出量をEで、自国の関税賦課によるEの変化分を$\varDelta E$でそれぞれ表すことにすると、関税の貿易効果により$\varDelta E$はマイナスの値を取っている。一般に、農産品の輸出はその相対価格P^*の関数であると考えられる。すなわち価格が上がると農家の手取額が増えるから農家は輸出を増やし、価格が下がると農家の手取額が減るから農家は輸出を減らす。このことを考慮して農産物の輸出量変化とその価格変化とを関連させると

$$\Delta E = (\Delta E/\Delta P^*)\Delta P^* \qquad (24\text{-}1)$$

と書くことができる。外国における農産物の輸出供給弾力性を ε^* というギリシャ文字（ε はイプシロンと読む）で示すことにすると、これは農産物の価格が1%上昇したときにその輸出量が何％増えるかを示す弾力性であるから、

$$\varepsilon^* = \frac{\Delta E/E}{\Delta P^*/P^*} = \frac{P^*}{E}\frac{\Delta E}{\Delta P^*} \qquad (24\text{-}2)$$

と定義される。これはプラスの値を取るが、この値が1より大きいとき外国の農産物輸出はその価格変化以上に増加し、この値が1より小さいとき外国の農産物輸出はその価格変化ほどには増加しないことを意味している。

関税率を t で示すことにすると、工業品で測った関税収入は tP^*E と表すことができる。関税率と交易条件が一定のときは輸入量の減少幅が大きいほど関税収入の減少額は大きく、輸入量が一定のときには関税率が高く交易条件が悪化している（P^* が上昇している）ほど関税収入の減少額は大きいから、関税収入減少による実質国民所得の減少分は

$$\Delta y_E = tP^*\Delta E \qquad (24\text{-}3)$$

と書くことができる。この式に（24-1）式を代入すると

$$\Delta y_E = tP^*(\Delta E/\Delta P^*)\Delta P^* \qquad (24\text{-}4)$$

と変形できる。さらにこの式に（24-2）で示した外国の農産物輸出供給弾力性の定義式を代入すると

$$\Delta y_E = tE\varepsilon^*\Delta P^* \qquad (24\text{-}5)$$

のように、関税収入減少による実質国民所得の減少分を外国の輸出供給弾力性で表すことができる。上で述べたとおり ΔP^* はマイナスの値を取っているから、Δy_E もマイナスの値を取っている。この式は、輸入関税率がゼロのとき実質国民所得の減少分もゼロであるが、関税率を引き上げるにつれて実質国民所得の減少分も増えていくことを示している。

2 交易条件有利化による厚生効果

交易条件有利化による実質国民所得増加の幅は、輸入量が一定であれば交易条件が有利化するほど（$-\Delta P^*$が大きいほど）大きく、交易条件が一定であれば輸入量が大きいほど大きいから、この厚生効果は

$$\Delta y_P = -E \Delta P^* \tag{24-6}$$

と表すことができる。

これとセクション1で求めた関税収入減少による厚生効果を併せて考えると、関税の厚生効果が

$$\begin{aligned}\Delta y &= \Delta y_P + \Delta y_E \\ &= (t\varepsilon^* - 1) E \Delta P^*\end{aligned} \tag{24-7}$$

のように得られる。この式は輸入関税率の大きさによってその厚生効果が変化することを示している。右辺にある$E\Delta P^*$がマイナスの値を取っていることに注意すると、関税率と厚生効果の関係は次のようになる。

$$t < 1/\varepsilon^* のとき \Delta y > 0$$
$$t = 1/\varepsilon^* のとき \Delta y = 0$$
$$t > 1/\varepsilon^* のとき \Delta y < 0$$

すなわち、輸入関税率が外国における輸出供給弾力性の逆数より小さいときは、関税率を引き上げていくにつれて自国の実質国民所得は増加する。この領域では、交易条件有利化によるプラスの厚生効果が関税収入減少によるマイナスの厚生効果を上回っていると考えられる。そして関税率が丁度、外国における輸出供給弾力性の逆数と等しくなったときに実質国民所得の増加が停まる。すなわちここでは、交易条件有利化によるプラスの厚生効果が関税収入減少によるマイナスの厚生効果と丁度釣り合っていると考えられる。実質国民所得はここで最大になるので、このときの関税率を最適関税と呼ぶ。そして関税率がこれより更に引き上げられると今度は実質国民所得が減少し始める。この領域では交易条件有利化によるプラスの厚生効果が関税収入減少によるマイナスの厚生効果を下回っていると考えられる。

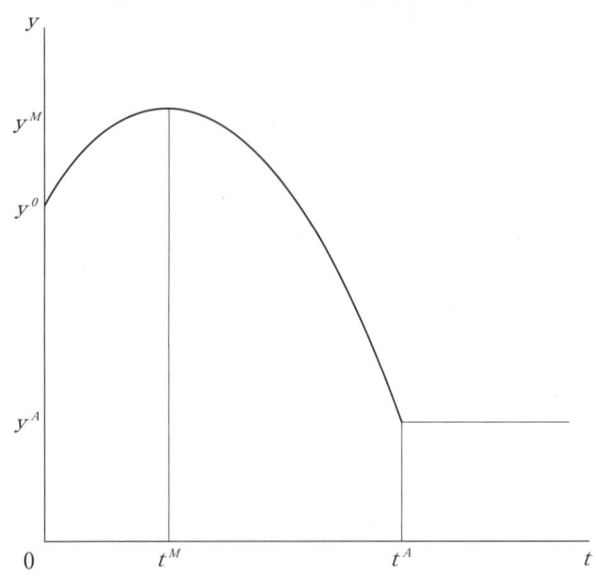

第24-2図 大国における輸入関税の厚生効果

このような輸入関税率と実質国民所得の関係を図に描いたのが第24-2図である。この図において横軸には輸入関税率が、縦軸には実質国民所得がそれぞれ測られている。y^0 は自由貿易下の実質国民所得を示している。このとき関税率はゼロであるから、点 $(0, y^0)$ は実質国民所得のグラフの出発点になる。最適関税を t^M で表すと、$t^M = 1/\varepsilon^*$ である。このグラフは、出発点を出ると関税率が引き上げられるのに応じて上昇し、最適関税で最高値 y^M に達する。関税率が更に引き上げられると、グラフは減少し始める。そしてこの減少傾向は関税率が禁止関税率 t^A に到達するまで続く。このとき貿易はゼロになり、実質国民所得は閉鎖経済下の水準 y^A に等しくなる。図において、実質国民所得が閉鎖経済下より自由貿易下で大きいのは、貿易利益が存在していることを示している。

以上で考えてきたことは次のようにまとめることができるであろう。**大国では、広範な商品グループに対する輸入関税によってその国の経済厚生を増大させることができる。このとき経済厚生を最大にするような関税率は最適関税と呼ばれ、外国の輸出供給弾力性の逆数に等しい。**

輸入関税によりその輸入を制限して輸入財の世界価格を引き下げ、自国の

交易条件を有利化して経済厚生を高めることができる大国は、その輸出を制限して輸出財の世界価格を引き上げ、交易条件を有利化して経済厚生を高めることもできるから、ここではこの例を挙げることにしよう。第1節で大国の例として挙げたOPEC（石油輸出国機構）は、1970年10月に第四次中東戦争が勃発すると戦略的に石油輸出を制限した。その結果、石油価格はそれまで1バーレル2.9ドルであったものが10.9ドルに3倍余り上昇した（第一次オイル・ショック）。さらにまた、OPECは1979年のイラン革命を契機として再び戦略的に石油の輸出制限を行い、その結果、石油価格が1バーレル13.3ドルから34ドルへ約2.5倍上昇した（第二次オイル・ショック）。このような石油価格の暴騰はOPEC加盟国の交易条件を大幅に有利化させた上に、必需品である石油の世界消費は石油価格上昇率ほどには減少しなかったと考えられるので、加盟国の経済厚生を高めたと予想される。その証拠として実質国民所得成長率をみてみると、第一次オイル・ショック直後の1974年にサウディ・アラビアでは27.49％を記録し、第二次オイル・ショック直後の1983年にイランでは13.06％を記録している（国連情報センター（www.unic.or.jp）データベース）。

重要な専門用語

広範な商品グループに対する輸入関税の厚生効果　　最適関税

問 題

【1】 第24-1図の直線 BB' と NN' の横軸上の切片を使って、関税経済下と自由貿易下の経済厚生の序列と実質国民所得の序列が同じ順序であることを示せ。

【2】 部分均衡分析で明らかになった輸入関税の厚生効果と一般均衡分析で明らかになった輸入関税の厚生効果とを比較し、両者の同じ点と異なる点について論述せよ。

第24章

補論

　本章の第2節で、実質国民所得＝国内総生産＋関税収入であるときに、実質国民所得の変化分＝関税収入の減少による実質国民所得の減少分＋交易条件有利化による実質国民所得の増加分と分解できると述べたが、なぜそうなのかをこの補論で説明しよう。

　自国の経済厚生は社会的厚生関数

$$U(D_X, D_M) \tag{24A-1}$$

で表される。ここでD_Xは工業品の消費であり、D_Mは農産物の消費である。経済厚生の変化分は工業品の限界効用×工業品消費の変化分と農産品の限界効用×農産品品消費の変化分との和であるから、工業品の限界効用をU_Xで、農産品の限界効用をU_Mでそれぞれ表すことにすると、

$$\varDelta U = U_X \varDelta D_X + U_M \varDelta D_M \tag{24A-2}$$

のように表すことができる。消費支出で測った実質国民所得（工業品表示）の変化分を$\varDelta y$で示すと、

$$\begin{aligned}\varDelta y &= \varDelta D_X + P \varDelta D_M \\ &= \varDelta U/U_X\end{aligned} \tag{24A-3}$$

という関係が得られる。ただしここで、消費の均衡条件、農産品の相対価格(P)＝その限界代替率(U_M/U_X)、を利用している（第13章の補論参照）。

　消費者（国民）の支出は実質国民所得に等しくなければならないから、

$$D_X + PD_M = Y_X + PY_M + tP^*E \qquad (24\text{A}-4)$$

という関係式が成立している。ここで Y_X 及び Y_M はそれぞれ工業品と農産物の生産量を示している。これらは共に生産可能性境界上にあるので、農産物の限界変形率はその相対価格に等しくなければならないという均衡条件（第22章参照）、$\varDelta Y_X + P\varDelta Y_M = 0$、を満たしている。このことに注意しながら (24A-1) 式の変化分をとると

$$\begin{aligned}\varDelta y &= -E\varDelta P^* + tP^*\varDelta E \\ &= \varDelta y_P + \varDelta y_E\end{aligned}$$

という求めていた関係式が得られる。

第25章
輸入関税と世界協調

　前の章では、大国である自国が経済活動上重要な商品や広範な商品グループに課した輸入関税が、自国の経済厚生を改善し関税率を適切に決めるとそれを最高にすることができる、という最適関税論を学んだ。ただしそこでは、このような自国の貿易政策に対して外国は何も報復しないことを前提に話を進めてきたが、これは現実的でない。なぜなら、自国がその輸入品に最適関税を課すと、その輸入が減り交易条件が有利化するが、これは外国にとってその輸出が減り交易条件が不利化するという二重の打撃を被ることを意味するからである。自国のこのような貿易政策は善隣窮乏化政策であるから、外国は必ずその輸入品に関税を課して報復するであろう。このような諸国間における関税のかけ合いは関税戦争と呼ばれるが、第二次世界大戦前の先進工業国間で実際に起こった出来事である。そこでこの章では第1節で、最適関税論を用いて関税戦争が起こる要因、その進展過程、そしてその結果を明らかにする。

　第1節で明らかになることは、このような関税戦争が最終的に世界各国を閉鎖経済の状態に逆戻りさせるということである。これはもちろん、どの国にとっても望ましいことではないので、各国は関税戦争の終結、すなわち輸入関税率の引き下げ、が必要であることを感じるようになる。しかし関税率の引き下げは、一国だけがこれを率先して行おうとしても成功せず、各国が協調しながら実行することによって初めて現実化するという性質を持っている。そこで第2節では、関税引き下げのこのような性質を、やはり最適関税論を用いて明らかにしていく。

第1節　関税戦争

　関税戦争を説明するために、ここではそれを三つの局面に分割して考えていくことにする。第一局面は、大国である自国が最適関税を課すが同じく大国である外国は何も報復をしない状態である。第二局面は、自国の最適関税によって交易条件と貿易量の両面で不利化した外国が、報復的に最適関税を課す状態である。外国の最適関税は自国の貿易量を減らし交易条件を悪化させるから、第三局面では、今度は自国が報復的に最適関税を課すことになる。このような段階を追って関税戦争が進んでいくと、その都度、交易条件は課税国で有利化し非課税国では不利化する形で良くなったり悪くなったりするが、世界の貿易量はどの局面においても確実に減少していく。したがって、関税戦争が行く着くところは閉鎖経済状態であろう。

　（第1局面）
　前章と同じく、自国は農産物（M財）を輸入して工業品（X財）を輸出し、広範な商品グループとしての農産物に最適関税を課すものとする。外国における農産物の価格をP_M^*工業品の価格をP_X^*で示すことにすると、自国の交易条件は輸出品価格を輸入品価格で割ったものであるから、$P^* = P_X^*/P_M^*$で表される。外国の輸出品は農産物であり輸入品は工業品であるから、外国の交易条件はP_M^*/P_X^*、すなわち$1/P^*$で表される。したがって、自国の交易条件が有利化するということは外国の交易条件が不利化することを意味し、逆もまた真である。

　自国が最適関税をその輸入農産物に課すと、前章で学んだように、自国の輸入量が減り交易条件が有利化する。そして交易条件有利化によるプラスの厚生効果（y_P）は関税収入減少によるマイナスの厚生効果（y_E）を上回るので、自国の実質国民所得（y）は増加して最高水準に到達する。このとき外国では、その農産物輸出量が減少し交易条件が悪化するから、確実にその実質国民所得は減少する。この結果、世界の貿易量は減少し、外国は自国に対して最適関税賦課の形で報復する。

　（第2局面）
　外国が報復的にその輸入工業品に最適関税を課すと、これまで説明してき

たことから明らかなように、今度は外国の輸入量が減少しその交易条件が有利化する。したがって、外国の実質国民所得は増加し最適関税の下で最大になる。他方、自国の工業品輸出は減りその交易条件は不利化するから、自国の実質国民所得は確実に低下する。この結果、世界の貿易量は更に縮小し、自国が外国に対して報復を決意する。

（第3局面）

自国が報復的にその輸入農産物に最適関税を課すと、第1局面と同じ経済メカニズムが働いてその実質国民所得は向上するが外国の実質国民所得は低下する。そして世界全体の貿易量はこの局面でも縮小するから、外国は自国に対して再び報復しようとする。このように関税戦争は更に続く可能性があるが、繰り返しになるだけなので説明はここで終えることにする。

以上で説明した関税戦争の結果を表にまとめると第25-1表のようになる。この表において、tは輸入関税率、t^Mは最適関税、yは工業品で測った自国の実質国民所得、y_Mは最適関税下の実質国民所得、Qは世界の貿易量であり、下付の添え字0, 1, 2, 3はそれぞれの局面を示す添え字である。また外国の変数には肩付きの＊印を付けて自国の変数と区別する。

第25-1表　関税戦争

	t	y	t^*	y^*	貿易量
初期状態	0	y_0	0	y^*_0	Q_0
第1局面	t^M_1	$y^M_1 (>y_0)$	0	$y^*_1 (<y^*_0)$	$Q_1 (Q_1<Q_0)$
第2局面	t^M_1	$y_2 (<y^M_1)$	t^{*M}_2	$y^{*M}_2 (>y^*_1)$	$Q_2 (Q_2<Q_1)$
第3局面	t^M_3	$y^M_3 (>y_2)$	t^{*M}_2	$y^*_3 (<y^{*M}_2)$	$Q_3 (Q_3<Q_2)$
・					
・					
・					

この表において、初期状態では自国も外国も自由貿易を行っている。第1局面で自国が最適関税t^M_1を課すと、その実質国民所得y^M_1は初期の水準y_0より高くなる。他方、外国の実質国民所得y^*_1は初期の水準y^*_0より低くなり、世界の貿易量Q_1も初期の水準Q_0より縮小する。第2局面で外国が報復的に最適関税t^{*M}_2を課すと、外国の実質国民所得y^{*M}_2は第1局面の水準

y^*_1 より高くなるが,自国の実質国民所得 y_2 は第 1 局面の水準 y^M_1 より低くなり,世界の貿易量 Q_2 も第 1 局面の水準 Q_1 より縮小する。第 3 局面で自国が報復的に最適関税 t^M_3 を課すと,自国の実質国民所得 y^M_3 は第 2 局面の水準 y_2 より高くなるが,外国の実質国民所得 y^*_3 は第 2 局面の水準 y^{*M}_2 より低下し,世界全体の貿易量 Q_3 も第 2 局面の水準 Q_2 より縮小する。

　この表からわかることは,関税戦争が起こると世界の貿易量は着実に縮小し,最終的に閉鎖経済の状態に戻ってしまう,ということである。ただし現実には,閉鎖経済までには至らなかったがブロック経済化が起こった。これはブロックに加盟した国々の間の貿易取引は無税か低率の関税賦課で行うが,非加盟国との間の貿易には高率の関税を課すという特恵関税制度である。まず最初にアメリカが,1930 年にスムート・ホーレー法を制定して有税品の輸入関税率を平均して 59％の高さにまで引き上げると世界の貿易は激減した（第 22 章参照）。そこでこれに対抗して,イギリスは 1932 年にカナダ,オーストラリア,インド,香港,シンガポールなどの国々とオタワ条約を結び,英連邦特恵関税を設立し,フランスはフランス連合特恵関税,ドイツはマルク・ブロック,日本は大東亜共栄圏という特恵貿易圏を,それぞれの国が影響力を行使できる諸国と結成した。この結果,欧米諸国の関税率は第 25-2 表に示すとおり,大幅に上昇した。このようなブロック経済化は世界の貿易を激減させたから（世界の輸出額は 1929 年に 100 億ドルあったのが 1932 年には 39 億ドルになった）,ブロック間の貿易はほとんどゼロになっていたであろうと予想される。したがっていずれにせよ,**関税戦争は世界の貿易量を激減させ最終的に世界を閉鎖経済の状態に戻してしまう。これは貿易利益を失わせることになるから,世界全体に不利益をもたらす**,ということが結論できる。

第 25-2 表　欧米主要国の平均関税率

(％)

	1913 年	1931 年
アメリカ	41.0	59.0
イギリス	5.0	27.5
フランス	27.6	38.0
ドイツ	16.7	40.7

(出所：Forrest H. Capie, "Tariffs and growth" Manchester University Press 1994)

第2節　輸入関税率の協調的引き下げ

1　一国のみが自発的に関税引き下げを行うケース

　第1節で学んだ関税戦争の結果、世界経済はブロック化して縮小均衡に陥ると共に、経済ブロック間に憎悪を引き起こしたので、結局、全ての先進工業国を巻き込んだ第二次世界大戦が勃発した。ここで人類が学んだことは、このような破局を二度と起こさないためには、関税を引き下げて貿易を拡大し、世界経済を活性化して諸国の経済厚生を高めることが必要であるということであった。その際、関税引き下げには二つの方法がある。その一つは、関税戦争に参加していた自国及び外国の中で一国のみが関税引き下げのイニシャティブを取り、貿易相手国がそれに追随することを期待する方法であり、もう一つは自国と外国が協調して関税引き下げを行う方法である。そこでこの節ではこれら二つの関税引き下げ方法を取り上げ、それらがどのような結果をもたらすかをみていくことにする。まずこのセクションでは、他国の追随を期待しながら一国のみが関税引き下げのイニシャティブをとる方法を考える。その結果わかることは、自国がイニシャティブをとっても外国がイニシャティブをとっても、貿易相手国は期待通りに追随せず、結局、関税引き下げが実現しないことである。

　第1節で考えた三局面から成る関税戦争を使って、関税率引き下げの行方を考えることにする。かりに、自国が関税引き下げのイニシャティブを取り、関税戦争の第3局面で一方的に関税率引き下げを行ったとしよう。そうすると関税戦争は第2局面に戻ることになる。その結果は、第25-1表から明らかなとおり、イニシャティブを取った自国において実質国民所得のy^M_3からy_2への低下、なにもしない外国において実質国民所得のy^*_3からy^{*M}_2への上昇、世界貿易量のQ_3からQ_2への拡大、である。これに代わるケースとして、今度は外国が関税引き下げのイニシャティブを取り、関税戦争の第2局面で一方的に関税率引き下げを行ったとしよう。そうすると関税戦争は第1局面に戻ることになる。その結果は、表から明らかなとおり、イニシャティブを取った外国において実質国民所得のy^{*M}_2からy^*_1への低下、なに

もしない自国において実質国民所得のy_2からy_1^Mへの上昇、世界貿易量のQ_2からQ_1への拡大、である。

以上でみてきたことからわかることは、自国であれ外国であれ、先頭に立って一方的な関税率引き下げを実施した国はその実質国民所得を減少させるが、何もしない貿易相手国はその実質国民所得を増加させるということである。したがって、相手国は関税引き下げ実施国に追随して自己の関税を引き下げようとはしないであろう。なぜなら、もし相手国がそれを行えば、関税戦争の局面が更に一つ戻り、この国が現在得ている利益をその実質国民所得低下という形で失うからである。貿易相手国の追随がなければ関税引き下げ実施国は損をするだけであるから、この国が行った一方的な関税引き下げを撤回するに違いない。したがって、一国のみが一方的に行う関税引き下げは他国へは拡大しない。これより、世界全体に関税引き下げを行き渡らせるためには、各国が協調してそれを行う必要があるということがわかる。

以上で考えてきたことをまとめると次のようになる。**合理的行動をとる諸国が輸入関税の引き下げを行う場合、一国のみが単独で関税引き下げを行っても貿易相手国は追随しない。したがって、関税引き下げは必ず各国が協調して行わなければならない。**この結論が当てはまる例として、アメリカの相互通商協定法を挙げることができる。アメリカ議会は1934年にこの法律を制定して、スムート・ホーレー法で引き上げた関税を50％を限度に互恵的に引き下げる権限を大統領に与えた。これは、関税戦争で破滅的に高くなった輸入関税率の引き下げにアメリカがイニシャティブを取ることを世界に表明したものである。しかしどの貿易相手国もこれに追随しようとしなかったので、結局、この法律は有効に働かなかった。

2　輸入関税率の協調的引き下げ

上のセクション1で明らかにしたように、関税を引き下げるためには世界の各国が協調してこれを行う必要がある。そこで実際に世界で行われたことは、二つの方法による協調的関税引き下げであった。その一つは全地球的な協調（グローバリズム）による関税引き下げであり、もう一つは地域的協調（ローカリズム）による関税引き下げである。いずれの方法による関税引き下げも、現在、かなりうまく機能しているように思われる。そこでこのセク

ションでは、この二つの方向の関税引き下げを簡単にみていくことにする。なお、これらの詳しい説明は、前者については第26章に、後者については第27章にそれぞれ譲ることにする。

　全地球的な協調による関税引き下げが具体化したものはGATT（関税と貿易に関する一般協定）である。これは第二次世界大戦終了後まもない1948年に、欧米の23カ国が協定に賛成して発効した。これ以降、GATTは全加盟国の生活水準の向上を目的にして、広範な商品グループの関税率引き下げや非貿易障壁（第17章参照）の軽減や撤廃を行い、世界貿易の拡大と世界経済の発展に貢献している。そして1995年に、GATTは協定から発展して国際機関、WTO（世界貿易機関）、になり、その活動範囲を拡げている。

　地域的協調による関税引き下げの例は沢山あるが、ここではその主要なものとして、EU, NAFTA, AFTA を挙げることにする。

　EU（欧州連合）はドイツ、フランス、イタリア、イギリス、ベルギー、オランダなど25カ国が加盟している経済連合である。これは1958年に、六つのヨーロッパ中心国が集まって発足した。そして1968年までに、関税同盟を完成させた。関税同盟とは、域内国間の貿易については輸入関税を撤廃するが域外国との貿易については対外共通関税を設定するという初歩段階の地域経済統合である。さらに当時の加盟国15カ国は1992年までに、共同市場を完成させた。共同市場とは、域内での資本や労働の自由な移動を認めるより進んだ段階の地域経済統合である。現在は、上に記したとおり加盟国が25に増え、通貨の統一及び経済政策や経済制度の統一を目指す経済連合の完成を目指している。

　NAFTA（北米自由貿易協定）は1994年に発足したアメリカ、カナダ、メキシコの3カ国から成る自由貿易協定である。自由貿易協定は、加盟国間の商品貿易は自由貿易かあるいは低率の輸入関税賦課で行うが、非加盟国からの商品輸入はそれぞれの加盟国の輸入関税を賦課するという、これも初歩段階の地域経済統合である。ただし、NAFTAの場合は、商品貿易の他に直接投資やサービス貿易の自由化も行っている

　AFTA（ASEAN自由貿易協定）は1993年に発足したインドネシア、マレーシア、フィリピン、シンガポール、タイなどASEAN（東南アジア諸国連合）10カ国が加盟する自由貿易協定である。共通有効特恵関税制度（CEPT）を設けて域内の関税引き下げに努力し、現在それをほぼ完成させている。この

結果、自動車部品や機械部品の域内における産業内貿易（第 15 章参照）が盛んになり、日本を初めとする工業国からの直接投資も増加している。

重要な専門用語

関税戦争　　一方的関税引き下げと協調的関税引き下げ

第26章 世界貿易機関（WTO）

　前章で学んだように、大国の保護主義は貿易相手国による報復的な関税引き上げ（関税戦争）を誘発し、世界経済をブロック経済化させた。これは国際貿易を縮小させ世界経済を停滞させたのみならず、外国排斥の機運をブロック間で高めたので、ここに第2次世界大戦が勃発し、国際社会は危機的状況に陥いった。戦争による人的並びに物的被害は甚大であったから、世界の人々はこのような破滅的事態を二度と起こさないようにしなければならないことを悟った。そのためには世界経済を活性化し人々の暮らしを豊かにすることが肝要であるが、その実現のためには諸国の関税を引き下げて自由貿易体制を作らなければならない。なぜなら、第16章で学んだように、自由貿易体制は世界経済を効率化することができるからである。すなわち、自由貿易の下で各国は与えられた生産資源と生産技術の下で財・サービスの生産を最大にし、各国民の経済厚生を最大にすることができるからである。さらに前章で学んだように、関税を引き下げ自由貿易体制を実現するためには、世界の各国が協議し協調して行うことが必要である。

　第二次世界大戦後、このような認識の下で自由貿易体制の実現が図られたが、前章で触れたように、協調的な関税引き下げを実現するのに二つの方法がある。その一つは全地球的な協調による関税引き下げであり、もう一つは地域的な協調による関税引き下げである。この二つを一度に取り上げずに一つずつ個別に考える方が理解がし易いので、この章ではグローバリズムによる関税引き下げのみを取り上げることにする。現実にこれを実行しているのは、世界貿易機関（World Trade Organization 略して、WTO）及びその前身である関税と貿易に関する一般協定（General Agreement on Tariffs and

Trade 略して、GATT) であるので、ここではその目的、発足の経緯、性格、原則、活動の成果について述べていくことにする。

第1節　ガット発足の経緯

　ガットの理念（GATT 前文）は、生活水準の向上、完全雇用と実質所得の持続的成長の保証、資源利用の開発、財の生産と交換の拡大 である。アメリカ及びイギリスを中心とする第二次大戦戦勝国は、最初、この理念に基づく国際機関である国際貿易機関（ITO）を設立するつもりであった。そのため1948年に、この国際機関を規定する条約であるITO憲章（ハバナ・チャーター）が53カ国の政府によって調印された。しかし国際中央機関としての貿易機関の設立は、当時としては超国家的で理想的過ぎたため、アメリカやイギリスなど大多数の国の議会でこの条約の批准が得られなかった。

　そこで暫定的な方策として、1947年に23カ国によって行われた輸入関税の相互引き下げ交渉の結果、すなわち多国間関税協定と、ITO憲章の第4章「通商政策」とがまとめられて「関税と貿易に関する一般協定」（GATT）となり、1948年1月に発足した。当時の加盟国は23カ国で、その世界貿易に占めるシェアは60％であったが、現在（2006年）は加盟国が150カ国・地域に膨れ上がり、その世界貿易に占めるシェアは95％を超えている。

第2節　世界貿易機関の性格

　このようにして発足した関税と貿易に関する一般協定は、1995年に世界貿易機関（WTO）に格上げされた。このWTOは、国際条約、通商交渉の場、国際機関、という三つの性格を持っている。それぞれの性格について簡単に説明していこう。

1　国際条約

　国際条約としての国際貿易機関は、全 16 条から成る WTO 協定と四つの付属書とから成り立っている。このうち WTO 協定は、世界貿易機関の事務局機構、運営方式、経費分担などについて規定している。付属書には、物品の貿易に関する多角的協定（GATT1994　すなわち現行のガット）、サービスの貿易に関する一般協定，知的所有権の貿易関連の側面に関する協定などが含まれている。

2　通商交渉の場

　WTO は通商交渉の場である。この通商交渉には、加盟国同士が関税の軽減・撤廃を話し合う一般的関税交渉と関税及び非関税障壁の軽減・撤廃を話し合う貿易交渉、そして新たに加盟を望む国が既存の加盟国との間で行う加入交渉とがある。

3　国際機関

　WTO は国際機関であり、その組織は次のようになっている。最高意志決定機関として閣僚会議が存在する。これは全加盟国で構成され、2 年に 1 回開催される。最近では、2001 年 11 月にドーハ（カタール）で、2003 年 9 月にカンクン（メキシコ）で、2005 年 12 月に香港でそれぞれ開催された。この閣僚会議の閉会中は、その代行機関として一般理事会が開催される。これは WTO の事実上の意志決定機関であると共に、加盟国間で起きた貿易紛争を解決する機関及び貿易政策検討機関の機能も果たしている。一般理事会を助ける機関として三つの理事会がある。それらは、物品の貿易に関する理事会，サービスの貿易に関する理事会，貿易関連知的所有権に関する理事会である。世界貿易機関の事務局は、ガット時代と同様に、ジュネーブにおかれ、事務局長以下 450 人の職員が働いている。

第3節　世界貿易機関の原則

WTO は六つの原則を持っていると考えられる。それらは、最恵国待遇、内国民待遇、数量制限の全廃、関税主義、相互互恵主義、公正貿易の促進である。以下で順番に説明していこう。

1　最恵国待遇（Most Favored-Nation Treatment 略して、MFN GATT 第1条）

最恵国待遇とは、ガットに基づいてある加盟国が第三国に与えている最も有利な待遇は、他の全ての加盟国に代償を求めることなく無条件で与えられる、という原則である。すなわちこれは、WTO 加盟国は他の加盟国を全て平等に扱わなければならないという原則である。例を挙げてこの原則を説明すると、次のようになる。A 国と J 国が WTO において関税引き下げ交渉を行い、その結果、A 国が J 国から輸入する鉄鋼の関税率を 50% 引き下げ、J 国が A 国から輸入する米の関税率を 30% 引き下げたとしよう。最恵国待遇の規定の下では、A 国のこの関税率引き下げは他の加盟国から輸入する鉄鋼にも無条件で適用され、J 国の関税率引き下げも他の加盟国から輸入する米に無条件で適用される。したがって、最恵国待遇の原則があると、一部の加盟国が行った関税の相互引き下げが全ての加盟国に無条件で均霑されるから、対外的に無差別な貿易体制がより速やかに実現されることになる。

2　内国民待遇（GATT 第3条）

内国民待遇とは、全ての輸入品は国内の課税や規則などの適用について、同種の国内産品と同等の資格で取り扱われるという原則である。この原則の下では、例えば第 17 章でみたように、輸入ウイスキーにも国産品と同率の酒税がかけられたり一般消費税がかけられたりする。

最恵国待遇と内国民待遇をひっくるめて内外無差別の原則と呼ぶ。

3 数量制限の全廃（GATT 第11条）

輸入数量制限及び輸出数量制限（第17章参照）は関税より貿易制限効果が厳しいので、ガットはそれらの全廃を規定している。本来、輸入数量制限と輸入関税はその保護効果と政策コストの面で同等であるが、それには三つの留保条件が付く（第19章参照）。ガットのこの規定はこれらの留保条件のうちで、輸入数量制限が輸出国の価格引き下げ努力を無効にする点と透明性が欠けている点とを考慮したものといえる。

4 関税主義（GATT 第2条）

ガットは関税のみを通商規制手段として容認している。

5 相互互恵主義（GATT 前文・第28条）

相互互恵主義とは、具体的な関税交渉を進めるに当たっては、加盟国が相互の利益を考慮してギブ・エンド・テイクの原則に基づいて取り決めを結ぶことを意味している。この原則の下では交渉が進展し易いので、現実的配慮として置かれた原則である。

6 公正貿易の促進

この原則は、輸出国の人為的な輸出助成や輸入国の恣意的な輸入規制など、公正な貿易を阻害する非関税障壁を禁止することにより、公正な貿易を促進しようとする原則である。輸出国の人為的な輸出助成の主なものは、輸出補助金（第17章参照）とダンピング輸出である。ダンピング輸出とは、輸出国が輸出品をその正常な価格より安い価格で外国に輸出することを指す。輸出補助金もダンピング輸出も、輸入国の消費者にとっては輸入品が安く手に入るから好ましいことである。しかし輸入品と同種の商品を生産している国内企業にとっては競争が厳しくなり実質的な損害を被るおそれがあるし、同種の商品をダンピングなしに輸出している国にとっては輸出条件が公平でな

くなるから、これらの企業や国にとっては好ましいことではない。WTOはこれらの企業や国の意見を取り入れて、輸出補助金とダンピング輸出を公正な貿易を損なうものとして禁止している。

輸入国の恣意的な輸入規制には、①ダンピング防止税の恣意的な発動、②相殺関税の恣意的な発動、③課税標準（第17章参照）の恣意的決定、④政府調達（第17章参照）の国産品愛用、⑤セーフガード（緊急措置条項）の乱用などがある。

このうち、ダンピング防止税（GATT第6条）は、輸出国のダンピングが輸入国の産業に損害を与えたりあるいは与えるおそれがあるとき、ダンピングを相殺する目的でダンピングの差額を限度として輸入国が課すことができる特別の税である。WTOはこれを容認しているが、それの恣意的な発動は公正な貿易を損なうものとして禁止している。相殺関税（GATT第6条）は、輸出国における奨励金または補助金を相殺する目的でそれらの奨励金や補助金の額を限度として課される特別の税である。WTOはこれも容認しているが、その恣意的な発動は公正な貿易を損なうものとして禁止している。課税標準の恣意的決定と政府調達の国産品愛用は、第17章でも触れたとおり、共に公正な貿易を阻害する非関税障壁であるとしてWTOは禁止している。セーフガードについては、次節で説明するが、その乱用は公正な貿易を阻害するものとしてWTOは禁止している。

第4節　原則に対する例外

WTOの原則は前の節で紹介したとおりであるが、この原則を厳密に適用しすぎるとそれを守ることができない国が続出してWTOから脱退する可能性がある。WTOは世界のできるだけ多くの国がこれに加盟することが望ましいと考えているので、原則に対する多数の例外を規定してWTOの柔軟な運営を図っている。この例外規定の主要なものを分類すると、①数量制限に関する例外規定、②最恵国待遇に関する例外規定、③最恵国待遇及び相互互恵主義に関する例外規定の三種類になる。以下でこれらを簡単に説明していこう。

1 数量制限に関する例外規定

これに関しては、以下のような例外規定が定められている。

①国際収支上の困難を阻止するための輸入数量制限（GATT 第12条）。これは国際収支赤字のため外貨準備の著しい減少が急迫しているときに認められる輸入数量制限である。日本は1955年のガット加盟以来1963年までこの条項の適用を受けていた。当時日本では、第二次大戦の破壊のため、商品の国際競争力が弱く復興のための輸入需要が旺盛であったので、慢性的に貿易収支が赤字であった。なお、日本の貿易収支が黒字になり始めたのは1958年であり、恒常的に黒字化したのは1964年からであった。

②過剰在庫処理理由の農水産物の輸入数量制限（GATT 第11条）。国内で農産物あるいは水産物の過剰在庫が存在し、その在庫を減らそうと努めているときに認められる輸入数量制限である。

③経済開発のための輸入数量制限（GATT 第18条）。開発途上国、すなわち、経済が開発の初期にあるかあるいは開発の途中にある国が、特定産業の確立を目的とする場合あるいは国際収支上の理由に基づく場合に認められる輸入数量制限である。

④セーフガード（緊急措置条項）の輸入数量制限（GATT 第19条）。第17章でも触れたように、セーフガードは予期しない状況の変化により特定産品の輸入が急増し、それと同種の商品の国内生産者に重大な損害を与えるかあるいは与えるおそれがあるとき、緊急避難的に認められる輸入制限である（関税率の引き上げも認められる）。このようなセーフガード措置の発動には、①該当する商品の輸出国に対して無差別的に適用されねばならない、②相手国及びWTO加盟国に通告し協議しなければならない、③相手国はこのセーフガード措置に対して対抗措置をとることができるし代償措置を要求することもできる、という条件が付いている。

最近の例として、中国産のネギ、生シイタケ、畳表の輸入急増に対して、日本政府が2001年にセーフガード暫定措置を発動し（200日間一定数量以上の輸入量に対して高率の緊急関税を賦課）、これに対して中国政府が日本製自動車、携帯電話、車載電話、空調機に対する対抗措置（100％の関税率上乗せ）を短期的に（約半年）発動したことを挙げることができる。

2　最恵国待遇に関する例外規定

　特恵制度と地域経済統合がこの例外として認められている。ガットが発足したときに存在していた英連邦特恵関税（第25章参照）やフランス連合特恵関税は、これを即時且つ全面的に撤廃することが不可能であったため、その存続が認められた（GATT第1条）。また、関税同盟及び自由貿易地域（第25章及び第27章参照）などの地域経済統合も一定の要件の下で認められている（GATT第24条）。

3　最恵国待遇及び相互互恵主義に関する例外規定

　WTOは、開発途上国の輸出所得の拡大と開発の促進を目的に、開発途上国に対する関税上の特別措置として、先進国が開発途上国産品に対して最恵国待遇に基づく関税率より低い関税率を適用する一般的特恵関税制度を設けている。これは先進国が開発途上国に対して一方的に与えるものであるから、最恵国待遇の原則の例外であると同時に、相互互恵主義の原則の例外でもある。WTOが現在（2005年）開発途上国であると認めている国は、バングラデシュなどアジアに5カ国、モーリタニア、ウガンダなどアフリカに24カ国、これにハイチ、ソロモンを併せて世界全体で31カ国ある。

第5節　ガットの下における貿易交渉の成果

　第2節で列挙した目的に沿ってWTOは貿易の拡大を図っているが、その発足以降は、まだ貿易障壁の軽減に関する交渉成果は出ていない。そこでここでは、1995年以前のガット時代における一般的関税交渉及び貿易交渉の成果をみていくことにする。1948年のガット発足以来、五回の多角的かつ相互的な関税引き下げ交渉と、三回の多角的かつ一括的関税引き下げ交渉がそれぞれ合意に達して協定が結ばれた。そこでそれらの成果を紹介していくことにする。

1　多角的相互引き下げ方式による関税引き下げ

　多角的相互引き下げ方式による関税引き下げは、二加盟国間の商品別関税引き下げ交渉を同時に数多く行う交渉方式である。そして交渉により二国間で引き下げの合意に達した商品に対する関税率は、最恵国待遇の原則によって他の加盟国にも無条件で適用されるから、関税率引き下げ品目が拡大される。例えば、話を簡単にするために、ガット加盟国が甲・乙・丙の三国であり、甲―乙間ではA・B・C・Dの四商品についての関税引き下げが、甲―丙間ではE・F・Gの三商品についての関税引き下げが、乙―丙間ではH・I・J・K・Lの五商品についての関税引き下げがそれぞれ同時に話し合われたものとしよう。そしてそれぞれの二国間交渉において取り上げられた各商品の関税引き下げが合意されたものとすると、最恵国待遇原則の適用により甲―乙間で合意したA・B・C・D四商品の新しい関税率は丙からの輸出品にも適用され、甲―丙間で合意したE・F・G三商品の新しい関税率は乙からの輸出品にも適用され、乙―丙間で合意したH・I・J・K・L五商品の新しい関税率は甲からの輸出品にも適用される。したがって、二国間ではせいぜい五商品の関税率引き下げが話し合われたものが、最恵国待遇原則の適用により加盟国全体では十二商品にまで拡大できる。

　このような多角的相互引き下げ方式による関税交渉は、第1節にも述べたように、1947年に第1回目が開催された。このときは23カ国が参加し、合意に達した関税引き下げ品目は4万5千品目、その輸入相当額は100億ドルであった。これ以降、この方式による関税引き下げ交渉は、1962年までに五回行われ、多少の成果を挙げてきた。

2　多角的一括引き下げ方式による関税引き下げ

　この方式による関税引き下げ交渉は、全品目の一律的な関税引き下げ（例えば、50％の引き下げ）を多数国間で交渉するやり方である。これはラウンドと呼ばれ、以下のように三回開催されそれぞれ大きな成果を挙げている。それらを年代順にみていくことにしよう。

①ケネディー・ラウンド（1964–67年）

当時のアメリカの大統領ジョン・F・ケネディーが提唱して始まった交渉であるので、この名が付いている。この関税引き下げ交渉には46カ国が参加し、鉱工業品3万品目について一律に35％関税率を引き下げることが合意された。その輸入相当額は400億ドルといわれている。

②東京ラウンド（1973-79年）

このラウンドは東京で開かれたガット閣僚会議で開始が提唱されたので、この名前が付いている。これには99カ国が参加し、鉱工業品3万3千品目について一律に33％関税率を引き下げることが合意された。その輸入相当額は1,550億ドルと計算されている。この貿易交渉ではさらに、非関税障壁（補助金、政府調達、規格・基準）の軽減に関しても協議され、それぞれについて協定が締結された。

③ウルグアイ・ラウンド（1986-94年）

この貿易交渉には123カ国が参加し、合意に達するまでに長い年月を要したが、幾つかの画期的な成果を挙げている。セクションを改めてそれらを紹介して行くことにする。

3　ウルグアイ・ラウンドの成果

ウルグアイ・ラウンドの成果を大別すると、①農産物に対する貿易障壁の段階的削減、②先進工業国間における鉱工業品の関税引下げあるいは撤廃、③サービス貿易及び知的所有権に関する規定の作成、④貿易ルールの見直し、⑤ガットの改組、の五つであるが、このうち、①③⑤はこれまでの一般的関税交渉あるいは貿易交渉では得られなかった画期的な成果である。これら五つの成果を順番に説明していこう。

①農産物に対する貿易障壁の段階的削減

これについては、農産物に対する生産補助金を1995-2000年の6年間に20％削減すること、農産物輸出国の輸出補助金をやはりこの6年間で36％削減すること、輸入数量制限品目を関税化すると共に平均関税率をこの6年間で36％引き下げること、が決まった。

この取り決めの結果、日本は当時残っていた農産物9品目についての輸入数量制限を撤廃し関税化した。ただし、米については、貿易自由化による国内農業への打撃が大きいため、次のような例外扱いが認められた。(i) 米の

輸入数量制限の関税化を2000年まで延期する。(ii) その代償措置として、1995年に米の国内市場を4％開放し、これ以降毎年0.8％ポイントずつ開放枠を拡げて2000年に8％にする（これをミニマム・アクセスという）。日本政府はこの例外扱いに沿って、1998年までは輸入枠を毎年拡げてミニマム・アクセスを6.4％（約77万トン）にまで拡大したが、輸入数量制限の関税化を1999年に早め、第17章で触れたように、ミニマム・アクセス分を上回る輸入量には1kgあたり402円という従量関税をかけるようになった。

②先進工業国間における鉱工業品の関税引下げあるいは撤廃

　鉱工業品の関税引き下げはこれまでの一般関税交渉や貿易交渉でも実施されているが、このウルグアイ・ラウンドでは次のような関税引き下げが行われた。(i) 税率が15％以上の高関税品目（繊維・皮革・ガラス等）の税率を50％引き下げる。(ii) 医薬品、建設機械、医療機械、鉄鋼、家具、農業機械、紙・パルプ、情報関連機器の関税を相互に撤廃する。この取り決めの結果、日本は鉱工業品6,700品目について約33％の一律関税引き下げを行なっている。

③サービス貿易及び知的所有権に関する規定の作成

　サービス貿易（第2章参照）については、サービス貿易一般協定（GATS）が締結され、サービス貿易に関する最恵国待遇や内国民待遇が初めて規定された。また、著作権、商標、コンピュータ・プログラムなどの知的財産権について、知的所有権の貿易関連側面の協定が初めて締結され、所有権の保護規定の強化、知的所有権侵害に対する取締の規定整備などが定められた。

④貿易ルールの見直し

　これも従来から貿易交渉において取り上げられていることであるが、ウルグアイ・ラウンドでは、ダンピング防止税の基準の明確化、輸出自主規制（第17章参照）の禁止などが決められた。

⑤ガットの改組

　関税と貿易に関する一般協定（ガット）が世界貿易機関（WTO）に格上げされた。第1節でも触れたように、諸国間における関税の協調的引き下げや貿易政策上の利害調整のために、第二次世界大戦後から国際機関の設立が望まれていたが、ここに来てやっとそれが実現することになった。協定から貿易機関への移行と同時に、これまでなしでやってきた紛争処理機関を新設し、紛争処理手続き（提訴→パネル設置→パネル勧告→決定の履行及びその監視）を明文化した。その結果、貿易紛争処理の迅速化と有効化が著しくみ

られるようになった。

重要な専門用語

世界貿易機関（WTO）

問題

【1】 WTO（世界貿易機関）の目的、原則、成果を述べよ。

【2】 WTO の必要性を関税戦争の理論と自由貿易体制の最適性理論を用いて説明せよ。

参考文献

津久井茂充『WTO とガット〈コメンタール・ガット 1994〉』日本関税協会、1997 年。ガットの生い立ち、役割、原則とウルグアイ・ラウンド交渉についての概説的説明及びガット条文の逐条解説がある。

松下満雄・清水章雄・中川淳司著『ケースブックガット・WTO 法』有斐閣、2000 年。WTO の紛争処理機関で解決された貿易紛争の事例（その中には日本・EU 間で争われた日本の酒税制度（第 17 章参照）も含まれている）が多数紹介されている。

第27章

地域経済統合

　前章で、全地球的な協調による関税引き下げの試みとして世界貿易機関（WTO）とその前身である関税と貿易に関する一般協定（GATT）を取り上げたので、この章では、地域的な協調による関税引き下げの試みとして地域経済統合を取り上げることにする。まず第1節で地域経済統合を分類し、第2節でその現状を把握し、第3節で地域経済統合の効果を理論的に考えることにする。

第1節　地域経済統合の分類

　この節では、地域経済統合がどのようなものであるかを説明する。まず、地域経済統合の定義を考え、次に、統合の程度によって地域経済統合が四種類に分類されることを示す。そして地域経済統合はWTOの最恵国待遇原則に反しているので、WTOはどのような条件の下で地域経済統合を容認しているのかを説明する。

1　地域経済連携

　幾つかの国が協力して貿易障壁の軽減や撤廃を図ったり、国際資本移動や人的交流の円滑化を図る試みは地域経済連携と呼ばれる。この地域経済連携は、国際協定に基づくものと国際協定に基づかないものとに分けることができるが、前者がこれから取り上げる地域経済統合である。したがって、**地域**

経済統合は国際協定に基づく地域経済連携と定義することができる。

これに対して、国際協定に基づかない地域経済連携も存在する。その一つの例は APEC(アジア太平洋経済協力)である。APEC は 1989 年に設立され、アジア諸国、ロシア、北アメリカ諸国、チリ、ペルー、オセアニア諸国など 21 カ国地域が参加している。その目的は、アジア・太平洋地域の持続可能な発展を促進することであり、そのために貿易・投資の自由化と円滑化並びに経済技術協力を話し合うことが APEC の趣旨である。毎年一回首脳会議・閣僚会議・財務相会議が開かれ、その合意事項は「首脳宣言」や「行動指針」の形で発表されている。

2 統合の程度による地域経済統合の分類

地域経済統合は統合の程度に応じて四種類に分類できる。その中で**一番統合の程度が低いのは、加盟国間の貿易障壁を原則として撤廃する（域内自由貿易）ことのみを合意した自由貿易地域（Free Trade Area 略して FTA）**である。ここでは、非加盟国との貿易は各加盟国の関税及び非関税障壁がそのまま適用されるので対外共通関税は存在せず、また、加盟国間の資本移動や労働移動（域内要素移動）も加盟国の経済政策の統一（共通経済政策）も存在しない。

FTA を結成している諸国が非加盟国との貿易に共通の関税（対外共通関税）を適用することに合意するとき、統合の程度は一つ進んで関税同盟（Customs Union）になる。しかしここでも、域内要素移動や共通経済政策は合意されていない。**関税同盟を結成している諸国が域内要素移動にも合意するとき、統合の程度はさらに一つ進んで共同市場（Common Market）**になる。しかしここでも、共通経済政策は合意されていない。**共同市場を構成している諸国が共通経済政策をとることに合意するとき、統合は最高の程度に達して経済連合（Economic Union）**になる。以上で説明してきたことを表にまとめたのが第 27-1 表である。

第 27-1 表　統合の程度による地域経済統合の分類

経済統合	域内自由貿易	対外共通関税	域内要素移動	共通経済政策
自由貿易地域	○			
関税同盟	○	○		
共同市場	○	○	○	
経済連合	○	○	○	○

3　WTOとの関係

　自由貿易地域及び関税同盟は、加盟国間の貿易については関税率がゼロであるが、域外国との貿易では必ずしもそうではないから、加盟国に与えた貿易上の有利な条件を域外国には与えていない。したがって、これらの地域経済統合を結成している諸国がWTOの加盟国であるならば、これらの諸国はWTOの最恵国待遇原則に違反している。
　しかし、これまで説明してきたように、自由貿易地域と関税同盟は協調的関税引き下げの一形態であるから、WTOは一定の条件の下でこれらを認めている（GATT 第24条）。その条件とは、WTOへの通報義務の他に、①域内における関税その他の貿易障壁を実質的に全て廃止すること、②域外諸国に対する関税その他の貿易障壁を設立以前より増大してはならないこと、などである。

第2節　世界の主要な地域経済統合

　現在世界には非常に沢山の地域貿易協定が結ばれている。ジェトロ貿易投資白書2006年版によると、WTOに通報されている地域貿易協定は、現在（2006年6月）148存在する。その全てを列挙し解説することは労が多いわりに効果が少ないので、ここでは主要な地域経済統合と日本が係わっている経済連携協定に的を絞って説明を進めていくことにする。

1 EU（欧州連合）

その統合の経過は既に第25章で概説したが、もう一度その要点を繰り返すと次のとおりである。1958年にフランス、ドイツ（当時は西ドイツ）、イタリア、ベネルックス3国（ベルギー、オランダ、ルクセンブルグ）がローマ条約を締結して、欧州経済共同体（EEC）の設立を合意したのがEUの始まりである。1967年にこの6原加盟国は関税同盟を完成させ、EECを欧州共同体（EC）に移行させた（ブリュッセル条約）。その後、域内の資本移動及び労働移動の自由化に努め、1993年1月にマーストリヒト条約を締結して共同市場を完成させると同時に経済連合を発足させた。このときのEU加盟国は、6原加盟国に加えて、イギリス、アイルランド、デンマーク（以上3カ国は1973年に加盟）、ギリシャ（1981年加盟）、スペイン、ポルトガル（以上2カ国は1986年加盟）、オーストリア、スエーデン、フィンランド（以上3カ国は1993年1月加盟）の15カ国であった。

その後、2005年に中欧・東欧・南欧の10カ国（ポーランド、ハンガリー、チェコ、スロバキア、スロベニア、エストニア、ラトビア、リトアニア、キプロス、マルタ）が加盟し、現在、EUの構成国は25カ国になっている。

人口及び名目国内総生産（GDP）でEUの規模をみると、2004年の人口はEU25カ国で4.58億人あり、世界人口の7％を占めている。これに対して、名目GDPは2004年にEU25カ国で12.8兆ドルあり、世界のGDPの31％を占めている（世界国勢図会2006／07）。域内諸国の経済的結合度を域内輸出比率でみると、EU25カ国で2004年におよそ66％であった（IMF Direction of Trade Statistics 2005）。EUの共通経済政策として顕著なものは、共通農業政策及び共通金融政策である。共通農業政策としては、各国毎の農業助成が統一されEU共通の農産物支持価格制度や農家所得保障が行われている。共通金融政策としては、1998年に欧州中央銀行（ECB）が設立され、1999年1月から、6原加盟国、アイルランド、スペイン、ポルトガル、オーストリア、フィンランドから成る11カ国の通貨がユーロに統合された。

2　NAFTA（北米自由貿易協定）

　その設立は1994年であり、構成国はカナダ、メキシコ、アメリカの3カ国である。
　その規模を人口と名目GDPでみると、人口は2004年に4.29億人あり、世界人口の6.6％を占めている。名目GDPは2004年に13.4兆ドルあり、世界のGDPの33％を占めている（世界国勢図会2006／07）。したがって、人口と名目GDPで測ったNAFTAとEUの規模はほぼ同じであるが、NAFTAの名目GDPはEU25カ国より少し大きくその人口はEUより少し小さい。域内輸出比率は2004年で55.2％であり（ジェトロ貿易投資白書2005年版）、貿易による域内諸国の結合度はEUに比べると少し低い。
　北米自由貿易協定は、その名の通り、域内関税及び域内非関税障壁の段階的撤廃を図っているが、その他に、直接投資やサービス貿易の自由化、知的財産所有権の保護内容を域内諸国で共通化するなど、単なる自由貿易協定よりは統合の程度が進んだ項目を含んでいる。

3　AFTA（ASEAN自由貿易地域）

　その設立は1993年であり、構成国はブルネイ、インドネシア、マレイシア、フィリピン、シンガポール、タイの6原加盟国と、ヴェトナム、ラオス、ミャンマー、カンボジアの4新規加盟国の合計10カ国である。人口は2004年に5.44億人あり、世界人口の8.4％を占めている。名目GDPは2004年に0.8兆ドルあり、その対世界シェアは2.2％であった（世界国勢図会2006／07）。最近の域内輸出比率は22.2％でNAFTAに比べて低い（IMF Direction of Trade Statistics 2005）。6原加盟国の間の貿易は既に関税率を0～5％引き下げられているが、新規加盟国との貿易は2010年までに関税率を軽減することが予定されている。

4　日本・シンガポール経済連携協定

2002年に発効した日本最初の経済連携協定である。この協定には、域内における関税の撤廃、直接投資及びサービス貿易の自由化などが盛り込まれている。

5　日本・メキシコ経済連携協定

2005年に発効した日本最初の本格的な（農林水産物を含むという意味で）経済連携協定である。この協定は、両国間の貿易に対する障壁の軽減・撤廃、投資保護、政府調達における内国民待遇、貿易及び投資促進のためのビジネス環境整備などを取り決めている。日本がメキシコから受ける貿易障壁の軽減は、自動車の無税輸入枠（2005年には年5万台。それを超える輸入には50％の関税賦課）を段階的に拡大し2011年に関税を完全に撤廃すること、鉄鋼の関税を段階的に引き下げ2014年に完全に撤廃すること、などである。メキシコが日本から受ける貿易障壁の軽減は、豚肉の低関税輸入枠を2005年の3.8万トンから2009年の8万トンまで段階的に拡大すること、鶏肉の低関税輸入枠を2006年の2,500トンから2009年の8,500トンへ段階的に拡大すること、オレンジ・ジュースの低関税輸入枠を2006年の4,000トンから2009年の6,500トンへ段階的に拡大すること、などがある。

この結果2005年には、日本の対メキシコ輸入が前年比18％増加し、メキシコの対日輸入が前年比22％増加した。特に、乗用車の日本→メキシコ貿易は前年比38％の増加とその伸びが顕著であった。この乗用車貿易の拡大を見越して、日本の自動車メーカーが2005年に対メキシコ直接投資を拡大したので、自動車産業における日本の対メキシコ直接投資は前年比3.3倍（約6億ドル）に増加した（ジェトロ貿易投資白書2006年版）。

さらに、日本・マレーシア経済連携協定が2006年7月に発効し、両国間の貿易に対する障壁の軽減・撤廃などを取り決めている。この協定により、日本はマレーシア産の鉱工業品、マンゴー、パパイア、合板以外の林産品、エビ、クラゲなどの関税を即時撤廃し、マレーシアは日本製の乗用車、自動車部品、鉄鋼などの関税を段階的に引き下げ10年以内に撤廃する。

第3節　関税同盟の効果

　貿易政策に関して最も統合が進んだ地域経済統合は、関税同盟、共同市場及び経済連合であるので、ここでは関税同盟を代表として取り上げその経済効果をみることにする。関税同盟の効果は五つある。それらは、①貿易創造効果、②貿易転換効果、③交易条件効果、④市場拡大効果、⑤競争促進効果である。このうち最初の三つは静学的効果であり後の二つは動学的効果である。これらの効果を簡単に説明して行こう。

　貿易創造効果は、域内の貿易自由化により域内貿易が拡大し加盟国の経済厚生が増大する、というプラスの効果である。これに対して、貿易転換効果は、域内貿易の自由貿易化により域外からの競争力がある輸入品が域内国製品に代替され、そのため加盟国の経済厚生が減少する、というマイナスの効果である。交易条件効果は、貿易転換効果により域外からの輸入が減るとその世界価格が低下し加盟国の経済厚生が増大する、というプラスの効果である。市場拡大効果は、市場拡大により規模の利益がある産業（第15章参照）の生産が拡大して経済効率が高まり加盟国の経済厚生が増大する、というプラスの動学的効果である。競争促進効果は、市場拡大により域内の寡占企業間の競争が激化して経済効率が高まり加盟国の経済厚生が増大する、というプラスの動学的効果である。このようにみてくると、貿易転換効果が非常に強いとき関税同盟は短期的に加盟国にマイナスの厚生効果を与えるが、長期的には動学的効果が働き加盟国の厚生を増大させるであろうと予想される。

第4節　貿易創造効果と貿易転換効果

　前節での説明でわかったとおり、関税同盟の静学的効果がプラスであるかマイナスであるかを知るためには、貿易創造効果と貿易転換効果の大きさを知ることが重要である。そこでこの節では、第18章で学んだ小国モデルを使って、これら両効果を比較することにする。ここで取り上げる自国は小国であるので、この国には交易条件効果は存在しない。これまでと同様に、自

国が関税同盟に加盟する前の経済状況と加盟後の経済状況を比較して関税同盟の静学効果を調べることにする。ただしここで考える世界には三カ国が存在している。それらは、自国、自国と関税同盟を結成する外国（域内国と呼ぶ）、そしてその関税同盟に加わらない外国（域外国と呼ぶ）の三カ国である。

1　個別的保護貿易

まず、自国が関税同盟に加入する以前、すなわち自国も域内国も個別に保護貿易をしていた状況を考える。第27-2図は自国におけるある商品 α の国内市場を表している。この図において、横軸は商品 α の量を測っており、縦軸はその価格を測っている。右下がりの直線 DD は商品 α に対する需要曲線であり、右上がりの直線 SS はその国内供給曲線である。水平線 WW' は域外国の供給曲線を、水平線 UU' は域内国の供給曲線をそれぞれ示し、これらの供給曲線が水平であることは自国が世界市場で小国であることを意味している。cif 価格が $0W$ である域外国からの商品 α に自国が従価関税を課しその税額が WT であるものとすると、域外国からの輸入品の国内価格は $0T$ に、関税率は $t = WT/0W$ になる。域内国からの輸入品の税額は $t \times 0U = WT \times (0U/0W)$ となり、税率は同じでも域外国からの輸入品にかかる税額はより大きくなる。さらに、域内国からの輸入品の cif 価格は域外国からの輸入品の cif 価格より高いから、域内国からの輸入品の国内価格は $0T$ より高くならざるを得ない。したがって、域外国からの輸入品しか自国市場では売れないであろう。そこで水平線 TT' と供給曲線 SS との交点を B とし B 点から下ろした垂直線と水平線 WW' との交点を B' すると、自国の消費者が直面する商品 α の供給曲線は SBT' となる。価格が $0T$ のとき、$TB = WB'$ が国内供給量であり BT' は域外国からの供給曲線である。BT' と需要曲線の交点を A とし、A 点から下ろした垂直線が水平線 WW' と交わる点を A' とすると、WA' が商品 α の需要量、$B'A'$ が域外国からの輸入量になる。

　関税貿易下の自国の経済厚生を考えよう。第18章で学んだように、三角形 DTA が消費者余剰を、三角形 TSB が生産者余剰を、長方形 $BB'A'A$ が関税収入をそれぞれ示しているから、これらの合計が関税貿易下において自国の国民が得る経済厚生である。

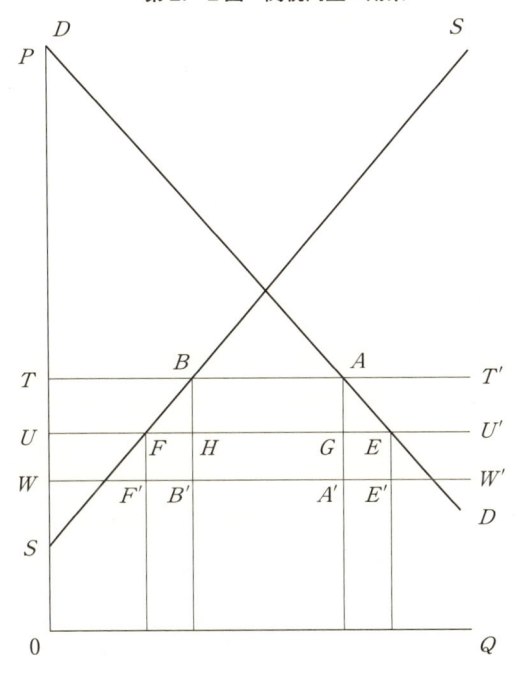

第 27-2 図　関税同盟の効果

2　関税同盟

　自国が関税同盟を結成すると、域内国からの輸入品 α に対する関税率はゼロになるが、域外国からの輸入品に対する関税率は元のまま、すなわち $t = WT/0W$ である。域内国からの輸入品は自国内で $0U$ の価格で売れるから域外国からの輸入品は自国市場から駆逐される。水平線 UU' と供給曲線 SS との交点を F とし F 点から下ろした垂直線と水平線 WW' との交点を F' とすると、自国の消費者が直面する商品 α の供給曲線は SFU' となる。価格が $0U$ のとき、$UF = WF'$ が国内供給量であり、FU' が域内国からの供給曲線になる。FU' と需要曲線との交点を E とすると、商品 α の需要は UE、域内国からの輸入は FE になる。E 点から下ろした垂直線と水平線 WW' との交点を E' とすると $F'E' = FE$ であるから、関税同盟結成後の輸入量 $F'E'$ は同盟結成以前の輸入量 $B'A'$ より大きいことがわかる。これが関税同盟の貿易

創造効果である。他方、商品αの域外国からの輸入量はゼロになるから、このとき域外国から域内国へ貿易転換が行われたことがわかる。

　関税同盟結成後の自国の消費者余剰は三角形 DUE で、生産者余剰は三角形 USF でそれぞれ示される。このとき政府の関税収入は存在しないから、自国の経済厚生はこの両者の合計になる。これを関税同盟結成前の経済厚生と比較すると、商品αの貿易が拡大したことにより消費者余剰が増加し生産者余剰と関税収入が減少していることがわかる。消費者余剰の増加分は、三角形 DUE − 三角形 DTA = 台形 $TUEA$ であり、生産者余剰の減少分は、三角形 TSB − 三角形 USF = 台形 $TUFB$ である。したがって、関税同盟の貿易創造効果による厚生の増大は、台形 $TUEA$ − 台形 $TUFB$ = 台形 $BFEA$ で表される。他方、貿易転換効果による厚生の低下は関税収入の減少分で示されるから、台形 $BB'A'A$ である。したがって、**貿易創造効果と貿易転換効果による関税同盟の厚生効果は、プラスの厚生変化分とマイナスの厚生変化分の差**、すなわち、三角形 BFH ＋三角形 AGE −長方形 $HB'A'G$、で示される。貿易創造効果が貿易転換効果より大きければ厚生効果はプラスになるが、逆のケースではマイナスになる。したがって、この厚生効果がプラスになる可能性は、①初期の自国の関税率が高い、すなわち水平線 TT' の位置が高い、ほど大きく、②域内国の生産コストが低い、すなわち水平線 UU' が WW' に近い、ほど大きい。

重要な専門用語

地域経済統合　　関税同盟の貿易創造効果と貿易転換効果

第IV部

国際要素移動の基礎

第28章

貿易と国際要素移動

　第Ⅳ部のテーマは国際要素移動、すなわち国際労働移動と国際資本移動である。経済活動のグローバル化進展と歩調を合わせて、商品及びサービスの貿易と共に国際要素移動、特に国際資本移動、の重要性が増してきている。そこでここでは、国際要素移動の実態、その原因と結果、そしてその規制策について基礎的な事柄を述べることにする。まず、国際要素移動の実態を紹介し、それと貿易との間の相互関係を説明し、次いで、国際要素移動が世界経済の効率を高めるが、国内の所得分配に影響を与えることを示す。そして最後に、主としてこの分配面の影響を緩和するために採られる国際要素移動規制策について述べる。

　この第28章では、まず国際要素移動を定義し、次いで、国際要素移動の現状を展望し、最後に、貿易と国際要素移動の相互関係、すなわち代替・補完の関係を説明する。

第1節　国際要素移動とは何か

　国際要素移動は国際労働移動と国際資本移動とに分けることができる。国際労働移動は移民とも呼ばれる。他方、国際資本移動は海外投資とも呼ばれるが、資本の国際間貸借である。これに対して、これまで取り上げてきた貿易は、商品及びサービスの国際間売買である。以下では、国際労働移動、国際資本移動の順にその実態を見ていくことにしよう。

1 国際労働移動

　国際労働移動の誘因は国際間の所得格差である。主要工業国と発展途上国との間の所得格差はそれぞれの国の国内所得格差に比べて著しく高い。既に第1章で述べたが、日本を例に挙げると、一人当たり県民所得でみて最高の東京都は最低の沖縄県の2倍であるが、日本の一人当たり国民総所得はフィリピンの32倍、中国の31倍というように、国際間の所得格差は国内の所得格差に比べて著しく高いままで残っている。したがって、高い所得を求めて低所得国から高所得国へ労働者が移動するのが国際労働移動である。

　国際労働移動は、労働者の移住期間とその目的に応じて、二種類に分けることができる。その一つは短期移民であり、もう一つは長期移民である。これらを順番にみていこう。

　短期移民は短期間の出稼ぎを目的にした労働者の海外移住である。したがって、労働者は移住国で稼いだ賃金の大部分を本国に送金し、本国でその所得を本人及びその家族が支出する．第二次世界大戦後の短期移民は三つの流れに大別することができるであろう。第一は、1960年代から1970年代初めにかけて、イタリア、スペイン、ポルトガル、トルコ、ユーゴスラビア、アルジェリアなどのヨーロッパ周辺国からフランス、西ドイツ（現在のドイツ）、イギリス、スイスなどヨーロッパ中心国へと流れた短期移民である。その規模は735万人（1974年）と推計されている。第二は、1970年代後半から1980年代にかけて、インド、パキスタン、韓国、フィリピン、インドネシアなどのアジア諸国からクエート、サウジアラビア、アラブ首長国連邦などの中近東産油国へ向かった出稼ぎである。彼等は建設労働や家事労働に従事し、その規模は500万人（1983年）と推計されている。第三は、1980年代から起こっている東アジア域内の労働者移動であり、三つつの流れがある。その一つはフィリピン及びインドネシアからマレーシア、シンガポールに向かう出稼ぎであり、その規模は150万人（2000年）と推計されている。第二の流れは中国及び韓国から日本へ向かう出稼ぎであり、その規模は60万人（2000年）と推計されている。第三の流れはミャンマー、ラオス、カンボジアからタイへ向かう出稼ぎであり、その規模は110万人（2000年）と推計されているが、ほとんどが不正規移民である。

長期移民は永住を目的にした労働者の海外移住である。したがって、移民は移住国で稼いだ賃金をほとんど全てそこで支出する．外国人の長期移民を受け入れている国はアメリカ、カナダ、オーストラリアの三カ国であり、しかもそれぞれの国が毎年の移民受け入れ枠を決めている。2002年における長期移民受入数は、アメリカが106.3万人、カナダが22.9万人、オーストラリアが8.8万人であった。アメリカの受入数は1995年頃に比べて30万人ほど多くなっているが、カナダ及びオーストラリアの受入数はほとんど変わっていない（労働政策研究・研修機構「データブック国際労働比較2006」）。

2　国際資本移動

国際資本移動は大別して二種類に分けられる。その一つは直接投資であり、外国企業の経営支配、海外子会社や合弁会社の設立を目的とする海外投資である。もう一つは間接投資であり、投資収益、すなわち利子、配当、キャピタルゲイン、を目的とする海外投資である。これは第2章で扱った証券投資と同じものである。直接投資は資金と経営資源(経営管理能力、トレードマーク、マーケティング技法、生産技術)の国際間貸借であるのに対して、間接投資は資金のみの国際間貸借であるのでその説明は国際金融論に委ね、ここでは直接投資を重点的に取り上げることにする。

最近の直接投資は三つの特徴を持っている。第一は、第28-1表に示されているように、商品やサービスの貿易より速いスピードで成長していることである。1980年から2000年までに直接投資は22.4倍拡大したのに対して、同じ期間に商品貿易は3.3倍、サービス貿易は3.9倍しか拡大しなかった。

第28-1表　世界の商品貿易、サービス貿易、直接投資の成長

(億ドル)

年	1980	1990	2000
商品貿易	19,460	34,390	63,310　(3.3倍)
サービス貿易	3,670	7,930	14,290　(3.9倍)
直接投資	570	2,290	12,780　(22.4倍)

出所:『通商白書　2002年版』

第二の特徴は、EU 域内及び EU・アメリカ間の相互交流を中心にした先進国から先進国へ向かう直接投資が全体の七割近くを占めていることである。これを表したのが第 28-2 表であるが、主要国の 2000 年と 2005 年における対外直接投資と対内直接投資を示している。対外直接投資は左欄の国から外国に投資されたネットの直接投資額（グロスの流出額－投資回収による流入額）を示し、対内直接投資は外国から左欄の国へ投資されたネットの対内投資額（グロスの流入額－投資回収による流出額）を示している。これによると、対外直接投資の約 90％が先進国から投資され、残りの 10％が開発途上国から投資されているのに対して、対内直接投資はその約 80％が先進国へ投資され、残りの 20％が開発途上国に投資されている。かりに、先進国から投資された対外直接投資が世界全体の直接投資と同じ傾向を持つとするならば、その 80％が先進国へ向かうと考えられから、世界全体の 72％、すなわち約七割、の直接投資は先進国から先進国へ投資されるということになる。なお、2005 年における日本の対内直接投資は 32 億ドルとその対外直接投資に比べて著しく少ないが、これは、グロスの資本流入額が 302 億ドルであったのに対して、投資回収による流出額が 269 億ドルと大きかったためである。

第 28-2 表　主要国の対外直接投資・対内直接投資（国際収支ベース・ネット）

(億ドル)

	対外直接投資		対内直接投資	
	2000	2005	2000	2005
世界	13,681 (100)	7,596 (100)	14,692 (100)	9,647 (100)
先進国	12,716 (93)	6,621 (87)	12,174 (83)	7,067 (73)
アメリカ	1,783 (15)	91 (1)	3,077 (21)	1,098 (11)
イギリス	2,662 (20)	1,028 (14)	1,199 (8)	1,595 (17)
B－L	2,294 (17)	1,073 (14)	2,348 (16)	986 (10)
フランス	1,695 (13)	502 (7)	432 (3)	761 (8)
ドイツ	520 (4)	456 (6)	1,892 (15)	327 (3)
オランダ	702 (5)	1,208 (16)	566 (4)	443 (6)
日本	315 (2)	455 (6)	82 (1)	32 (0)
途上国	965 (7)	975 (13)	2,518 (17)	2,580 (27)
中国	9 (0)	113 (2)	384 (3)	791 (8)
中南米	134 (1)	181 (2)	862 (6)	671 (7)

出所：『ジェトロ貿易投資白書 2002、2006 年版』

最近の直接投資の第三の特徴は、先進国の対内直接投資・対外直接投資において非製造業向けの投資が大半を占め、その中では金融業向けの投資が多いということである。その一例として、アメリカにおける2004年末の業種別直接投資残高とその構成比を第28-3表に示そう。これによると、アメリカの対外直接投資残高の約80%が非製造業向けであり、その中では金融業向け、卸売業向けが多い。それらの全体に占めるシェアはそれぞれ21.2%、6.4%である。また、その対内直接投資の約70%が非製造業向けであり、ここでも金融業向け、卸売業向けが多い。それらの全体に占めるシェアはそれぞれ21.6%、13.2%である。

同様の傾向は日本の直接投資についてもいえる。2004年度末までの日本の対外直接投資累計額（報告・届け出ベース）は非製造業向けが64.5%でありその中では金融・保険業向け、不動産業向けが多い。それらの全体に占めるシェアはそれぞれ20.8%、10.7%である。また、その対内直接投資累計額（報

第28-3表 アメリカの業種別対外・対内直接投資残高（2004年末 ネット）

(100万ドル %)

	対外直接投資		対内直接投資	
	残高	構成比	残高	構成比
製造業	414,353	20.2	519,410	34.0
化学	99,435	4.8	147,952	9.7
金属	23,629	1.2	18,897	1.2
一般機械	25,251	1.2	49,541	3.2
コンピュータ・電気製品	54,317	2.6	41,883	2.7
輸送機械	50,732	2.5	70,002	4.6
その他	162,045	7.9	192,315	12.6
非製造業	1,636,851	79.8	1,006,890	66.0
鉱業	102,058	5.0	-	-
卸売業	130,594	6.4	201,101	13.2
情報産業	49,155	2.4	117,190	7.7
金融業	434,000	21.2	329,837	21.6
不動産リース	-	-	47,577	3.1
専門サービス	43,167	2.2	38,778	2.5
その他	151,647	7.4	273,209	17.9
全業種	2,051,204	100.0	1,526,306	100.0

出所：『ジェトロ貿易投資白書2006年版』

告・届け出ベース）の74％が非製造業向けであり、ここでも金融・保険業向け、通信業向けが多い。これらの全体に占めるシェアはそれぞれ36.7％、12.2％である（ジェトロ貿易投資白書2006年版）。アメリカや日本と同じ傾向はイギリスやドイツの最近年の対外・対内直接投資でも確かめることができる。

3 多国籍企業

直接投資を行っている主体を多国籍企業という。すなわち、多国籍企業とは、直接投資を行って二カ国以上で経営活動をしている企業である。企業が持つ海外市場へのアクセス方法は貿易、技術提携、直接投資の三つであるが、この中から企業が直接投資、すなわち多国籍企業化、を選択する理由として次のようなものが考えられる。

ⅰ) 一次産品の安定的確保

一次産品を主要な原料とする製品を消費国で生産・販売している企業が、その原料の安定的供給を確保するために、海外の原料供給国で生産や採掘を行うことにより多国籍企業化する。例えば、エクソン・モービル、ロイヤル・ダッチシェル、ブリティッシュ・ペトロリアムなどの欧米の製油会社がこれに当てはまる。

ⅱ) 低い労働コスト

賃金の国際間格差が著しいとき労働者の国際間移動が起こることをこの節のセクション1で述べたが、移民の人数は賃金格差を解消するほど多くないので、賃金の国際間格差は依然として大きいままで残っている。そこで労働集約的な製品を生産している企業が低賃金国に工場を建てそこで製品を生産すれば、高賃金国である本国で生産する同品質の製品より競争力が高まり、本国や第三国へ輸出し易いであろう。松下電器、日立、東芝、三菱電機などの日本の電気機器メーカーが東南アジアや中国で工場を建設し現地生産を行っているのはこのためである。

ⅲ) 貿易障壁の迂回

第19章で学んだように、輸入関税や輸入数量制限あるいは輸出規制などの貿易障壁があると、外国への商品輸出が制限され、輸出企業の利潤が減少する。したがって、企業は貿易障壁を避けて海外市場へアクセスするために、現地で工場を建て生産を始める。1980年代、日米間及び日欧間の貿易摩擦

を解消するために、トヨタ、日産、ホンダなどの自動車メーカーがアメリカ及びヨーロッパで乗用車の現地生産を始めたのは、このためである。

iv）関連産業の多国籍化

　自動車メーカーが諸国に工場を建て多国籍企業化すると、自動車産業を最大の顧客とする鉄鋼メーカーやガラスメーカーも、それに追随して世界各国に工場を持つ必要が生じる。さらに、価格交渉力を維持するために規模の拡大が重要になる。そのための最良の戦略は外国企業を吸収合併することであるので、これらの産業で多国籍企業が出現している。インドの鉄鋼メーカーミタルのアルセロール（オランダ）の買収や日本板硝子のピルキントン（イギリス）の買収はこれに当てはまるであろう。

v）トレードマーク・マーケティング方法の提供

　世界的に確立したトレードマークやユニークなマーケティング方法を持っている企業は、それを生かすことにより独占利潤を得ることができる。輸出や技術提携ではこれらの経営資源を十分に生かすことができないとき、これらの企業は直接投資を選択する。マクドナルド、コカ・コーラ、スターバックス・コーヒーなどの多国籍的展開がこれに当てはまるであろう。

vi）サービスの提供

　ある企業が、小売りのユニークな販売方法、ホテルのきめ細かなサービス、あるいは金融の優れた技法を持っているとき、海外の顧客がこれらの企業の優れたサービスを購入しようとすると、わざわざ現地まで出向いて行かなければならないからコストがかかる。したがって、海外からの需要は小さいであろう。もしこれらの企業が海外の市場に直接進出するならば、海外の顧客は低いコストでそれらのサービスを購入することができるから、需要が増え企業の売り上げ及び利益が増えるであろう。小売業のウオールマートやトイザラス、ホテルのリッツ・カールトンやインター・コンチネンタル、金融のゴールドマン・サックスなどの海外進出がこれに当てはまるであろう。

vii）規模の経済の利用

　電気製品や自動車のような大規模生産の利益を受ける製品のメーカーが、本国に狭隘な生産市場や消費市場しか持っていない場合、製品輸出より海外生産を選択するであろう。韓国の現代自動車、サムスン電子、LG電子の多国籍企業化はこの理由によるものと思われる。

第2節　貿易と国際要素移動の関係

1　貿易と国際要素移動の相互関係

　商品・サービスの貿易と国際要素移動は、各国経済のグローバル化を進める二つの径路であるから、互いに補い合って発展していると予想されるが、実際は必ずしもそうではなく、両者が競合しあっている場合もある。そこでこの節ではまず、両者の間の代替関係と補完関係の定義を明らかにした上で、それらの相互関係を考えていくことにする。

　一般に、二つのものが存在する場合、両者の間の代替関係と補完関係は次のように定義される。もし二者のうちで一方の量が増加すると他方の量が減少するとき、あるいはもし一方の量が減少すると他方の量が増加するとき、両者は代替関係にあるといえる。もし二者のうちで一方の量が増加すると他方の量も増加するとき、あるいはもし一方の量が減少すると他方の量も減少するとき、両者は補完関係にあるといえる。

　貿易と国際要素移動の相互関係について一般的にいえることは次の三点である。第一、貿易がヘクシャー・オリーン・モデル（第13章）で考えた産業間貿易（第15章参照）である場合、両者の代替・補完の関係は国際間の生産技術の格差と生産パターンの相違とに左右される。もし①各国の生産パターンが国際間で同一で、しかも②各産業の生産技術が国際間で同一であるとき、この貿易と国際要素移動は完全な代替物になる。第二、もし上記の①又は②の条件が満たされていないとき、すなわち、各国の生産パターンが異なっているか、あるいは、各産業の生産技術が国際間で異なっているとき、ヘクシャー・オリーン・モデルで考えた産業間貿易と国際要素移動は補完物になる。第三、貿易が差別化財の産業内貿易（第15章参照）である場合、この貿易と国際要素移動は代替物になる。以下で、この一般的結論がどのようにして導き出されるかを、順番に説明していこう。ただし、第1章で指摘したように、国際労働移動は国際資本移動に比べて困難であるので、ここでは単純化のために国際労働移動は無いものとして話を進めていくことにする。

2 産業間貿易と国際資本移動の完全な代替関係

　第10章で学んだ比較生産費説が説くように、貿易によって各国がその比較優位産業に完全特化する場合には、各国の生産パターンが異なる。したがって、国際間で生産パターンが同一であるということは、各国が比較優位産業に完全特化するのではなく、比較優位産業に特化はするが同時に比較劣位産業も維持していることを意味する。このとき、もし自国が資本集約財を輸出し労働集約財を輸入しているならば、外国はこの逆の貿易パターンを持つことになる。

　ヘクシャー・オリーン・モデルにおいて上で示した①と②の条件が成立しており、自国と外国がこのような貿易パターンで自由貿易を行っているものとすると、第14章で学んだように、国際間で要素価格が均等化するから、両国間で国際資本移動は起こりえない。しかし外国政府が関税や非関税障壁によりその輸入産業を保護すると、その貿易抑制効果（第22章参照）により貿易が減少する。保護された産業が資本集約財産業であるとすると、輸入関税の所得分配効果（第23章参照）により外国で資本レンタルが自国より高くなる。両国間で資本移動が自由であれば、自国から外国へ直接投資の形で資本移動が起こるであろう。すなわち、産業間貿易が減ると国際資本移動が増えるから、両者は代替的であるといえる。第1節3で列挙した多国籍企業化の要因の中で、iii）による国際資本移動がこれに該当する。

　自国から外国へ向かう直接投資の結果、外国では資本集約財の生産が増加し労働集約財の生産が減少する（第13章参照）。したがって、資本集約財の輸入と労働集約財の輸出が共に減少する。資本集約財の国内生産がどんどん増えて丁度自由貿易下の消費量と同じ水準にまで増えたとすると、そこで資本集約財の貿易はストップする。このとき、外国において労働集約財の国内生産は自由貿易下の生産水準より小さいが消費水準よりは大きい。この差額、すなわち国内生産－消費は、直接投資の形で自国から流入してきた資本の限界生産物に等しいので、その報酬として自国に送金される（貿易には算入されない）。したがって、外国において労働集約財の消費も自由貿易下と同じ水準になるので、結局、国際資本移動が自由貿易の働きを完全に代替していることがわかる。

逆に、①と②の条件の下で自国と外国の間で資本移動が自由であると、資本レンタルが国際間で均等化すると共に賃金も国際間で均等化する。この結果、それぞれの財の限界コストが国際間で等しくなる。したがって、完全競争の仮定の下ではそれぞれの財の価格も国際間で等しくなり、両国間で産業間貿易は起こりえない。このとき外国では、上でみたのと同様に、資本集約財の生産と消費は一致しているが、労働集約財では生産が消費を上回っておりその差額分が自国資本の報酬として本国へ送金されている。

このような状態の下で外国政府が資本レンタルに法人税あるいは所得税の形で新たに課税すると、外国の税引きレンタルは自国のレンタルより低くなるから（第30章参照）、外国へ投資されていた自国資本は本国へ還流してくる。この還流は資本レンタルの国際間格差がある限り続くから、結局、外国へ投資されていた自国資本が完全に撤収するまで続く。この結果、外国では資本の供給量が減るから資本集約財の生産が減少し労働集約財の生産が増加する。丁度両財の生産と消費が一致していたところにこのような生産の変化が起こると、資本集約財は超過需要になり労働集約財は超過供給になるから、外国は労働集約財の輸出・資本集約財の輸入というパターンの貿易を始める。自国の資本が外国から撤収するにつれて両財の貿易量は拡大するが、丁度完全に撤収が終わったとき、両財の貿易量は上で考えた自由貿易下の貿易量と等しくなり、要素価格も国際間で均等化する。したがって、自由貿易は国際資本移動を完全に代行するということができる。すなわち、①各産業の生産技術が国際間で同一で、②各国の生産パターンも国際間で同一であるとき、ヘクシャー・オリーン・モデルで考えた産業間貿易を制限すると国際資本移動が完全にその機能を代行し、国際資本移動を制限すると産業間貿易がその機能を完全に代行するので、この両者は完全な代替物といえる。

この結論が意味することは、上の①と②の条件の下では、ヘクシャー・オリーン・モデルで考えた産業間貿易か国際資本移動かいずれか一方の国際経済取引のみが存在すれば、国際間で資本レンタルも賃金も均等化する、すなわち世界経済は効率化する、ということである。換言すれば、上の①と②の条件の下では、自由貿易が行われているとき国際資本移動の利益はない（損失もない）、ということである。

経済規模がほぼ同じ先進工業国の間では、各国の生産パターンが大体同じであり、各産業の生産技術も同じであるから、産業間貿易と直接投資の代替

関係が起こりやすいと考えられる。例えば、1980年代に起こった日米自動車貿易摩擦の解消策として、その後日本の自動車産業の対米直接投資が行われ、乗用車のアメリカ現地生産が拡大した。その結果、日本の乗用車対米輸出は2001年には160.7万台あったものが、2004年には152.3万台に減少した（世界自動車統計年報　2006）。これは直接投資の輸出転換効果といわれるが、国際資本移動と貿易の代替関係の一例である。

3　産業間貿易と国際資本移動の補完関係

上で示した二つの条件、①各国の生産パターンが国際間で同一②各産業の生産技術が国際間で同一のいずれかが成立しないとき、ヘクシャー・オリーン・モデルで考えた産業間貿易と国際資本移動は補完物になる。このことを説明しよう。

各産業の生産技術が国際間で同一であっても生産パターンが国際間で異なる場合には、自由な産業間貿易を行っていても国際間で要素価格は均等化しない。たとえば、各国がその輸出産業に完全特化している場合、産業間貿易を行っていても国際間で労働者の賃金が均等化せず高賃金国と低賃金国が生じる。もし国際労働移動が自由であれば、低賃金国から高賃金国へ労働者の移動が起こるであろうから、この場合、産業間貿易と国際労働移動は補完物になる。国際労働移動が禁止されている場合には、第1節3のⅱ）で指摘したように、高賃金国から低賃金国へ向けて直接投資が行われるから、この場合には産業間貿易と国際資本移動が補完物であるといえる。

さらに、高賃金国が重化学工業に特化し、低賃金国が軽工業に特化している場合に、高賃金国の企業が低賃金国へ直接投資をして電気製品や乗用車のような耐久消費財を現地生産するとき、それに必要な機械や部品などの資本財を現地で手に入れることができないならば、それらの資本財を本国から取り寄せなければならなくなる。このとき、直接投資と共に資本財の輸出も増加するから、両者は補完関係にあるといえる。これは直接投資の輸出誘発効果である。

生産技術が国際間で異なる場合も、自由な産業間貿易は国際間の要素価格均等化をもたらさないから、産業間貿易と国際要素移動は補完物になる。かりに、自国の資本集約財産業の生産技術が外国の同産業の生産技術より優れ

ているために、自国はこの財を輸出し外国から直接投資を受け入れているものとすると、自国の資本集約財の生産が増加するから、この財の輸出が増える。したがって、この場合産業間貿易と国際資本移動は補完物となる。あるいは、直接投資を行って製品の現地生産を始めた場合に、そのための部品を現地で調達しようとすると、部品の品質が悪かったり納期が守られない場合、本国から輸入せざるを得ないので、直接投資と共に部品の輸出が増えるであろう。これも直接投資の輸出誘発効果である。

4　産業内貿易と国際資本移動の代替関係

　第15章で学んだように、消費者の嗜好が多様であると、消費される商品あるいはサービスが差別化される。このような商品あるいはサービスが規模の経済を持つ生産技術によって生産されていると、その市場は独占的競争市場になる。
　これらの独占的競争企業の生産性が互いに異なっており、さらに、海外に商品を輸出するには、相手国の輸入関税などによる可変費用と相手国における物流やサービスのための固定費用がかかるものとすると、この固定費用をまかなうことができるほど高い生産性を持っている企業のみが輸出することができる。これは第15章で学んだ産業内貿易である。
　もしこの企業が輸出に変えて直接投資によって海外市場にその製品あるいはサービスを供給しようとすると、新たに生産あるいは営業の拠点を海外に設置するための固定費用が必要になるが、輸出にかかる可変費用は要らなくなる。ただし、海外拠点を設けるための固定費用は輸出にかかる固定費用よりは大きいと予想されるので、企業の生産性が高くて海外進出のための固定費用をまかなうことができ、さらに可変輸出費用の負担回避のメリットが十分に受けられるとき、この企業は直接投資によって海外進出する。そしてこれより生産性が低い企業は、現地進出のための固定費用はまかなえないが輸出のための固定費用はまかなえるので、その製品やサービスを輸出によって海外市場へ供給する。したがって、これら二種類の企業が存在する場合、産業内貿易と直接投資が同時に存在することになる。このような産業内貿易と直接投資の並存は、第1節で指摘した先進国向け直接投資の過半が非製造業向けであることの理由付けになるし、また、多国籍企業化の要因vi)の説明

因になる。
　このように産業内貿易と直接投資が並存しているときに、貿易相手国がこの商品に対する輸入関税率を引き下げると輸出の可変費用が下がることになるから、輸出が増えるであろう。しかし直接投資の相対的優位さは小さくなるから直接投資は減少するであろう。したがって、**産業内貿易と国際資本移動は代替物**であるといえる。

重要な専門用語

産業間貿易と国際資本移動の完全な代替関係
産業間貿易と国際資本移動の補完関係
産業内貿易と国際資本移動の代替関係

参考文献

森田桐郎『現代の国際労働移動——実態・特徴・分析視角』、森田桐郎編著『国際労働移動と外国人労働者』の第1章　1994年。
　1990年以前の国際労働移動の実態について、詳しい説明がある。
マルハ・M. B.・アシス著　千住よしみ訳『定住しない移民？——アジアにおける国際労働移動の現状と展望』人口問題研究、第60巻3号（2004年9月）。
　過去30年に亘るアジア地域の国際労働移動の趨勢についての説明と、一時的滞在のみを認めるアジア諸国の移民政策についての展望が行われている。
阿部顕三・鈴木克彦・井川一宏・小田正雄『ベーシック国際経済学』有斐閣、1999年。
　第8章2において、貿易と国際資本移動の完全な代替関係を図を用いて説明している。

第29章

国際要素移動の利益と所得分配効果

　第28章では、国際労働移動及び国際資本移動の実態と共に、国際資本移動と産業間貿易あるいは産業内貿易との相互関係を学んだ。そこでみたように、国際資本移動と産業間貿易が完全な代替物であると、いずれか一方の国際経済取引さえあれば世界経済が効率化するから、自由貿易の下で国際資本移動を導入するメリットはない。同じように考えると、国際資本移動と産業間貿易が補完関係にあるときは両者が並存しなければならないから、自由貿易の下で国際資本移動を導入するメリットがある。また、国際資本移動と産業内貿易は代替関係にあったが、この両者も並存しているから、やはり、自由貿易の下で直接投資が始められると、営業規模の拡大と輸出可変費用の節減を通して世界経済の効率化に役立つと考えられる。したがって、この場合も自由貿易の下で国際資本移動を導入することに利益がある。

　そこでこの章では、前章であまり取り上げなかった国際労働移動について、それを導入することのメリットを考える。それと共に、国際労働移動が、その送り出し国と受け入れ国の双方に所得分配の変化を引き起こし、受け入れ国の労働者が不利になることを明らかにする。商品やサービスの貿易の場合と同様に、所得分配が不利になるグループは国際労働移動に反対し、政府にその規制策を要求するであろう。そこで、国際要素移動規制策についても考える必要があるが、これは次章で行うことにする。

　以下では、まず第1節で分析用具である労働の限界生産力線図を紹介し、第2節で国際労働移動が送り出し国と受け入れ国の両方に利益を生むことを明らかにする。そして第3節でその所得分配効果を考え、最後に、第4節で国際資本移動についても対応する結論が得られることに触れる。

第1節　労働の限界生産力線図

　国際労働移動の利益及び所得分配効果を理解するためには、簡単なモデルにおいて労働の限界生産力線図を用いるのが有効である。そこでまず、この分析用具を紹介することにしよう。そしてこれを用いて、国際労働移動が起こる以前の閉鎖経済下における諸国の経済状態を示すことにする。

　世界に自国と外国があり、それぞれの国は、労働と土地という二つの生産要素を用いて農産物という一財を生産しているものとする。自国は労働豊富国、外国は土地豊富国と仮定し、労働の賦存量をLで、土地の賦存量をNでそれぞれ表し、外国の記号にはその肩に*を付けて区別することにすると、両国の要素賦存比率（第13章参照）の間には$L/N > L^*/N^*$という関係が成立している。

　第29-1図は自国と外国の労働の限界生産力線を表している。横軸では、原点0から自国の労働量を測り、原点0^*から外国の労働量を測っている。したがって、00^*は自国と外国の労働量の合計、すなわち世界全体の労働量を示している。左の縦軸は自国農業における労働の限界生産力を測り、右の縦軸は外国農業における労働の限界生産力を測っている。右下がりの曲線GGは自国農業における労働の限界生産力を示す曲線である。この曲線は、一定の土地投入量Nの下で農業への労働投入が増えるにつれてその限界生産力が逓減していくことを表している。左下がりの曲線G^*G^*は外国農業における労働の限界生産力を示す曲線である。この曲線も、一定の土地投入量N^*の下で農業への労働投入が増えるにつれてその限界生産力が逓減していくことを示している。両国において農業の生産技術は同一で、土地賦存量も同じ（$N = N^*$）と仮定すると、GG曲線の縦軸上の出発点Gの高さはG^*G^*曲線の横軸上の出発点G^*の高さと同じになる。

　閉鎖経済の下で、$0e$は自国固有の労働の供給量（L）を示し、0^*eは外国固有の労働の供給量（L^*）を示してる。したがって、$00^* = L + L^*$である。自国の農家はこの労働量Lと土地賦存量Nとを用いて農産物を生産している。各農家の生産規模は小さくて労働市場や土地の賃貸市場で価格支配力を持っていないものとすると、各農家はその利潤を最大にするために労働の

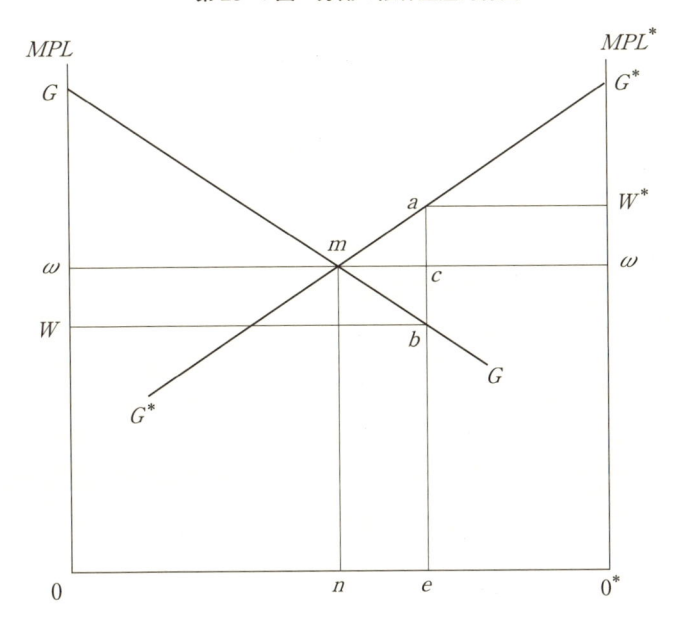

第 29-1 図　労働の限界生産力線図

限界生産力が労働 1ph 当たりの賃金（すなわち、賃金率）に丁度等しくなるように労働者を雇用する（その理由については、後の問題 1 を参照せよ）。自国の賃金率を W（農産物表示）で表すと、農業の雇用量は $0e$ なので、W はこのときの労働限界生産力に等しい。外国の農家も L^* の労働と N^* の土地を投入して自国と同じ種類の農産物を生産している。そして外国農家の生産規模も小さいので労働市場や土地の賃貸市場で価格支配力を持っていないものとすると、外国農家はその利潤を最大にするために労働の限界生産力が丁度賃金率に等しくなるように労働者を雇用する。外国の賃金率を W^*（農産物表示）で表すと、農業の雇用量は 0^*e なので、W^* はこのときの労働限界生産力に等しい。図から明らかなように、自国の賃金水準は外国の賃金水準より低い。これは、自国農業における労働 1ph 当たりの土地投入量（N/L）が外国農業における労働 1ph 当たりの土地投入量（N^*/L^*）より低いために、自国の労働限界生産力が外国の労働限界生産力より低いからである。

　労働の限界生産力線の下の面積はそのときの投下労働の生産量を表している（その理由については後の問題 2 を参照せよ）。自国における閉鎖経済下

の労働投入量は $0e$ であるから、GG 線と e 点から発した垂線との交点を b とすると、このとき、農業生産量＝国民総生産＝台形 $G0eb$ である。以下での議論の便宜のために、これを Y_A で示すことにする。外国の閉鎖経済下の労働投入量は 0^*e であるから、G^*G^* 線と e 点から発した垂線との交点を a とすると、外国の農業生産量＝国民総生産＝台形 G^*0^*ea である。以下での議論の便宜のために、これを Y^*_A で示すことにする。

第2節　国際労働移動の利益

　自国と外国の間で国際経済取引が自由になると、農産物は両国間で同質且つ等価であるので貿易されず、土地も国際間を移動しないので取引されないが、労働は国際間で賃金が異なるので、労働者は低賃金国から高賃金国へ移動を始める。すなわち、自国から外国へ労働移動が起こる。この結果、自国農業への労働投入量は e 点から左方に減少し、外国農業への労働投入量は e 点から左方へ同じ量だけ増加する。それと同時に、自国の賃金はその労働限界生産力線に沿って上昇し、外国の賃金はその労働限界生産力線に沿って下落する。労働者の国際間移動は賃金格差がある限り続くから、結局、両国の賃金が丁度一致するところで労働移動が止む。両国の賃金が等しくなる点はそれぞれの国の労働限界生産力線が交わる m 点であるから、ここでの賃金水準を ω （農産物表示）で表すことにすると、国際労働移動の結果、自国と外国の賃金率は $W = W^* = \omega$ となる。そして自国の労働輸出量＝外国の労働輸入量は en で表される。

　国際労働移動による開放経済の下では、自国農業の投下労働量は $0n$ に等しくなり、外国農業の投下労働量は 0^*n に等しくなる。したがって、自国の国内総生産（GDP）は台形 $G0nm$ で表され、外国の GDP は台形 G^*0^*nm で表される。自国から外国へ移住した労働者は短期移民であり、外国で稼いだ賃金 ω は全て本国に送金するものと仮定しよう。そうすると、外国から自国への送金額は長方形 $mnec$ で表される。ただし、c 点は水平線 $\omega\omega$ と垂直 ae との交点である。このときまた、第2章で学んだように、国民総生産(GNP)＝ GDP ＋自国労働者の海外所得 － 外国労働者の国内所得であり、外国労働者の自国内で稼いだ所得はゼロであるから、自国の GNP は台形 $G0nm$ に長

方形 $mnec$ を加えた面積に等しくなる。すなわち、五角形 $G0ecm$ になる。これを閉鎖経済下の GNP と比較すると、GNP = Y_A + 三角形 mbc となるから、移民送り出し国の GNP は拡大していることがわかる。他方、外国の GNP は台形 G^*0^*nm から長方形 $mnec$ を引いた面積に等しい。すなわち、五角形 G^*0^*ecm になる。これを閉鎖経済下の GNP と比較すると、外国の GNP = Y_A^* + 三角形 mac となるから、移民受け入れ国でも GNP は拡大していることがわかる。すなわち、移民の送り出し国は三角形 mbc だけ国民所得を増加させ、移民の受け入れ国は三角形 mac だけ国民所得を増加させているから、**国際労働移動は利益を生み、それは移民の送り出し国にも移民の受け入れ国にも配分される**、ということができる。このような利益が生まれる原因は、労働豊富国の労働者が土地豊富国に移動すると、移動した労働者の労働 1ph 当たり土地投入量が高まってその生産性が向上するのと同時に、そこでの土地 1 アール当たり労働投入量も高まって土地の生産性も向上するためである。

第 3 節　国内分配の変化

1　移民送り出し国の所得分配

同じ労働の限界生産力線図を用いて、国際労働移動の所得分配効果も示すことができる。

そこで以下では、労働豊富国及び土地豊富国の閉鎖経済下の所得分配と国際労働移動下の所得分配を調べることにする。まず、移民送り出し国である労働豊富国からみていくことにしよう。第 29-1 図において、自国は閉鎖経済のときには台形 $G0eb$ の国民総生産を労働と土地を使って生産していた。したがって、この GNP は労働者と土地所有者に分配される。このとき労働所得は、賃金 (W) に労働量 ($0e$) を掛けた額であるから、長方形 $W0eb$ である。土地所有者の所得はその残りであるから、台形 $G0eb$ から長方形 $W0eb$ を差し引いた残り、三角形 GWb、になる。

en の労働量が自国から外国へ移動した開放経済では、移民送り出し国である自国は五角形 $G0ecm$ の GNP を得ていた。このとき賃金は世界共通で

ω であるから、労働所得は、自国で稼いだ部分（長方形 $\omega 0nm$）と外国で稼いだ部分（長方形 $mnec$）の合計、長方形 $\omega 0ec$ になる。他方、土地所有者の所得は、五角形 $G0ecm$ からこの労働所得を差し引いた残りであるから、三角形 $G\omega m$ になる。

それぞれの所得を閉鎖経済下の所得と比べると、自国における移民の所得分配効果が明らかになる。労働所得は長方形 $W0eb$（閉鎖経済下）＜長方形 $\omega 0ec$（開放経済下）であるから、移民により増加していることがわかる。他方、土地所有者の所得は三角形 GWb（閉鎖経済下）＞三角形 $G\omega m$（開放経済下）であるから、国際労働移動により減少していることがわかる。したがって、**移民送り出し国で、移民は労働者の所得分配を有利化し土地所有者の所得分配を不利化している**、ということがいえる。

2 移民受け入れ国の所得分配

移民受け入れ国である土地豊富国では、閉鎖経済のときに台形 G^*0^*ea の国民総生産を労働と土地を使って産出していたから、この GNP は労働者と土地所有者に分配される。賃金率は W^* であり労働投入量は 0^*e であるから、労働所得は長方形 W^*0^*ea に等しい。土地所有者の所得はその残りであるから、台形 G^*0^*ea － 長方形 W^*0^*ea ＝ 三角形 G^*W^*a になる。

移民が自由である開放経済下では、en の労働力が移住して国内で働いていたので、移民受け入れ国である外国の全労働投入量は 0^*n であり、GNP は五角形 G^*0^*ecm であった。このとき労働所得は、全労働者が稼いだ所得（長方形 $\omega 0^*nm$）から移民が稼いで本国へ送金した所得（長方形 $mnec$）を差し引いた額であるから、長方形 $\omega 0^*ec$ になる。他方、土地所有者の所得は五角形 G^*0^*ecm からこの労働所得を差し引いた残りであるから、三角形 $G^*\omega m$ になる。

それぞれの所得を閉鎖経済下の所得と比べると、外国における国際労働移動の所得分配効果が明らかになる。労働所得は、長方形 W^*0^*ea（閉鎖経済下）＞長方形 $\omega 0^*ec$（開放経済下）であるから、移民受け入れにより減少することがわかる。他方、土地所有者の所得は、三角形 G^*W^*a（閉鎖経済下）＜三角形 $G^*\omega m$（開放経済下）であるから、移民受け入れにより増加することがわかる。したがって、**移民受け入れ国で、国際労働移動は労働者の所**

得分配を不利化し土地所有者の所得分配を有利化する、ということがいえる。

移民送り出し国は労働豊富国であり、移民受け入れ国は土地豊富国であるから、以上でわかった所得分配効果をまとめると、**国際労働移動は送り出し国及び受け入れ国それぞれの豊富要素の分配を有利化し稀少要素の分配を不利化する**、と結論づけることができる。この結論からわかることは、移民受け入れ国では土地所有者が移民受け入れに賛成し、労働者がそれに反対するのに対して、移民送り出し国では土地所有者が移民送り出しに反対し、労働者がそれに賛成する、ということである。

第4節 国際資本移動の利益と所得分配効果

国際資本移動の利益と分配効果も資本の限界生産力線図を用いると、国際労働移動の場合と同様に求めることができる。その概略を以下で述べておこう。

ここでは、自国と外国が資本と労働を用いて農産物という一財を生産しているものとする。自国は資本豊富国であり外国は労働豊富国であると仮定し、資本の賦存量をKで、労働の賦存量を上と同様にLでそれぞれ表すことにすると、自国と外国の要素賦存比率の間には、$K/L > K^*/L^*$という関係が成立している。

第29-1図と同じように、横軸において、原点Oから自国の資本量を測り原点O^*から外国の資本量を測ると、OO^*は世界全体の資本量を示す。左側の縦軸に自国の農業における資本の限界生産力＝利子率を測ると、この軸から出発する右下がりの自国資本限界生産力線を描くことができる。右側の縦軸に外国農業における資本の限界生産力＝利子率を測ると、この軸から出発する左下がりの外国資本限界生産力線を描くことができる。両国において農業の生産技術が同一であり、労働賦存量も同じ（$L = L^*$であると仮定すると、両国の資本限界生産力線の縦軸上の出発点は同じ高さになる。

国際資本移動が始まる前の閉鎖経済では、資本豊富国である自国の利子率は労働豊富国（すなわち、資本稀少国）である外国の利子率より低い。これは上の第1節において、国際労働移動が起こる前の閉鎖経済下に、労働豊富国である自国の賃金が土地豊富国（すなわち、労働稀少国）である外国の賃

金より低かったのと同じ理由による。

　自国と外国の間で資本の貸借が自由に行われる開放経済では、自国の方が利子が安いから、外国の農民は自国から資本を借り入れようとする。この資本は、例えば、米作における種籾のように、その一部を外国へ貸し出すとその分だけ自国の資本量は減少する。これに応じて、自国ではその資本限界生産力線に沿って利子率が上昇し、外国ではその資本限界生産力線に沿って利子率が低下する。そして両国で利子率が一致するところ、すなわち、両国の資本限界生産力線の交点、まで国際資本移動が続く。自国資本が外国で稼いだ利子は全て本国へ送金されるものとすると、国際資本移動の下での国民総生産が、自国及び外国についてそれぞれ決定される。外国に貸し出された自国の資本と外国の労働の限界生産力がそれぞれ高まっているから、開放経済下の国民総生産は、それぞれの国において閉鎖経済下の国民総生産より拡大している。すなわち、**国際資本移動は利益を生み、それは資本貸付国にも資本借入国にも配分される**、という結論が得られる。

　このような国際資本移動の利益は、資本貸付国では資本所有者に有利に労働者に不利に分配される。なぜなら、資本貸付の結果、自国の資本所有者が受け取る利子率は高くなるが、労働者の限界生産力は、閉鎖経済下より少ない資本で農産物を生産しなければならないので低下するからである。他方、資本受け入れ国では国際資本移動の利益は、労働者に有利に資本所有者に不利に分配される。なぜなら、資本借入の結果、外国の資本所有者が受け取る利子率は低下するが、労働者の限界生産力は、閉鎖経済下より多い資本で農産物を生産するので上昇するからである。したがって、国際労働移動の場合と同様に、**国際資本移動は資本貸付国と資本借入国それぞれの豊富要素の分配を有利化し、稀少要素の分配を不利化する**、ということができる。

重要な専門用語

国際労働移動の利益　　国際労働移動の所得分配効果

問　題

【1】 労働の限界生産力が賃金率と等しくないとき農家の生産はどうなるかを考えて、完全競争企業である農家の利潤極大条件が、労働の限界生産力＝賃金率となることを示せ。

【2】 第18章第2節で、消費の限界効用曲線である需要曲線について、その下の面積が消費者の総効用を表すことを学んだ。これと同様に考えて、労働の限界生産力線の下の面積が労働の生産物を表すことを示せ。

【3】 第29-1図を参考にして、第4節で取り上げた資本の限界生産力線図を描き、国際資本移動の利益と分配効果を示せ。

第30章 国際要素移動規制策

　前章では、国際労働移動が移民送り出し国にも移民受け入れ国にも利益を生むことと、各国の豊富要素の分配を有利化し稀少要素の分配を不利化するという所得分配効果を生むことを学んだ。国際労働移動によって分配が不利になるグループはそれに反対し、その規制を政府に要求するであろう。そこでこの章では国際要素移動規制策として、直接投資規制策と移民規制策とを説明し、最後に移民規制策の具体例として、旧西ドイツの外国人労働者政策を紹介することにする。

第1節　国際資本移動に対する規制策

1　資本輸出または資本輸入に対する量的制限

　国際資本移動に対する規制策は、直接投資に対する量的規制策と投資収益に対する課税政策とに分けることができる。そこで、量的規制策、投資収益課税政策の順に述べていくことにする。
　前章では国際資本移動の利益とその所得分配効果についても学んだ。それによると、国際資本移動の所得分配効果は、資本貸付国において資本所有者の分配を有利化し、労働者の分配を不利化するのに対して、資本借入国においては労働者の分配を有利化し、資本所有者の分配を不利化した。所得分配面で損をしたグループが国際資本移動に反対しその規制を政府に要求するという一般原則に従うならば、資本貸付国では労働者が海外投資に反対し、資

本借入国では資本所有者が海外資本の受け入れに反対するはずである。実際、前者の例として、資本貸付国であるアメリカにおいて労働組合がアメリカ企業の海外投資に反対していることを挙げることができる。また、後者の例として、資本借入国であった日本において、1960年代から70年代にかけて経営者団体が鉄鋼、自動車、化学などの戦略的産業の資本自由化（外国企業の対内投資を自由に認めること）に反対していたことを挙げることができる。

このような一般原則に反して、資本貸付国において資本輸入の制限あるいは禁止が行われ、資本借入国において資本輸出の制限あるいは禁止が行われることがある。資本貸付国が資本借り入れの規制を行うのは、国内の比較劣位産業に属する企業を保護するためである。例とえば、日本で現在も農林水産業、鉱業、石油業、皮革加工業、に対する外国人の投資を制限しているのは、このためである。資本借入国が資本輸出の規制を行うのは、資本逃避の防止のためである。国内で高い投資収益を得る機会があっても、政情不安や治安の悪化のために事業が続けられるかどうか不確実性が高い場合、資本所有者は国内に投資しないで海外に投資しようとするであろう。もし国内投資が十分に行われなければ、産業が発達せず既存産業も低生産性のまま放置されるから、貿易がふるわず経済は停滞し続ける可能性が高い。そこで政府はこうした事態になるのをおそれて、資本輸出の制限や禁止を行わざるを得なくなる。

2　資本貸付国の対外投資収益に対する課税

資本貸付国も資本借入国も、直接投資を行う投資家が居住者であるか非居住者であるかに関係なく、直接投資の収益に対して法人税あるいは個人所得税の形で課税している。これは財政収入を得るためであって、直接投資を直接的に規制するためではない。上で述べたように、資本借入国では資本流入の結果資本所有者が所得分配上不利になるが、この国は労働豊富国であるので雇用を拡大し産業の近代化を促進するために、政府は分配面の変化を無視して直接投資を誘致する政策をとることが多い。その政策手段の一つとして、投資収益に対して期限付きで法人税を免除したり、あるいは法人税率を資本貸付国より低く設定する。したがって、資本借入国での法人税の課税は、直接投資を抑制する規制にはならないであろう。

しかし資本貸付国では、その課税の仕方により直接投資に対して制限的に

働く規制になる場合があるので、それを以下でみていくことにする。

結論としていえることは次の二点である。①資本貸付国の政府が海外投資に対して差別的な課税を行うならば、それは資本貸付抑制効果を持つであろう。②資本貸付国の政府が海外投資に対して無差別的な課税を行うときは、外国税の控除があれば資本貸付抑制効果を持たないが外国税の控除がなければ資本貸付抑制効果を持つであろう。これらのことを以下で説明していこう。

自国（資本貸付国）における資本の賃貸料はその利子率に等しいので、これを貸付額100円当たりr円で表すことにする。資本の貸し手は企業のみであると仮定し、企業に対する法人税率をτ（ギリシャ文字のタウ）×100%で表すことにする。そして外国（資本借入国）の利子率はr^*ドル（ただし、外国為替相場は1ドル＝1円と仮定する）、法人税率は$\tau^* \times 100\%$で表すことにする。

自国の多国籍企業が外国へ直接投資を行い、その収益を本国に送金した場合に、本国政府がその投資収益に対して$\tau \times 100\%$の法人税を課税するが、国内投資の収益にはこの税を課さない政策、すなわち海外投資収益に対する差別的課税、をとったとしよう。このとき多国籍企業が海外で得た税引き前の収益は投資額100円当たりr^*円であるが、外国の法人税を支払うと手取額は$r^*(1-\tau^*)$円になる。多国籍企業がこの金額を本国に送金すると、本国政府はこの税引き手取額に対して$\tau \times 100\%$の海外投資法人税を徴収するから、この企業の最終的な手取額は$r^*(1-\tau^*)(1-\tau)$円になる。他方、この多国籍企業が同じ100円を国内に投資した場合、その収益はr円であり、しかも法人税はゼロであるので、手取額もr円である。

このように海外投資と国内投資の二つの投資先がある場合に、多国籍企業がいずれの投資先を選ぶか丁度無差別である条件は、海外投資と国内投資の手取り収益が丁度同じであることである。これを投資の均衡条件と呼ぶことにすると、それは

$$r^*(1-\tau^*)(1-\tau) = r \qquad (30\text{-}1)$$

で表される。この式をr^*について整頓すると、

$$r^* = r + \frac{\tau + \tau^* - \tau\tau^*}{(1-\tau^*)(1-\tau)} r \qquad (30\text{-}2)$$

となり、右辺の第二項はプラスの値を取る。例えば、τ が 10%、τ^* が 30% であると、右辺第二項の値は 0.59 になるから、この場合の投資の均衡条件は $r^* = 1.59r$ となる。したがって、多国籍企業にとって海外投資と国内投資が無差別であるためには、海外投資収益が国内投資収益より十分に高くなければならない。換言すると、自由な国際資本移動の下で成立する投資の均衡条件、$r^* = r$、のとき、この企業は海外投資を選ばずに国内投資を選ぶ。したがって、このような政策は資本貸付抑制効果を持つ、といえる。すなわち、**資本貸付国の政府が海外投資に対して差別的な課税を行うならば、それは資本貸付抑制効果を持つ**。

　自国政府が、海外投資収益に対しても国内投資収益に対しても一律に $\tau \times 100\%$ の法人税を課税する場合は、外国で課税された税金を控除するかしないかで結果が異なってくる。このことを次に明らかにしよう。

　自国政府と外国政府が二重課税防止協定を結んでいる場合は、自国政府が多国籍企業から法人税を徴収する際に、この企業が外国で支払った法人税を控除する。したがって、その多国籍企業の対外投資収益の手取り額は $r^*\{1 - \tau^* - (\tau - \tau^*)\}$ 円、すなわち、$r^*(1-\tau)$ 円になる。他方、この企業が国内に投資した場合の投資収益手取り額は $r(1-\tau)$ 円であるから、投資の均衡条件は

$$r^*(1-\tau) = r(1-\tau) \tag{30-3}$$

となる。明らかに、この式が意味していることは $r = r^*$ であるから、自由な国際資本移動の下での均衡条件と同じになる。すなわち、**資本貸付国の政府が海外投資に対して無差別的な課税を行うとき、外国税の控除があるならばこの課税政策は資本貸付抑制効果を持たない**。

　自国政府と外国政府が二重課税防止協定を結んでいない場合は外国税の控除がない。したがって、自国の多国籍企業は外国の法人税と自国の法人税を支払わなければならないから、100 円の海外投資をして得ることができる対外投資収益手取り額は $r^*(1-\tau^*-\tau)$ 円になる。この企業が 100 円を国内投資して得る投資収益の手取り額は、上のケースと同じく $r(1-\tau)$ 円であるから、このときの投資の均衡条件は

$$r^*(1-\tau^*-\tau) = r(1-\tau) \tag{30-4}$$

となる。この式を r^* に関して整頓すると、

$$r^* = r + \frac{\tau^*}{1 - \tau - \tau^*} r \qquad (30\text{-}5)$$

となり、右辺の第二項はプラスの値を取る。例えば、τ が10%、τ^* が30%であると、右辺第二項の値は0.5になるから、この場合の投資の均衡条件は $r^* = 1.5r$ となる。したがって、多国籍企業にとって海外投資と国内投資が無差別であるときの海外投資収益は国内投資収益より十分に高くなければならない。換言すれば、$r^* = r$ のときこの企業は海外投資を選ばず国内投資を選ぶから、この課税政策は資本貸付抑制効果を持つ。すなわち、**資本貸付国の政府が海外投資に対して無差別的な課税を行うとき、外国税の控除がなければ資本貸付抑制効果を持つ**。

第2節　国際労働移動に対する規制策

1　移民に対する量的制限

　国際労働移動に対する規制策も量的制限策と課税政策に分けることができるので、これらを順番に説明していこう。
　移民送り出し国が採る量的規制策は、国民に対する出国制限策である。第29章で学んだように、国際労働移動が移民送り出し国においてもたらす所得分配効果は、労働者に有利に土地所有者あるいは資本所有者に不利に働いた。にもかかわらずこの国で出国制限策がとられるとすれば、それは所得分配上の理由ではなくて、むしろ、旧体制下の東欧諸国でみられたように、専制的な政府の課す束縛や統制を嫌った国民の逃避を防止することである。もし出国制限策をとらなければ、国民の中で生産的な人々が必要以上に国外へ出てしまい、国内の生産機能が衰えその国は崩壊してしまうであろう、ということを政府がおそれてこの政策をとると考えられる。
　移民受け入れ国がとる量的制限策は、移民流入、特に非熟練の外国人労働者流入の制限である。この政策の目的は、移民受け入れによって分配面で不利になる労働者の保護である。例えば、日本政府の移民受け入れ政策は、外

国人単純労働者の受け入れを拒否し、専門家及び技術者である外国人労働者の受け入れを容認する、というものである。受け入れが認められる専門家及び技術者の在留資格は、「興行」、「人文知識・国際業務」、「教育」、「企業内転勤」、「技術」、「文化活動」、「技能」、「教授」、「宗教」、「研究」、「投資・経営」に細分化されている。就労を目的とする外国人入国者は、2005年には125,430人であり、前年に比べ21.1％減少した。これらの入国者の内、「興行」に属する人々が79％、「人文知識・国際業務」に属する人々が5％、「技術」に属する人々が4％、「企業内転勤」に属する人々が3％、「技能」及び「教育」に属する人々がそれぞれ2％であった（法務省）。また、日本に在留している外国人労働者の数は、2002年において約76万人と推計されているが、これは日本の就業者の1.2％を占めているに過ぎない。その内訳は、専門家及び技術者が18万人、日系人（海外移住した日本人の子孫は外国籍であっても日本人とみなされ、日本に定住できる）が23.4万人、資格外であるがアルバイトとして働いている留学生が8.3万人、技能研修生が4.6万人、不法残留者が22万人となっている（小川誠「外国人労働者問題の現状」日本労働研究雑誌2004年10月）。

　アメリカは、第28章で述べたように、長期移民を受け入れている数少ない国の一つであるが、定住希望の外国人受け入れ枠は、現在、年間67.5万人である。これ以外に短期の就労目的による外国人労働者も受け入れており、例えば、コンピュータ・エンジニアなどの特殊技能従事者（H-1Bビザ）の年間受け入れ枠は、現在、6.5万人である（労働政策研究・研修機構H. P.の海外労働事情＞テーマ別国際比較）。

2　移民受け入れ国の課税政策

　移民受け入れ国の課税政策は、差別的な課税と無差別的な所得税課税に分けることができる。以下でそれらを順番に説明していこう。

　差別的な課税のうち、移民に対する所得税あるいはその他の税の課税は国際協定により禁止されている。そこで現実に採用されている差別的課税は、移民の雇い主から税を取る外国人雇用税である。例えば、シンガポールは積極的な外国人労働者受け入れ政策をとっているが、外国人非熟練労働者を一人雇う毎に、毎月80〜500シンガポール・ドル（業種により税額が異なる）

の雇用税を徴収している（日本円にして約 5,600 円〜 35,000 円）。そして外国人雇用労働者の熟練度が高いほどこの税額を引き下げることによってその熟練度をコントロールし、また、好況のときは税額を下げ不況のときは税額を上げることによって、外国人非熟練労働者の人数をコントロールしている。

移民に対して自国民と同じ制度で所得税や人頭税を課す場合、この課税は移民流入を直接的に規制する目的で行うのではなくて、むしろ税収を上げることが直接的な目的である。しかしその税率によっては、移民流入に制限的に働くことがある。そこでここでは、無差別的な所得税課税の労働流入に対する影響を考えることにする。

自国を移民受け入れ国と考え、そこでの賃金率を W 円で表すことにし、移民送り出し国である外国の賃金率を W^* ペソ（ただし、外国為替相場は 1 ペソ ＝ 1 円と仮定する）で表すことにしよう。自国の所得税率を $t \times 100\%$ で、外国の所得税率を $t^* \times 100\%$ で表すことにすると、外国人労働者が自国で働いた場合の労働 1ph 当たりの受取額は $W(1-t)$ 円であり、この労働者が本国で働いた場合の労働 1ph 当たりの受取額は $W^*(1-t^*)$ ペソである。したがって、この労働者が移民受け入れ国で働くが本国で働くか無差別である条件を移民の均衡条件と呼ぶことにすると、これは

$$W(1-t) = W^*(1-t^*) \qquad (30\text{-}6)$$

となる。これより移民受け入れ国と送り出し国との間の賃金の関係が

$$W = W^* + \frac{t-t^*}{1-t}W^* \qquad (30\text{-}7)$$

のように求められる。

この関係式を用いると、移民受け入れ国の所得税率と外国労働流入との関係は次のようになる。①移民受け入れ国と移民送り出し国の所得税率が等しい場合、すなわち $t = t^*$ のときは、(30-7) 式から明らかなように、移民の均衡条件は両国の賃金率が丁度等しいこと、すなわち $W = W^*$、である。自由な国際労働移動の下ではこの条件が成立しているから、これは自由な国際労働移動の下での移民の均衡条件に他ならない。したがって、この場合は、移民受け入れ国の所得税に労働輸入抑制効果はない。②移民受け入れ国の所得税率が移民送り出し国の所得税率より高い場合、すなわち $t > t^*$ のときは、

(30-7) 式の右辺第二項はプラスの値を取る。したがって、移民の均衡条件が成立するためには、移民受け入れ国の賃金率が移民送り出し国の賃金率にこの右辺第二項を加えたものに等しくなければならない。すなわち $W>W^*$ でなければならない。換言すれば、自由な国際労働移動の下での移民の均衡条件が成立していても外国人労働者は自国へ出稼ぎに来られないから、このときの自国の所得税は労働輸入抑制効果を持つ。③逆に、移民受け入れ国の所得税率が移民送り出し国の所得税率より低い場合、すなわち $t<t^*$ のときは、(30-7) 式の右辺第二項はマイナスの値を取る。したがって、移民の均衡条件が成立するためには、移民受け入れ国の賃金率は移民送り出し国の賃金率よりこの右辺第二項の値だけ低くてよい。すなわち $W<W^*$ であればよい。したがって、この場合の自国所得税は労働輸入促進効果をもつ。以上の結果をまとめると、次のようになるであろう。移民受け入れ国の所得税が労働輸入抑制的に働くか否かは、その税率による。すなわち、**移民受け入れ国の所得税率が移民送り出し国の所得税率より高いとき労働輸入は抑制されるが、移民受け入れ国の税率が移民送り出し国の税率と等しいか低いときは労働輸入は抑制されない。**

第3節　旧西ドイツの外国人労働者政策

　日本の少子高齢化問題の一つの解決策として、外国人労働者を受け入れて活用することが提唱されている。第2節で述べたように、現在の日本における外国人労働者受け入れ政策は、単純労働の受け入れ拒否、技術労働及び専門労働の受け入れ容認である。しかしこの政策では少子高齢化時代の労働力不足をまかなうことはできないので、単純労働の外国人労働者も受け入れなければならないと考えられている。この場合、外国人労働者の受け入れ方法は、アメリカが行っているような長期移民ではなくて、一定の期限内だけ働いてもらい期限が来れば本国へ帰ってもらう短期移民が望ましいと考えられている。このような短期移民誘致政策は既に、1960年代のドイツ（実際は旧西ドイツ）が採用していた。そこで、その実績を学ぶことは、日本のこれからの外国人労働者受け入れ政策の成果を予想する上で重要であると思われるので、以下で西ドイツの外国人労働者政策を簡単に紹介することにしよう。

　西ドイツの外国人労働者政策は、時代の流れと共に、外国人労働者誘致政

策、外国人労働者の入国制限・帰国促進策、外国人の社会的統合化政策という進展を辿っているので、この順序に説明していくことにする。

1 外国人労働者誘致政策

1950年代後半から1960年代にかけて、西ドイツ連邦政府は外国人労働者誘致政策をとったが、その背景には西ドイツ労働市場における労働力超過需要がある。当時の西ドイツ経済は、戦後の復興需要と1958年に発足した欧州経済共同体（EEC　第27章参照）に刺激を受けて好景気が続いていたので、労働力需要は旺盛であった。他方、ドイツ人労働力の供給は、労働者の労働条件の改善（労働時間の短縮や休暇の長期化、並びに退職年齢の早期化）や人口年齢構成の変化により、縮小傾向が続いたので、1960年以降求人数が求職者数を上回るようになった。

そこで、西ドイツ連邦政府は外国人労働者募集及び斡旋のための二国間協定を、まず最初に1955年にイタリアと締結し、以後、スペイン、ギリシャ、トルコ、モロッコ、ポルトガル、チュニジア、そして最後に1968年ユーゴスラビアと締結して、外国人労働者（ガスト・アルバイター）の誘致を図った。この結果、西ドイツが受け入れた外国人労働者は、1961年に50万人で全雇用労働者に占める比率が2.5％であったのが、最盛期の1973年には240万人に達し全雇用労働者に占める比率も11％になった。外国人労働者の就職先は、1968年の数字でみると、製造業に61％と最も多く、以下、建設業に15％、サービス業に12％となっていた。そして彼等の86％が未熟練労働者であった。

西ドイツ連邦政府は、これらの外国人労働者を労働契約1年の短期移民として受け入れたので、彼等は労働契約終了後本国へ帰らなければならなかった。ただし労働契約の更新が可能であったので、その帰国比率、すなわち外国人就労者に占める帰国労働者の割合、は1960年代前半において40％であった。実際、外国人労働者の雇い主は、一旦雇用した労働者を雇い続けることを欲したし、そのための家族の呼び寄せも援助したので、外国人労働者の定着が進んだ。

2 外国人労働者の入国制限策・帰国促進策

　1973年に発生した石油価格の高騰により、ヨーロッパを含めた先進諸国では、インフレ→金融引き締め→不況、という経済メカニズムが働き、西ドイツでは労働者不足が解消したばかりかドイツ人労働者の失業が発生するようになった。したがって、外国人労働は必要がなくなってきたので、西ドイツ連邦政府は、1973年11月に旧募集国からの外国人労働者募集を停止した。さらに、西ドイツに移住してきている外国人労働者の帰国を促した。その結果、1970年代を通して外国人労働者の数は減少したが、外国人労働者の家族呼び寄せや家族の出産により外国人滞在者の数は増加し、ドイツ人労働者の雇用数は増加しなかった。そこで、1983年及び84年には、連邦政府は帰国促進策として帰国する外国人労働者に1万5千マルク（日本円にして120万円）の一時金を支払うことを決めた。この結果、25万人の外国人労働者が西ドイツを出国したが、それでもなお、1986年において185万人の外国人労働者が滞在していた。

3 外国人の社会的統合化政策

　このように西ドイツ連邦政府は外国人労働者の帰国促進を図ったが、それと同時に、滞在している外国人労働者とその家族の社会的統合化が図られた。まず、1978年10月に外国人労働者とその家族の地位安定化を図り、彼等の法的地位をドイツ人と同等にした。この結果、外国人労働者の定住化はますます進展し、1986年には10年以上の外国人滞在者が全外国人滞在者の59％を占めるようになった。
　また、外国人住民の第二世代・第三世代が、将来の雇用に関してドイツ人青少年と同等の可能性を持ちうるようにするため、彼等の職業能力を高めることが重視された。そのため①若年労働者の初等教育の徹底化②若年労働者のための語学研修コースの設置③職業訓練プログラムの充実が図られた。この結果、彼等の就学率は1970年の50％から1980年には90％に向上し、成果を挙げてきている。

> **重要な専門用語**
>
> 国際資本移動規制策　　国際労働移動規制策

参考文献

桑原靖夫『国境を越える労働者』岩波新書、1991年。
　　国際労働移動の実態、原因、結果、及び外国人労働者問題に関するバランスの取れた入門書である。

索　引

あ行

圧力団体　　186, 257-264
アブソープション・アプローチ　　27
AFTA　　309, 327
EU　　7, 105, 221, 222, 253, 254, 309, 322, 326, 327, 338
一般均衡分析　　x, 227, 267-269, 273, 274, 280, 281, 288, 289, 291, 300
一方的関税引き下げ　　310
移民受け入れ政策　　363
移民制限政策　　4, 363
ウルグアイ・ラウンド　　268, 320-322
APEC　　324
英連邦特恵関税　　306, 318
fob 価格　　88, 218, 219
FTA　　iii, 324
欧州経済共同体 (EEC)　　326, 367
欧州中央銀行（ECB）　　7, 326
欧州連合　　309, 326
オファー曲線　　ix, 201-208, 210, 212

か行

海外投資　　20, 25, 26, 30, 51, 167, 335, 337, 359, 360-363
外貨準備増減　　11, 12, 18, 20, 26
外国為替　　iii-v, vii, viii, 3, 6, 14, 18, 28, 29, 31, 32, 35, 37-44, 46, 49, 53, 54, 56-58, 60, 61, 63-67, 69-80, 83-86, 89-95, 123, 127, 132, 133, 135-137, 211, 215, 216, 361, 365
――市場　　vii, viii, 18, 31, 37-40, 42, 43, 46, 54, 57, 64, 67, 69-77, 80, 92, 135, 136, 211, 215, 216
――市場介入　　18, 38, 75, 215, 216
――相場　　iii, v, vii, viii, 28, 31, 37, 38, 40-44, 49, 53, 54, 64-67, 69, 73, 75, 78, 79, 83-86, 90, 91, 93, 95, 123, 127, 132, 133, 135, 137, 361, 365
――の供給　　vii, 57, 58, 60, 61, 63, 66, 70-73, 75, 76, 80
――の需要　　vii, 49, 53, 54, 56, 63, 64, 66, 67, 70-72, 74, 75, 77, 80
外国人雇用税　　364
外国人労働者誘致政策　　366, 367
介入通貨　　46
ガット（GATT）　　v, x, 210, 217, 220, 221, 223-245, 254, 268, 309, 312-323, 325
為替平価　　42, 43, 45, 46
関税　　iii-ix, x, 186, 210, 215, 217-220, 222-225, 227-229, 233-239, 241-243, 245-248, 250-252, 255, 257, 258, 260-265, 267-270, 272-274, 276-283, 28-289, 291-301, 303-332, 340, 343, 346, 347, 371
――収入　　234, 237, 241, 242, 247, 251, 252, 257, 276, 277, 279, 293-297, 301, 304, 330, 332
――戦争　　iii-x, 291, 303-308, 310, 311, 322

―― 同盟　x, 309, 318, 324-326, 329-332
―― 評価　223
間接投資　337
完全競争　39, 117-119, 124, 125, 129, 140, 154, 155, 165, 179, 189, 194, 228, 240, 247, 248, 253, 254, 270, 282, 285, 344, 357
機会費用　121, 122, 124, 128-131, 141-143, 148, 165
技術提携　340, 341
基準・認証　v, 219, 224
基礎収支　48, 49
規模に関して収穫一定の生産技術　116, 189
規模に関して収穫逓増の生産技術　189
規模の経済　113, 189, 192-194, 197, 200, 341, 346
逆為替方式　32-34, 40
共通経済政策　324-326
共同市場　309, 324-326, 329
金ドル本位制度　23, 45
金為替　46
緊急措置条項　220, 316, 317
金準備　44, 46-50
金の輸出点　42, 43
金の輸入点　42, 43
金平価　42, 43, 45, 46
経済連携協定　325, 328
経済連合　309, 324-326, 329
経常移転収支　11, 12, 16, 17, 21, 24, 79
経常収支　vii, 12, 18-20, 23-30, 43, 44, 47-50, 79, 80
経常取引　10, 11, 21, 24, 53, 54, 56, 57, 60, 61, 71
ケネディ・ラウンド　268, 319
交易条件　86, 88, 90-93, 95, 96, 177-179, 198, 201-203, 205, 206, 208, 211, 212, 294-299, 301, 303-305, 329
公正貿易　314, 315
工程間分業　189-191
購買力平価説　vii, 53, 65, 66, 78, 80

国際寡占市場　222, 252-254
国際金本位制度　v, vii, 41-46, 50, 51, 79
国際経済取引　v, 3, 4, 6, 9, 10, 23, 31, 32, 35, 41, 46, 344, 349, 352
国際資本移動　xi, 4, 5, 186, 323, 335, 337, 342-347, 349, 355-357, 359, 362, 369
国際収支　iii, vii, 3, 6, 9-13, 15-21, 23, 26, 44, 46, 47, 49, 50, 53, 57, 76, 77, 107, 108, 111, 317, 338
国際通貨基金　10, 45
国際通貨制度　iii, v, vii, 6, 41, 42, 45, 49, 50, 53
国際貿易機関　iii, 7, 312, 313
国際要素移動　iv, xi, 3, 5, 7, 333, 335, 342, 345, 349, 359
―― 規制策　xi, 7, 335, 349, 359
国際流動性　23, 44, 47
国際労働移動　iv-xi, 79, 119, 186, 335, 336, 342, 345, 347, 349, 350, 352-357, 359, 363, 365, 366, 369
国内総支出　19, 27, 28, 79, 222
国内総生産　16, 19, 274, 276, 293, 295, 301, 326, 352
国民所得　vii, 5, 23, 30, 44, 45, 91, 95, 148, 149, 164, 173, 178, 203, 216, 230, 274-277, 293-301, 304-308, 353
国民総生産　16, 23-25, 27, 28, 30, 79, 271, 352-354, 356
穀物条例　268
誤差脱漏　11, 12, 18, 26
固定為替相場制度　23, 41, 42, 45, 46, 49, 50, 53
個別消費税　v, ix, 219, 221, 228, 236-239

さ行

サービス収支　11-14, 19, 20, 43, 47, 79, 83-86, 89, 94, 108, 109, 111
サービス貿易　v, viii, 3-5, 71, 101, 107, 309, 321, 328, 337

サービス輸出構成　108-110
サービス輸入構成　109, 110
最恵国待遇　314, 316, 318, 319, 321, 323, 325
生産可能性境界　140-142, 146, 148-150, 159-162, 168, 270-274, 276, 293, 302
生産要素賦存説　viii, 113, 153, 156, 158, 164-168, 175, 176, 189, 201, 203, 260
最大の比較優位　132, 134, 137
最大の比較劣位　132, 134, 137
最適関税　x, 258, 291, 295, 297-299, 303-306
差別化財　194-200, 342
差別化された消費財　ix, 189-192, 197, 198
産業間貿易　ix, 189-191, 197-200, 342-347, 349
産業内貿易　iii, ix, 105, 113, 189-192, 19-201, 310, 342, 346, 347, 349
　——度指数　190, 191
　——論　ix, 113, 189, 201
cif 価格　217-220, 228, 229, 233, 241-244, 330
Jカーブ効果　83, 85, 86, 96, 97
資本収支　11, 12, 16-20, 23, 26, 48, 49
資本投入係数　155, 156, 159, 163, 166, 167, 176, 179, 182, 192
資本取引　10, 11, 21, 54, 56, 57, 60, 61
社会的無差別曲線　158, 159, 164, 170-174, 176-178, 203-205, 208, 210, 230, 275-278, 293, 294
従価関税　217-219, 220, 223, 227, 228, 235, 236, 242, 251, 269, 276, 283, 292, 330
自由貿易協定（FTA）　7, 309, 327
自由貿易地域（FTA）　318, 324, 325, 327
従量関税　217, 219, 220, 227, 269, 321
準備通貨　46
証券投資　4, 10, 15, 17, 67, 71, 72, 74, 75, 337
小国の仮定　229, 247, 276, 278
消費可能性　148, 149

消費者余剰　ix, 227, 230, 232-234, 236, 237, 241, 244, 247, 251, 252, 262, 330, 332
所得収支　11, 12, 15, 16, 19-21, 24, 43, 44, 47, 50, 79
ストルパー・サミュエルソン定理　285
スムート・ホーレー法　279, 306, 308
生産者余剰　ix, 227, 230, 233-235, 237, 241, 244, 330, 332
生産の完全特化　viii, 139, 144, 150
生産補助金　v, ix, 219, 221, 222, 228, 235-239, 245, 246, 254, 261, 320
政治均衡　x, 257, 262, 264
政府調達　v, 219, 222, 223, 316, 320, 328
セーフガード措置　245, 317
世界貿易機関（WTO）　iii, v, x, 210, 215, 220, 242, 268, 309, 311-314, 321, 322, 323
石油輸出国機構　292, 299
絶対優位　113, 120, 121, 123, 124
戦略的貿易政策　v, ix, 247, 252-255
善隣窮乏化政策　303
総合収支　23
相互互恵主義　314-316, 318
相互通商協定法　308
その他資本収支　12, 17

た行

対外共通関税　309, 324, 325
多角的一括引き下げ方式による関税引き下げ　............................. 319
多角的相互引き下げ方式による関税引き下げ　............................. 319
多国籍企業　iv, 340, 341, 343, 346, 361-363
多様な嗜好　192, 194, 196, 198
短期移民　336, 352, 366, 367
ダンピング防止税　316, 321
ダンピング輸出　315, 316
地域経済統合　iii, v, x, 215, 318, 323-325, 329, 332
地域経済連携　323, 324

知的所有権の貿易関連側面の協定　321
長期移民　　336, 337, 364, 366
長期資本収支　　48, 49
直接投資　　iv, v, 3-5, 10, 15, 17, 20, 21, 29,
　　48, 49, 67, 71, 86, 88-90, 93, 95, 97, 210,
　　288, 309, 310, 327, 328, 337-341, 343-347,
　　349, 359-361
通関手続き　　219, 223
東京ラウンド　　223, 224, 254, 268, 320
投資収支　　12, 17, 21
独占企業　　v, ix, 196, 197, 247-252, 255
独占市場　　247
独占的競争　　189, 192, 194, 196, 200, 346,
　　371

な行

内生的保護政策　　ix, 257, 265
NAFTA　　7, 309, 327
並為替方式　　32, 33
荷為替手形　　33-36
ニクソン・ショック　　48, 49
肉用牛肥育経営安定緊急対策　　246
肉用仔牛生産者補給金制度　　245
二重課税防止協定　　362
日米貿易摩擦　　iii, 216, 239, 244
日本の商品輸出地域別構成　　103, 106
日本の商品輸入地域別構成　　106
日本の輸出商品構成　　101, 103, 113
日本の輸入商品構成　　104, 113

は行

場所的裁定取引　　39
パレート効率的　　201, 209, 210
比較生産費説　　viii, 113, 114, 120, 122-124,
　　126, 127, 134, 143, 153, 158, 175, 179, 189,
　　201, 203, 343
比較優位　　viii, 113, 120-125, 127-132, 134,
　　137, 139, 143-146, 149, 150, 165, 175, 176,
　　178, 198, 201, 274, 285, 288, 291, 293, 343
――の構造　　viii, 122, 123, 127-129, 132,
　　175, 176
比較劣位産業　　235, 274, 288, 293, 294, 343,
　　360
非関税障壁　　v, ix, 215, 219, 220, 222-225,
　　227, 239, 246, 313, 315, 316, 320, 324, 327,
　　343
船荷証券　　33, 34
部分均衡分析　　ix, 227, 239, 247, 265, 267,
　　269, 273, 277, 278, 280, 281, 289, 291, 294,
　　300
紛争処理機関　　221, 321, 322
ヘクシャー・オリーン・モデル　　viii,
　　153, 155, 156, 158-160, 166, 168, 175, 176,
　　178-180, 182, 185-187, 202, 282, 285, 286,
　　342-345
変動為替相場制度　　vii, 23, 42, 49, 50, 53
貿易構造　　v, viii, ix, 5, 101, 113, 122-124,
　　127, 128, 132-134, 137, 139, 153, 158, 167,
　　189, 201
貿易・サービス収支　　11, 12, 79, 83-86,
　　89, 94
――自動調整効果　　89, 94
貿易三角形　　203, 205, 208, 275
貿易収支　　12, 19, 20, 30, 43, 47, 49, 50, 79,
　　105, 106, 202-206, 275, 278, 317
貿易政策　　iii, iv, v, ix, 3, 7, 45, 213, 215-
　　217, 219, 227, 239, 247, 252-255, 258, 262,
　　263, 289, 303, 313, 321, 329
貿易創造効果　　x, 329, 331, 332
貿易転換効果　　x, 329, 332
貿易の所得分配効果　　iii, ix, x, 154, 175,
　　183, 184, 186, 187, 285, 286
貿易パターン　　113, 124, 125, 143, 168, 191,
　　260, 343
貿易摩擦　　iii, 7, 105, 186, 215, 216, 221, 239,
　　244, 340, 345

ま行

マーシャル・ラーナー条件　64, 211
ミニマム・アクセス　321
民間貯蓄　24
輸出関税　217, 218
輸出規制　ix, 216, 220, 221, 239, 243-246, 289, 340
輸出供給弾力性　295-298
輸出物価指数　91, 95
輸出補助金　220, 221, 315, 316, 320
輸出レント　244, 245
輸入関税　ix, x, 217, 218, 220, 227-229, 233-239, 241-243, 245-248, 250-252, 255, 257, 260-265, 267-270, 272-274, 276-283, 285-289, 291-300, 303, 305-309, 312, 315, 340, 343, 346, 347
輸入関税の効果　ix, 227, 229, 233, 237, 242, 247, 251, 267, 269, 273, 281
輸入関税の所得分配効果　x, 281-283, 285-288, 343
輸入従量関税　219, 227
輸入需要価格弾力性　58, 60-64, 66, 70, 84, 86, 88, 93, 94
輸入数量制限　v, ix, 217, 219, 220, 227, 239-246, 268, 269, 289, 315, 317, 320, 321, 340
輸入物価指数　91, 95
輸入割当制　242
輸入割り当てレント　241, 242, 244

や行

要素価格均等化定理　185-187
要素集約性　153-156, 167, 168, 199, 269, 282, 283, 285
要素賦存比率　154, 156-158, 168, 191, 197, 350, 355

ら行

リカードー・モデル　viii, 114, 115, 118-120, 127-129, 139, 140, 154-156, 158, 159, 178
リプチンスキー定理　164, 168
レオンチェフ逆説　viii, 153, 166-168
労働投入係数　115, 116, 119-122, 125, 128, 129, 132, 138, 140, 142, 155, 156, 166, 167, 176, 179, 182, 192

【執筆者略歴】

鈴木 克彦（すずき　かつひこ）

1968 年	神戸大学経済学研究科博士課程修了
1981 年	ロチェスター大学　Ph.D.
	関西学院大学経済学部教授を経て、現在、関西学院大学名誉教授
［著書］	『貿易と資源配分』　有斐閣、1987 年
	『ベーシック　国際経済学』（共著）　有斐閣、1989 年
［一部分担執筆］	『国際経済理論の地平』（大山道広編）第 17 章　独占的競争と国際貿易　東洋経済新報社、2001 年
［論文］	"The Welfare Effects of an Export Tax Levied on an Intermediate Good" *Quarterly Journal of Economics* vol 92, 1978. "Interindustry Flows, Non-traded Intermediate Goods, and the Theory of Effective Protection: A general equilibrium analysis" (joint) *Journal of International Economics vol 10, 1980.* "The Rybczynski Theorem in Three-Factor,Two-Good Model" *Economics Letters* vol 17, 1985. "Choice between International Capital and Labor Mobility for Diversified Economies" *Journal of International Economics* vol 27, 1989. "Inter-Country Gaps in Increasing-Returns-to-Scale Technologies and the Choice among International Economic Regimes" in *Imperfect Competition in International Trade*, edited by W. Chang and S. Katayama, Kluwer Academic Publishers, 1995. 『WTO の成果と国内所得分配——農業協定の影響を中心に』貿易と関税、45 巻　1999 年

国際経済学の基礎

2007 年 4 月 25 日初版第一刷発行

著　者	鈴木克彦
発行者	山本栄一
発行所	関西学院大学出版会
所在地	〒662-0891　兵庫県西宮市上ケ原一番町 1-155
電　話	0798-53-5233
印　刷	協和印刷株式会社

©2007 Katsuhiko Suzuki
Printed in Japan by Kwansei Gakuin University Press
ISBN 978-4-86283-015-9
乱丁・落丁本はお取り替えいたします。
本書の全部または一部を無断で複写・複製することを禁じます。
http://www.kwansei.ac.jp/press